中等职业教育规划教材

实用化学基础

杨兵 王波 编　胥朝禔 主审

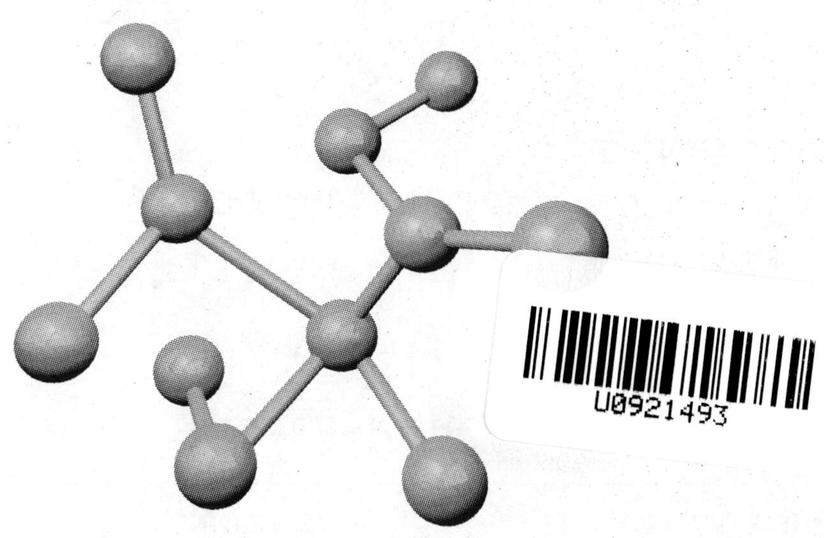

化学工业出版社
·北京·

本教材结合化学化工、医药等行业的中职教育、员工培训中的分析化学的实际需要，选择了重要的无机化学和有机化学内容，有针对性地为分析化学教学服务；既注重无机化学和有机化学本身的系统性，又注重对分析化学的针对性和服务功能。内容详略得当、语言深入浅出，采用新的国家标准以及法定计量单位。

全书共十二章，包括物质的量，卤素与氧化还原反应，碱金属，原子结构与元素周期律，化学键与晶体，化学平衡，几种非金属元素及其化合物，离子反应与离子平衡，几种金属及其化合物，烃，醇、酚、醚、醛、酮，羧酸、酯等内容。

本书为中等职业学校工业分析与检验、化工工艺等专业的基础教材，也可作为企业员工培训及自学参考书。

图书在版编目（CIP）数据

实用化学基础/杨兵，王波编．—北京：化学工业出版社，2009.5（2021.10 重印）
中等职业教育规划教材
ISBN 978-7-122-05040-3

Ⅰ.实…　Ⅱ.①杨…②王…　Ⅲ.化学-专业学校-教材　Ⅳ.06

中国版本图书馆 CIP 数据核字（2009）第 033858 号

责任编辑：王文峡　　文字编辑：向　东
责任校对：蒋　宇　　装帧设计：尹琳琳

出版发行：化学工业出版社（北京市东城区青年湖南街 13 号　邮政编码 100011）
印　　装：北京科印技术咨询服务公司顺义区数码印刷分部
787mm×1092mm　1/16　印张 12½　彩插 1　字数 307 千字　2021 年 10 月北京第 1 版第 5 次印刷

购书咨询：010-64518888　　售后服务：010-64518899
网　　址：http://www.cip.com.cn
凡购买本书，如有缺损质量问题，本社销售中心负责调换。

定　　价：22.00 元

前　言

本教材是为适应中等职业教育改革和社会需求，并配合中等职业教育规划教材《分析化学》（第三版）（化学工业出版社2008年出版）的需要而编写的。

本书结合化学化工、医药等行业的中职教育、员工培训中的“分析化学”的实际需要，选择了重要的无机化学和有机化学内容，有针对性地为“分析化学”教学服务。本书注重无机化学和有机化学本身的系统性，同时又注重对“分析化学”的针对性和服务功能。在知识的编排上由浅入深，由无机到有机，注重理论教学和实际应用并重的原则。每章后都附有阅读材料，以利开拓学生的视野，拓展知识范畴。每章后都有一定数量的习题，作复习巩固之用。

本书为中等职业学校工业分析与检验专业的基础教材，也可作为企业员工培训的教材。

本书绪论及第一、二、三、四、五、六、七、八、九、十一、十二章由杨兵编写，第十章由王波编写，全书由胥朝禔主审。

在本书编写过程中，张荣、路蕴、彭传友、李乐、曹淑瑞等提出了许多宝贵的意见和帮助，在此一并表示由衷的谢意。

由于时间仓促，编者水平有限，书中不足之处在所难免，敬请各位读者和使用者予以批评指正。

编　者

2009年2月

目　录

绪 论

一、化学研究的对象和范围

自然界的物质形形色色，种类繁多，但它们都有一个共同的特征，就是所有的物质都在运动。根据物质运动形态的不同，可以将物质的运动分为物理运动、化学运动、生物运动、机械运动和社会运动等。化学是研究物质化学运动，即化学变化及其规律的一门自然科学。由于物质的化学变化与物质的组成、结构有关，为了更深入、更广泛地研究化学变化的规律，因此化学还要研究物质的组成、结构、合成以及它们之间的内在联系和变化中的能量变化。

根据物质的结构和特点，可以把自然界的各种物质分为两大类，即无机物和有机物。有机物是碳氢化合物和它们的衍生物；无机物是指除碳氢化合物及其衍生物以外的所有元素及其化合物。无机物和有机物都是化学研究的内容。

归纳起来，化学是研究物质的组成、结构、性质、合成和应用以及它们相互转化的规律和能量变化的科学。

二、化学课程的任务和要求

化学课程的任务是通过学习比较系统地掌握化学基础知识和基本技能，初步掌握或了解它们在工农业生产和国防、科研等方面的应用，打好学习其它课程的理论基础，具体要求如下：

① 掌握一些重要元素及化合物的知识和基本的化学概念；

② 掌握物质结构、元素周期律、化学反应速率与化学平衡、酸碱反应、氧化还原反应、沉淀反应、配位反应、有机物等基础理论知识；

③ 掌握一些重要的化学实验技能和计算技能，培养观察能力和实验能力，以及实事求是、严肃认真的科学态度和科学方法。

三、化学在国民经济中的作用

化学和国民经济各部门的关系都非常密切，它对现代化建设具有重要的作用。在实现农业现代化的过程中，为了促进农业大幅增产，对化肥和农药的品种质量和数量将提出更高的要求，而制造使用化肥和农药，在很大程度上都依赖化学科学的成就。

在实现工业现代化的过程中，冶金工业需要的大量黑色金属、有色金属和稀有金属，能源中的煤、石油和天然气等的大力开发、提炼和综合利用，轻纺工业需要的合成纤维、合成橡胶、塑料、染料及药物，化学合成工业需要具有最佳性能的酶催化剂，水利和建筑工程需要的各种硅酸盐材料，电子工业需要的高绝缘性材料、高纯物质及特纯试剂，机械工业需要的耐磨、耐腐蚀以及不燃烧的高分子材料等，都迫切要求化学和化学工业的发展和配合。

在实现科学技术现代化和国防现代化的过程中，一些近代技术的发展，如导弹、激光、原子能、航空航天等，都要求化学科学和化学工业的协同发展。特种合金、稀有元素、高能燃料等的制取与应用以及当前人类共同关心和着重研究的一些课题（如粮食的增产、保护环境、控制人口、探索生命的奥秘等），使化学与尖端科学事业及现代国防建设密切地联系起来。

随着国民经济的发展，化学在提高人民的物质生活水平和满足人民的精神生活需要方面将起着越来越重要的作用。

四、化学和化学工业的发展

我国是一个文明古国，很早就有许多发明创造。其中与化学有关的造纸、火药、瓷器等在古代就闻名世界。我国很早就使用了金属和合金。我国劳动人民早在商代就会制造青铜器，春秋晚期就会冶铁，战国初期就会炼钢，还有酿造、制糖、制玻璃、制盐、制革、油漆、染色、制药等化学工业，在我国历史上都有光辉的成就。这些发明创造对世界科学文化的发展做出了重大的贡献。化学成为一门学科约有三百年历史。化学起源于人类的生产劳动。人类为了生活和生产的需要，在长期的实践中积累了许多有关物质的组成及其变化的知识，并在生产和科学实验中不断发展，逐步形成了今天化学这门学科。化学通常分为无机化学、有机化学、分析化学、物理化学等基础学科。随着化学研究工作的发展，化学知识的广泛应用，以及化学同其它学科的相互影响和渗透，化学科学又进一步划分出了许多分支学科，例如生物化学、环境化学、地球化学、高分子化学、放射化学等。

化学的发展是从无机物的研究开始的。无机化学是一切其它化学的基础。无机化学本身的发展，使它产生了许多分支，例如稀有元素化学、配位化学、无机合成化学、同位素化学等。随着各门自然科学的不断发展，无机化学又同其它学科相互渗透形成了生物无机化学、固体无机化学、金属酶化学等，为无机化学的发展开辟了新途径。当前无机化学和其它化学分支一样，正从基本上是描述性的科学向推理性的科学过渡，从定性向定量过渡，从宏观向微观深入，一个比较完整的、理论的、定量化和微观化的现代无机化学新体系正在迅速地建立起来。

有机化学是科学技术现代化的基础之一。有机化合物与化工、纺织、食品、医药、农药、材料、机械、建筑及现代高新技术等各行业都有着密切的关系。人们的衣、食、住、行和工业建设、国防建设都离不开有机化合物。有机化学和有机化学工业在国民经济和现代科学技术发展过程中具有极为重要的地位，已经为造福人类发挥了重要的作用。如果没有现代有机化学工业，人们的生活将倒退几百年。随着科学技术的高速发展，一些边缘学科相继出现，如环境工程、纳米材料、生物制药、克隆技术以及蛋白质、核酸等天然有机化合物的合成，这些学科都需要有机化学知识。这不仅促进了有机化学这门学科的发展，同时对于人们认识复杂的生命现象，控制遗传、征服顽症，从而进一步造福人类都将起着非常重要的作用。

化学工业是利用化学反应改变物质结构、成分、形态等来生产化学产品的工业部门。习惯上将化学工业分为无机化学工业和有机化学工业。无机化学工业主要有酸、碱、盐、肥料、稀有元素、电化学等工业。有机化学工业主要有基本有机合成、塑料、橡胶、合成树脂、化学纤维、溶剂、染料、涂料、制药等工业。其它工业如钢铁工业、炼焦工业、水泥工业等，虽然也应用了化学反应原理，生产了新的物质，但不属于化学工业。近代化学工业开始于无机化学工业。

在半封建半殖民地的旧中国，化学科学得不到发展，化学工业极端落后，大多数化学工业只能拿进口的材料和半成品进行简单的加工，甚至连烧碱等都要从外国进口。解放后，我国的化学工业和其它工业一样发生了巨大的变化，各种主要化工产品如烧碱、纯碱、硫酸、化肥、农药、合成塑料、合成橡胶、合成纤维、染料等和其它化工原料都得到了大幅度的增产。化学科学研究也不断取得了新的成就。我国的化学和化学工业有着十分美好的前途。

五、如何学好化学

要学好化学，首先要掌握有关的基本概念和基本理论，理论联系实际，加强应用，用所学的知识去分析问题、解决问题。在无机化学部分要以化学平衡的有关知识为主线，指导溶解-沉淀平衡、弱电解质的电离平衡、氧化还原平衡及配位平衡的学习；用物质结构和元素周期律的知识指导元素及其化合物的学习。在有机化学部分要以结构的知识指导物质性质的学习。要学好化学还要加强实验，培养动手能力和观察能力；还要认真做作业，通过做作业，发现学习中的问题，解决问题，以提高学习效果和质量。要学好化学，还要有实事求是、严肃认真的科学态度、科学方法以及高度的自信和坚韧不拔、不怕困难的作风。

第一章 物质的量

第一节 物质的量

一、摩尔

1. 物质的量及其单位

摩尔是国际单位制中 7 个基本单位之一（见本章阅读材料），它是“物质的量”的单位。在化学中，采用摩尔这个单位，可以把物质的微粒数与物质的质量、气体的体积、溶液的浓度、化学反应中能量的变化等联系起来，对于分析、研究、计算物质化学反应前后的数量、物料平衡、产率等问题带来了很大的方便。因此，学习和掌握摩尔这个单位是非常重要的。

在初中化学里学习了氢气的性质，知道氢气能在空气中燃烧生成水。这一反应可用化学方程式表示如下

$$2H_2 + O_2 \xrightarrow{\text{点燃}} 2H_2O$$

化学方程式表示出了化学反应前后反应物和生成物的质和量的关系，从上述化学方程式可以看出，每 2 个氢分子和 1 个氧分子反应，能够生成 2 个水分子。即物质间进行反应是按照化学反应方程式中分子、原子或离子的一定数目比进行的。要实现这一反应，如果只取 1 个或几个分子进行反应，显然是难以做到的。因为构成物质的微粒（分子、原子、离子等）都非常微小，肉眼无法看见，不能一个一个地计量或称量，即使借助精密仪器也很难测出它们的质量和体积。在实际中，要实现某一反应，人们所取用的物质，都是可以称量的。因此参加反应的不是几个分子、原子或离子，而是这些微粒的集合体。随着生产和科学技术的发展，迫切需要把微粒跟可称量的物质联系起来。单个的物质的微粒虽无法称量，但是大数量的微粒集体就可以称量。这就需要建立一种把微粒跟微粒集体联系起来的单位。1971 年 10 月有 41 个国家参加的第 14 届国际计量大会决定，在国际单位制（SI）中，增加第七个基本单位——摩尔。对应于摩尔的物理量定为“物质的量”，用符号 n 来表示。“物质的量”是表示组成物质的基本单元数目多少的量，是国际单位制的基本量，“物质的量”是一个物理量的整体名词，所以“物质的量”这四个字不能拆开使用，这正如“长度”这一物理量不能拆成“长”和“度”一样。在讨论物质的量时，还应分辨清楚物质的量与质量的关系。“物质的量”与质量在概念上是根本不同的。质量是代表物质惯性大小的量，它表示物体内含有物质的多少，而“物质的量”是表示组成物质的基本单元数目多少的量，它与质量是相互独立的两个量。

“物质的量”的单位名称是摩尔，其中文符号是摩，国际符号是 mol。

科学上用 0.012kg(即 12g) 碳 12 衡量碳原子集体。0.012kg 碳 12 中所含碳原子的数目就是 1mol。摩尔这个单位是以 0.012kg 碳 12 中所含原子个数为标准，来衡量其它物质中所含微粒数目的多少。如果某物质所包含的微粒数和 0.012kg 碳 12 的原子数目相等，这种物质的“物质的量”就是 1mol。根据实验测定，0.012kg 碳 12 中含有的碳原子数目就是阿伏

加德罗常数，用 N_A 来表示，单位是 mol^{-1}。现在已经测出了阿伏加德罗常数比较精确的数值，本书中采用 6.02×10^{23} 这个非常接近的近似值。1mol 就是 6.02×10^{23} 个微粒的集体。

摩尔是表示“物质的量”的单位，每摩尔物质含有阿伏加德罗常数个微粒。即任何一个系统的物质，如果它的基本单元数为 6.02×10^{23}，则该系统的物质的量为 1mol。例如

1mol 碳原子含有 6.02×10^{23} 个碳原子；

1mol 氧分子含有 6.02×10^{23} 个氧分子；

1mol 水分子含有 6.02×10^{23} 个水分子；

1mol 二氧化碳分子含有 6.02×10^{23} 个二氧化碳分子；

1mol 氢离子含有 6.02×10^{23} 个氢离子；

1mol 氢氧根离子含有 6.02×10^{23} 个氢氧根离子。

综上所述可知，1mol 物质都含有 6.02×10^{23} 个基本单元，由此可以推知，“物质的量”相同的各种物质所含的基本单元数都相同。

使用摩尔这一单位时，物质的基本单元应予以指明，基本单元可以是组成物质的任何自然存在的个体微粒，如分子、原子、离子、电子等一切物质微粒，也可以是这些微粒的特定的组合。例如，“1mol 氢”的说法是不正确的，因为是氢原子还是氢分子没有指明，应该说 1mol 氢原子或 1mol 氢分子，这样把基本单元指明就清楚了。

上面提到的特定的组合，就是将分子、原子、离子等这些自然存在的物质微粒进行分割或组合而成的个体或单元，如 $\frac{1}{2}Cu^{2+}$（读作铜离子的二分之一）、$\frac{1}{2}H_2SO_4$（硫酸分子的二分之一）、$\frac{1}{5}KMnO_4$（高锰酸钾分子的五分之一）、S_8 等。当然，特定组合并不是盲目随意地分割或组合的，而是根据实际情况和客观需要来分割或组合的。例如，用摩尔做单位来计算硫酸的“物质的量”时，其基本单元就是指硫酸分子（H_2SO_4），但是在有的化学反应中，为了计算方便，可以把 H_2SO_4 分子分割为 $\frac{1}{2}H_2SO_4$ 作为硫酸这种物质的基本单元，而 $\frac{1}{2}H_2SO_4$ 这种基本单元就是实际上并不单独存在而是一定化学反应中的特定组合。特定组合的使用是很灵活的。

指明基本单元时，通常可采用元素符号和化学式指明是何种基本单元。如 1mol 氢原子可表示为 1mol H，2mol 氧气分子可表示为 2mol O_2 等。

用摩尔来表示物质的量时，可采用等式的形式，在式中基本单元的符号用括弧置于物质的量符号后面。例如，$n(H_2)=1mol$；$n(S)=2mol$；$n(OH^-)=3mol$ 等。

“物质的量”是表示组成物质的基本单元数目多少的物理量，某物质中所含基本单元数是阿伏加德罗常数的多少倍，则该物质中“物质的量”就是多少摩尔。因此，可以说“物质的量”是以阿伏加德罗常数为计数单位，表示物质的基本单元数目多少的物理量。

2. 基本单元的确定

在滴定分析计算中，经常使用到某些粒子特定组合而成的基本单元，而这些基本单元的确定非常重要。那么，如何确定基本单元呢？确定基本单元的原则是等物质的量反应规则。等物质的量反应规则是指两种物质相互发生化学变化时，它们反应的物质的量相等，也就是它们的基本单元数相等。

等物质的量反应规则广泛应用于滴定分析计算中。在滴定分析中进行计算时，等物质的

量反应规则是核心，选择基本单元是关键。物质的基本单元的形式，应按具体反应的化学方程式和物质间的计算关系予以确定。一种物质的基本单元的形式，与同它互成为计算关系的另一种物质在化学方程式中化学式前面的系数有联系。基本单元的选取，一般采用下述方法。

用 A 和 B 分别表示两种反应物的化学式，用 D 和 E 分别表示两种生成物的化学式，A、B 两种物质反应的化学方程式可表示如下

$$aA+bB=\!=\!=dD+eE$$

上式中 a、b、d、e 分别表示化学方程式中物质 A、B、D、E 前面的配平系数。

当物质 A 和物质 B 互为计算关系时，物质 A 的基本单元是 $\frac{1}{b}$A，物质 B 的基本单元是 $\frac{1}{a}$B，其余以此类推。还应注意，当双方的系数相等或呈整数倍关系时，一般应取它们呈最简单整数比时的数值。例如 $a=2$ 和 $b=10$ 时，A、B 两种物质的基本单元不必表示为 $\frac{1}{10}$A 和 $\frac{1}{2}$B，可简化为 $\frac{1}{5}$A 和 B。

根据上述确定基本单元的方法，可以分别确定下列两个反应中互为计算关系的氢氧化钠和硫酸的基本单元。

$$NaOH+H_2SO_4=\!=\!=NaHSO_4+H_2O \quad (1\text{-}1)$$

$$2NaOH+H_2SO_4=\!=\!=Na_2SO_4+2H_2O \quad (1\text{-}2)$$

在反应式(1-1) 中，氢氧化钠的基本单元是 NaOH 分子，硫酸的基本单元是 H_2SO_4 分子；在反应式(1-2) 中，氢氧化钠的基本单元是 NaOH 分子，硫酸的基本单元是 $\frac{1}{2}H_2SO_4$。

二、摩尔质量

1. 摩尔质量

国际上以碳 12 原子质量的 1/12 作为标准，其它原子的质量跟它相比较所得的数值，就是该种原子的相对原子质量。例如，氢的相对原子质量是 1，氧的相对原子质量是 16，硫的相对原子质量是 32 等。

一个碳 12 原子与 1 个氧原子的质量比是 12∶16。由于 1mol 碳 12 和 1mol 氧原子所含的原子数相等，都是 6.02×10^{23}，所以，1mol 碳 12 原子和 1mol 氧原子的质量比就是 12∶16，而 1mol 碳 12 原子的质量是 0.012kg(12g)，那么 1mol 氧原子的质量就是 0.016kg(16g)。同理可以推知，1mol 任何原子的质量，就是以克为单位，数值上等于该种原子的相对原子质量。由此可以直接推知：

氢的相对原子质量是 1，1mol 氢原子的质量是 1g；

铁的相对原子质量是 55.85，1mol 铁原子的质量是 55.85g。

用同样的方法也可以推知，1mol 任何分子的质量，就是以克为单位，数值上等于该种分子的相对分子质量。例如

氢气的相对分子质量是 2，1mol 氢气分子的质量是 2g；

氯化氢的相对分子质量是 36.5，1mol 氯化氢分子的质量是 36.5g；

二氧化碳的相对分子质量是 44，1mol 二氧化碳分子的质量是 44g。

同样可以推知 1mol 离子的质量。由于电子的质量极小，形成离子时，原子失去或得到

的电子的质量可以忽略不计。由此可以直接推知

1mol H^+ 的质量是 1g；

1mol Na^+ 的质量是 23g；

1mol OH^- 的质量是 17g；

1mol SO_4^{2-} 的质量是 96g。

同理推知 1mol 离子化合物的质量。例如

1mol NaCl 的质量是 58.5g；

1mol NaOH 的质量是 40g。

通常把 1mol 原子、分子或离子的质量分别叫做原子、分子或离子的摩尔质量。**1mol 物质的质量通常也叫做该物质的摩尔质量**，物质的摩尔质量等于物质的质量除以物质的量。物质的摩尔质量用符号 M 表示，定义式为 $M=\frac{m}{n}$，其国际单位的名称是千克每摩尔，常用单位的名称是克每摩尔，中文符号是克/摩，国际符号是 g/mol。

原子、分子或离子都是组成物质的基本单元。1mol 基本单元的质量叫做基本单元的摩尔质量。

综上所述，基本单元是原子、分子或离子时，基本单元的摩尔质量在数值上分别等于其相对原子质量、相对分子质量或离子式量，单位是 g/mol。例如，铁的相对原子质量是 56，铁的摩尔质量是 56g/mol；水的相对分子质量是 18，水的摩尔质量是 18g/mol；H_2SO_4 的相对分子质量是 98，H_2SO_4 的摩尔质量是 98g/mol。若用 B 代表基本单元（原子、分子或离子）的化学式，基本单元的摩尔质量可表示为 $M(\mathrm{B})$。

物质的基本单元是原子、分子或离子的某一分数时，基本单元的摩尔质量，在数值上分别等于对应相对原子质量、相对分子质量或离子式量的某一分数倍数，单位是 g/mol。若用 k 代表 B 的系数，基本单元的摩尔质量表示为 $M(k\mathrm{B})$，且 $M(k\mathrm{B})=kM(\mathrm{B})$。例如

$$M\left(\frac{1}{2}H_2SO_4\right)=\frac{1}{2}M(H_2SO_4)=\frac{1}{2}\times 98\mathrm{g/mol}=49\mathrm{g/mol}$$

上述情况可以总结为，基本单元的摩尔质量，在数值上等于基本单元的化学式量或化学式量的某一分数，单位是 g/mol。

使用摩尔质量时，也必须指明物质的基本单元。例如，铜的摩尔质量表示为 $M(\mathrm{Cu})$；氧气的摩尔质量可表示为 $M(O_2)$；HNO_3 的摩尔质量可表示为 $M(HNO_3)$ 等。

在进行计算时，摩尔质量可采用等式的形式表示。例如，H_2 的摩尔质量 $M(H_2)=2\mathrm{g/mol}$；NaCl 的摩尔质量 $M(\mathrm{NaCl})=58.5\mathrm{g/mol}$ 等。

摩尔像一座桥梁把单个的、肉眼看不见的微粒跟大数量的微粒集体、可称量的物质联系起来。因此，在研究化学方程式中各物质之间量的关系时，非常方便。因为在化学方程式中，反应物和生成物分子式前的系数，既可表示原子、分子等微粒的个数比，也可以表示它们之间物质的量之比。例如

$$\underset{1\mathrm{mol}}{C} + \underset{1\mathrm{mol}}{O_2} = \underset{1\mathrm{mol}}{CO_2}$$

$$\underset{1\mathrm{mol}}{Zn}+\underset{2\mathrm{mol}}{2HCl} = \underset{1\mathrm{mol}}{ZnCl_2}+\underset{1\mathrm{mol}}{H_2}\uparrow$$

2. 有关物质的量的计算

物质的量（n）、物质的质量（m）和摩尔质量（M）之间的关系可用下式表示。

$$物质的量(mol)=\frac{物质的质量(g)}{物质的摩尔质量(g/mol)}$$

$$n(B)(mol)=\frac{m(g)}{M(B)(g/mol)}$$

① 已知物质的质量，求该物质的“物质的量”和基本单元的数目。

【例 1-1】 4g 氧气的物质的量是多少？4.9g 硫酸的物质的量是多少？

解 已知氧气的相对分子质量是 32，则氧气的摩尔质量 $M(O_2)=32g/mol$。

4g 氧气的物质的量 $n(O_2)$ 是

$$n(O_2)=\frac{m}{M(O_2)}=\frac{4g}{32g/mol}=0.125mol$$

硫酸的相对分子质量是 98，则硫酸的摩尔质量 $M(H_2SO_4)=98g/mol$。

4.9g 硫酸的物质的量 $n(H_2SO_4)$ 是

$$n(H_2SO_4)=\frac{m}{M(H_2SO_4)}=\frac{4.9g}{98g/mol}=0.05mol$$

答： 4g 氧气的物质的量是 0.125mol，4.9g 硫酸的物质的量是 0.05mol。

【例 1-2】 试求 90g 水中含多少个水分子。

解 水的相对分子质量是 18，则水的摩尔质量 $M(H_2O)=18g/mol$。

90g 水的物质的量 $n(H_2O)$ 为

$$n(H_2O)=\frac{m}{M(H_2O)}=\frac{90g}{18g/mol}=5mol$$

5mol 水所含的水分子数为

$$6.02\times10^{23}mol^{-1}\times5mol=3.01\times10^{24}$$

答： 90g 水中含有 3.01×10^{24} 个水分子。

② 已知物质的“物质的量”，求物质的质量。

【例 1-3】 1.5mol 铜的质量是多少？

解 铜的相对原子质量是 63.5，则铜的摩尔质量 $M(Cu)=63.5g/mol$。

因为
$$n(Cu)=\frac{m}{M(Cu)}$$

所以
$$m=63.5g/mol\times1.5mol=92.25g$$

答： 1.5mol 铜的质量等于 92.25g。

【例 1-4】 多少克二氧化硫和 22g 二氧化碳含有相同的分子数？

解 因为物质的量相同的各种物质所含微粒（基本单元）的数目相同，所以，根据题意可列出下列等式

$$n(SO_2)=n(CO_2)$$

CO_2 的相对分子质量是 44，则 $M(CO_2)=44g/mol$。

$$n(CO_2)=\frac{m}{M(CO_2)}=\frac{22g}{44g/mol}=0.5mol$$

则
$$n(SO_2)=0.5mol$$

因为
$$M(SO_2)=64g/mol$$

所以二氧化硫的质量为

$$64g/mol\times0.5mol=32g$$

答： 32g 二氧化硫和 22g 二氧化碳含有相同的分子数。

第二节　物质的量的应用

一、气体标准摩尔体积

组成物质的基本微粒有分子、原子和离子等。由于微粒间作用力的差别，物质的聚集状态也有所不同。在通常的压力和温度下，物质的聚集状态主要有气态、液态和固态。气态、液态和固态物质通常分别称为气体、液体和固体。在化工生产和科学实验中，经常碰到各种各样的气体，例如，氧气、氢气、氮气、二氧化碳等。由于气体的密度很小、质量很轻、易流动，因此量度气体的质量不如量度它的体积方便和准确。

1. 气体标准摩尔体积

对于固态或液态的物质而言，1mol 各种物质的体积是不相同的。如 273.15K(0℃) 时，1mol 铁的体积是 $7.17cm^3$，1mol 铝的体积是 $10cm^3$，1mol 铅的体积是 $18.3cm^3$，1mol 水的体积是 $18.0cm^3$，1mol 纯硫酸的体积是 $54.1cm^3$，1mol 蔗糖的体积是 $215.5cm^3$。

因为构成固体或液体的微粒间的距离是很小的，因此 1mol 固体或液体的体积主要决定于原子、分子或离子的大小。因为构成不同物质的原子、分子或离子的大小是不同的，所以 1mol 各种固体或液体的体积互不相同。温度、压力对固体和液体的体积影响不大。

但是，对气体来说，情况就不一样了。气体的体积与温度、压力有关，因此，要测量气体的体积或比较各种气体的体积大小时，必须在相同的温度和相同的压力条件下进行。一般规定温度为 273.15K 和压力为 101.325kPa 时的状态称为标准状态。

实验测定，在标准状态下气体的体积分别为

$$1mol\ 氢气的体积=\frac{2.016g/mol}{0.0899g/L}=22.4\times10^{-3}m^3/mol$$

$$1mol\ 氧气的体积=\frac{32.00g/mol}{1.429g/L}=22.4\times10^{-3}m^3/mol$$

$$1mol\ 一氧化碳的体积=\frac{28.01g/mol}{1.25g/L}=22.4\times10^{-3}m^3/mol$$

从上面几个例子可以看出，在标准状态下，1mol 上述三种气体的体积都约是 $22.4\times10^{-3}m^3$。而且经过许多实验发现和证实，1mol 任何气体在标准状态下所占的体积都约是 $22.4\times10^{-3}m^3$。

在标准状态下，用气体体积除以物质的量就得到气体的摩尔体积，用符号 V_m 表示。它的国际单位是立方米/摩，符号是 m^3/mol。也经常使用到升/摩（L/mol）这个单位。

在使用气体摩尔体积时，也应指明物质的基本单元。如在标准状态下，氧气的摩尔体积 $V_m(O_2)=22.4L/mol$。

在一定的温度和压强下，气体的体积的大小只随分子数的多少而变化，相同的体积含有相同的分子数，于是可得到下面的结论：在相同的温度和压强下，相同体积的任何气体都含有相同数目的分子。这个结论叫**阿伏加德罗定律**。

2. 关于气体摩尔体积的计算

① 已知气体的质量，计算气体在标准状态下的体积。

【例 1-5】 8g 氧气在标准状态下的体积是多少升？

解　氧气的相对分子质量是 32，则氧气的摩尔质量 $M(O_2)=32g/mol$。

8g 氧气的物质的量 $n(O_2)$ 是

$$n(O_2)=\frac{m}{M(O_2)}=\frac{8g}{32g/mol}=0.25mol$$

0.25mol 氧气的体积是

$$22.4L/mol\times0.25mol=5.6L$$

答： 8g 氧气在标准状态下的体积是 5.6L。

② 据化学方程式计算气体在标准状态下的体积。

【例 1-6】 在实验室里用锌跟稀盐酸起反应制取氢气，若用 9.75g 的锌与足量的稀盐酸完全反应后，在标准状态下能生成多少升的氢气？

解 设在标准状态下能生成 x(L) 的氢气。

$$Zn+2HCl \xlongequal{} ZnCl_2+H_2\uparrow$$

65g　　　　22.4L

9.75g　　　　x(L)

$$65:9.75=22.4:x$$

$$x=3.36L$$

答： 在标准状态下能生成 3.36L 氢气。

③ 已知气体在标准状态下的体积，求气体的质量。

【例 1-7】 计算在标准状态下，11.2L 二氧化碳的质量是多少克？

解 11.2L CO_2 的物质的量 $n(CO_2)$ 是

$$n(CO_2)=\frac{11.2L}{22.4L/mol}=0.5mol$$

CO_2 的相对分子质量为 44，则 $M(CO_2)=44g/mol$。

0.5molCO_2 的质量为 $44g/mol\times0.5mol=22g$

答： 在标准状态下 11.2L 二氧化碳的质量是 22g。

④ 已知标准状态下气体的体积和质量，求气体的相对分子质量。

【例 1-8】 在标准状态下，0.5L 的容器里所含某气体的质量为 0.625g，计算该气体的相对分子质量。

解 该气体在标准状态时的密度为

$$\frac{0.625g}{0.5L}=1.25g/L$$

该气体的摩尔质量是

$$1.25g/L\times22.4L/mol=28g/mol$$

则 该气体的相对分子质量等于 28。

答： 该气体的相对分子质量等于 28。

二、物质的量浓度

一定量的溶液中所含溶质的量，叫做溶液的浓度。在初中化学里学习过溶液的质量分数，应用这种表示溶液浓度的方法，可以了解和计算一定质量的溶液中所含溶质的质量。但是在生产和科研中使用溶液时，量取它的体积要比称取它的质量更为方便，所以有必要用体积作单位来表示溶液的浓度。同时，当物质起化学反应时，反应物和生成物相互之间有一定的比例关系，进行有关定量计算时，如果能知道一定溶液中含有多少摩的溶质，则将使计算变得很方便。因此要学习生产上和科学实验里常用的一种表示溶液浓度的重要方法——物质的量浓度。

1. 物质的量浓度

（1）物质的量浓度　**以1L溶液中所含溶质的物质的量来表示的浓度，称为物质的量浓度**。物质的量浓度用符号 $c(B)$ 表示，国际单位名称是摩尔每立方米，常用的单位名称是摩尔每升，单位的中文符号是摩/升，国际符号是 mol/L。

物质的量浓度可用下式表示

$$物质的量浓度\ c(\mathrm{B})(\mathrm{mol/L})=\frac{溶质的物质的量\ n(\mathrm{B})(\mathrm{mol})}{溶液的体积\ V(\mathrm{L})}$$

1L溶液中含有1mol的溶质，这种溶液的物质的量浓度就是1mol/L。例如，1L硫酸溶液中含有1mol纯硫酸，该溶液的物质的量浓度就是1mol/L，此溶液叫做1mol/L硫酸溶液。又如氯化钠的摩尔质量是58.5g/mol，把58.5g氯化钠溶解在适量水里配成1L溶液，该溶液的物质的量浓度就是1mol/L，叫做1mol/L氯化钠溶液。若1L氯化钠溶液中含29.25g氯化钠，该溶液的物质的量浓度就是0.5mol/L氯化钠溶液，叫做0.5mol/L氯化钠溶液。下面是配制物质的量浓度溶液的方法。

在分析天平上称取氯化钠29.25g，放入烧杯中，加入适量蒸馏水并用玻璃棒搅拌，使氯化钠完全溶解。把制得的溶液小心地沿玻璃棒注入1000mL的容量瓶（图1-1）中。用适量的蒸馏水洗涤烧杯内壁和玻璃棒2～3次，把每次洗涤的液体都注入容量瓶中。振荡容量瓶中的溶液，使其初步混合均匀。然后缓缓地往容量瓶中加入蒸馏水，直到液面接近刻度2～3cm处，改用胶头滴管滴加蒸馏水到瓶颈刻度，使溶液的凹面最低点正好跟刻度相切。把容量瓶塞好，反复摇匀。这样配成的溶液就是0.5mol/L的氯化钠溶液。

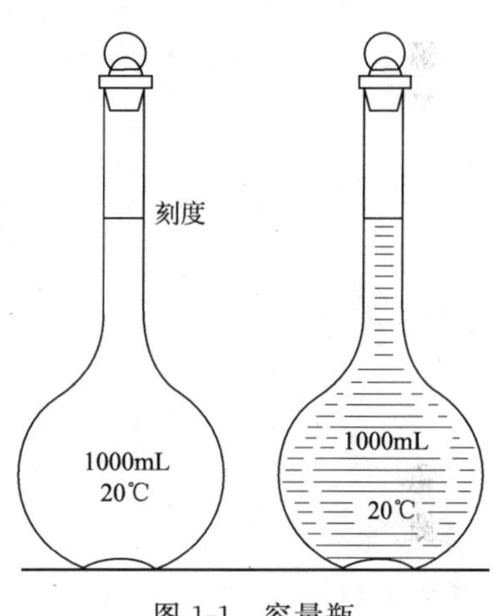

图1-1　容量瓶

（2）物质的量浓度溶液中溶质微粒的数目　1mol任何物质的基本单元数都是6.02×10^{23}。蔗糖是非电解质，在1L物质的量浓度为1mol/L的蔗糖溶液中含有6.02×10^{23}个蔗糖分子。由此可知，对于溶质像蔗糖那样的非电解质来说，体积相同、物质的量浓度相同的任何溶液中，所含溶质的分子数目都相同。

当溶质为电解质时，情况就比较复杂。例如，氯化钠溶解在水里完全电离成钠离子和氯离子，可用电离方程式表示如下

$$\underset{1\mathrm{mol}}{\mathrm{NaCl}} = \underset{1\mathrm{mol}}{\mathrm{Na^+}} + \underset{1\mathrm{mol}}{\mathrm{Cl^-}}$$

所以，在1L物质的量浓度为1mol/L的氯化钠溶液中，含有6.02×10^{23}个Na^+和6.02×10^{23}个Cl^-。同样地，在1L物质的量浓度为1mol/L的氢氧化钠溶液中含有6.02×10^{23}个Na^+和6.02×10^{23}个OH^-；在1L物质的量浓度为1mol/L的氯化钙溶液中，含有$2\times6.02\times10^{23}$个Cl^-和6.02×10^{23}个Ca^{2+}。同理可推知，在1L物质的量浓度为1mol/L的盐酸溶液中含有6.02×10^{23}个H^+和6.02×10^{23}个Cl^-。

溶液的浓度以物质的量浓度表示时，能够把溶液中溶质的质量、溶质的物质的量和微粒数联系起来，给化学上的计算和研究工作带来很大的方便。

在使用物质的量浓度时，同样必须指明物质的基本单元。如 $c(H_2SO_4)$、$c(OH^-)$ 等。

2. 物质的量浓度的计算

① 已知溶质的质量和溶液的体积，计算溶液的物质的量浓度。

【例 1-9】 在 200mL 的稀盐酸中，溶有 0.73g 氯化氢，计算该稀盐酸的物质的量浓度。

解 HCl 的相对分子质量是 36.5，则它的摩尔质量 $M(HCl)=36.5g/mol$。

0.73g HCl 的物质的量 $n(HCl)$ 是

$$n(HCl)=\frac{0.73g}{36.5g/mol}=0.02mol$$

该盐酸的物质的量浓度 $c(HCl)$ 是

$$c(HCl)=\frac{0.02mol}{0.2L}=0.1mol/L$$

答：该稀盐酸的物质的量浓度是 0.1mol/L。

② 已知溶液的物质的量浓度，计算一定体积的溶液中所含溶质的质量。

【例 1-10】 配制 250mL 0.1mol/L 的氢氧化钠溶液，需氢氧化钠多少克？

解 NaOH 的相对分子质量是 40，则它的摩尔质量 $M(NaOH)=40g/mol$。

250mL 0.1mol/L NaOH 溶液中 NaOH 的物质的量为

$$\begin{aligned} n(NaOH) &= c(NaOH)V_{NaOH} \\ &= 0.1mol/L\times\frac{250}{1000}L \\ &= 0.025mol \end{aligned}$$

需 NaOH 的质量

$$\begin{aligned} m &= n(NaOH)M(NaOH) \\ &= 0.025mol\times 40g/mol \\ &= 1g \end{aligned}$$

答：配制 250mL 0.1mol/L 氢氧化钠溶液需氢氧化钠 1g。

【例 1-11】 配制 500mL 0.1mol/L 硫酸铜溶液，需胆矾（$CuSO_4\cdot 5H_2O$）多少克？

解 配制 500mL 0.1mol/L $CuSO_4$ 溶液需 $CuSO_4$ 的物质的量 $n(CuSO_4)$ 是

$$n(CuSO_4)=0.1mol/L\times\frac{500}{1000}L=0.05mol$$

1mol 胆矾中含有 1mol $CuSO_4$，则

$$n(CuSO_4\cdot 5H_2O)=n(CuSO_4)=0.05mol$$

0.05mol $CuSO_4\cdot 5H_2O$ 的质量是

$$249.5g/mol\times 0.05mol=12.475g$$

答：配制 500mL0.1mol/L 硫酸铜溶液需胆矾 12.475g。

③ 物质的量浓度与质量分数的换算。

在实际工作中，如果需要将溶液的质量分数换算为物质的量浓度，可通过溶液的密度（ρ）、体积（V）、质量分数（ω）先计算出溶质的质量（m_B）

$$m_B=\rho V\omega$$

然后，再由 m_B 与溶质的摩尔质量求出溶质的物质的量，进而计算出物质的量浓度。

【例 1-12】 市售浓硫酸的质量分数为 98%，密度为 $1.84g/cm^3$。这种浓硫酸的物质的量浓度是多少？

解　因为物质的量浓度是以 1L(1000mL) 溶液中所含溶质的物质的量（mol）来表示的，所以取 1L 浓硫酸作为计算的基准。浓硫酸的物质的量浓度 $c(H_4SO_4)$ 是

$$c(H_2SO_4)=\frac{\rho V w}{M(H_2SO_4)\times 1}=\frac{1.84g/cm^3\times 1000cm^3\times 98\%}{98g/mol\times 1L}=18.4mol/L$$

答：这种硫酸的物质的量浓度是 18.4mol/L。

若将上述计算归纳为一般形式，则物质的量浓度与质量分数之间的换算关系可表示如下

$$c(B)=\frac{1000\rho w}{M(B)\times 1}$$

式中　B——溶质的化学式；

$c(B)$——溶液的物质的量浓度，mol/L；

$M(B)$——溶质的摩尔质量，g/mol；

ρ——溶液的密度，g/cm^3；

w——溶液中溶质的质量分数。

④ 已知起反应的两种溶液的物质的量浓度以及其中一种溶液的体积，计算所需另一种溶液的体积。

【例 1-13】　完全中和 0.5L 0.1mol/L H_2SO_4 溶液，需要多少升 0.5mol/L NaOH 溶液？

解
$$\underset{1mol}{H_2SO_4}+\underset{2mol}{2NaOH}=\!=\!=Na_2SO_4+2H_2O$$

0.5L 0.1mol/L H_2SO_4 溶液中含 H_2SO_4 的物质的量 $n(H_2SO_4)$ 是

$$0.5L\times 0.1mol/L=0.05mol$$

完全中和 0.05mol H_2SO_4 需 NaOH 的物质的量 $n(NaOH)$ 是

$$n(NaOH)=0.05mol\times 2=0.1mol$$

含 0.1mol 的 0.5mol/L NaOH 溶液的体积是

$$\frac{0.1mol}{0.5mol/L}=0.2L$$

答：完全中和 0.5L 0.1mol/L H_2SO_4 溶液，需要 0.5mol/L NaOH 溶液 0.2L。

⑤ 有关溶液稀释的计算。溶液稀释前后其溶质的质量不变，即稀释前后溶质的物质的量不变，因此可得出下列关系式

$$c_1V_1=c_2V_2$$

式中　c_1——稀释前溶液的物质的量浓度；

V_1——稀释前溶液的体积；

c_2——稀释后溶液的物质的量浓度；

V_2——稀释后溶液的体积。

【例 1-14】　将 300L 18.4mol/L 的 H_2SO_4 溶液，稀释成 3mol/L 的 H_2SO_4 溶液，需加水多少升？

解　已和 $c_1=18.4mol/L$，$V_1=300L$，$c_2=3mol/L$。

设需加水 x(L)

根据
$$c_1V_1=c_2V_2$$

则
$$18.4\times 300=3\times(300+x)$$

解之得
$$x=1540L$$

答：需加水 1540L。

第三节 化学反应中的能量变化

一、热化学方程式

1. 反应热

物质发生化学反应的过程中，总是伴随着能量的变化，通常表现为热量的变化。例如，木炭、氢气、甲烷等物质能在氧气中燃烧，在燃烧的过程中除生成新的物质外，同时还放出大量的热。化学上把反应过程中放出热量的化学反应叫**放热反应**。上面提到的几个反应及酸碱中和等反应都是放热反应。还有许多化学反应在反应过程中要吸收热量，例如，水分解为氢气和氧气、石灰石分解为生石灰和二氧化碳等化学反应，在反应过程中都要吸收热量，是吸热反应。反应过程中吸收热量的化学反应叫做**吸热反应**。反应过程中放出或吸收的热量都属于**反应热**。

2. 热化学方程式

反应热通常是以 1mol 物质在反应过程中所放出或吸收的热量来衡量的。物质在反应中放出或吸收的热量的数值，必须通过实验来测得。反应热的数据一般是指在压力为 101.325kPa，温度为 298K(25℃) 的条件下所测得的数据。例如，在该条件下测得 1mol 碳在氧气中完全燃烧生成二氧化碳，放出 393.5kJ(千焦) 的热量；1mol 氢气完全燃烧生成水蒸气，放出 241.8kJ 的热。

$$\underset{1\text{mol}}{C(\text{固})}+\underset{1\text{mol}}{O_2(\text{气})} = \underset{1\text{mol}}{CO_2(\text{气})}+393.5\text{kJ}$$

$$\underset{2\text{mol}}{2H_2(\text{气})}+\underset{1\text{mol}}{O_2(\text{气})} = \underset{2\text{mol}}{2H_2O(\text{气})}+483.6\text{kJ}$$

上面的反应是放热反应。也有一些反应是吸热反应，如 1mol 水蒸气跟 1mol 灼热的炭接触时，发生的反应就要吸收 131.34kJ 的热量。

$$\underset{1\text{mol}}{C(\text{固})}+\underset{1\text{mol}}{H_2O(\text{气})} \xlongequal{\triangle} \underset{1\text{mol}}{CO(\text{气})}+\underset{1\text{mol}}{H_2(\text{气})}-131.34\text{kJ}$$

这种**表明反应放出或吸收的热量的化学方程式叫做热化学方程式**。

书写热化学方程式的方法如下。

① 反应热写在化学方程式的右边，单位用千焦 (kJ) 表示。放热反应用“+”号表示，吸热反应用“－”号表示。

② 要在物质的右边括号里注明物质的聚集状态（固、液、气）。这是因为反应热与物质的聚集状态有关，为了精确起见，注明反应物和生成物的聚集状态，才能确定放出或吸收的热量多少。例如

$$2H_2(\text{气})+O_2(\text{气}) = 2H_2O(\text{气})+483.6\text{kJ}$$

$$2H_2(\text{气})+O_2(\text{气}) = 2H_2O(\text{液})+571.6\text{kJ}$$

从以上反应可明显地看出，由氢气和氧气生成 2mol 液态水要比生成 2mol 水蒸气多放出 88kJ 的热。

③ 热化学方程式中各物质前面的系数只表示该物质的物质的量（摩），不表示微粒个数，因此它可以是整数，也可以是分数。

④ 温度和压力的变化影响反应热的数值，因此在书写热化学方程式时，通常总要指明

温度及压力。如果测定反应热的数据是在压力为 101.325kPa 和温度为 298K(25℃) 时，则可不必指明该测定的条件。

二、热化学方程式的有关计算

应用热化学方程式可以计算化学反应中出现的热量的变化。例如，可以计算一定量甲烷燃烧所放出的热量。在化工生产上，非常重视化学反应所放出的热量的充分利用。

【例 1-15】 1mol 甲烷完全燃烧时，生成液态水和二氧化碳，同时放出 890.3kJ 的热量。计算 89.6L(标准状态) 甲烷完全燃烧后产生的热量是多少。

解　设 89.6L 甲烷完全燃烧后能产生 x(kJ) 的热量。

$$CH_4(\text{气})+2O_2(\text{气})\xlongequal{\text{燃烧}}CO_2(\text{气})+2H_2O(\text{液})+890.3\text{kJ}$$

22.4L　　　　　　　　　　　　　　　　　　890.3kJ

89.6L　　　　　　　　　　　　　　　　　　x(kJ)

$$22.4:89.6=890.3:x$$

$$x=3.56\times10^3\text{kJ}$$

答：89.6L(标准状态) 甲烷完全燃烧能产生 3.56×10^3kJ 的热量。

本章小结

一、基本知识

本章主要学习了物质的量、摩尔质量、气体摩尔体积、物质的量浓度等基本概念及其单位、符号和相关计算；基本单元的选择方法；热化学方程式的概念、书写方法及相关计算。

二、基本公式

① 物质的量 (n)、物质的质量 (m) 和摩尔质量 (M) 之间的关系可用下式表示

$$\text{物质的量(mol)}=\frac{\text{物质的质量(g)}}{\text{物质的摩尔质量(g/mol)}}$$

即

$$n(\text{B})(\text{mol})=\frac{m(\text{g})}{M(\text{B})(\text{g/mol})}$$

② 物质的量浓度可用下式表示

$$\text{物质的量浓度 }c(\text{B})(\text{mol/L})=\frac{\text{溶质的物质的量 }n(\text{B})(\text{mol})}{\text{溶液的体积 }V(\text{L})}$$

③ 物质的量浓度与质量分数之间的换算关系可表示如下

$$c(\text{B})=\frac{1000\rho w}{M(\text{B})\times1}$$

④ 溶液稀释前后其溶质的质量不变，即稀释前后溶质的物质的量不变，因此可得出下列关系式

$$c_1V_1=c_2V_2$$

习　　题

1. 质量相同的 NH_3、O_2、CO、CH_4，含分子数目最多的是哪一种？
2. 在实验室里加热氯酸钾和二氧化锰的混合物制取氧气，制 0.9mol 氧气需氯酸钾的物质的量是多少？这些氯酸钾的质量是多少克？

3. 含有相同分子数的 CO 和 CO_2，其质量比是多少？摩尔质量比是多少？物质的量比是多少？碳原子的个数比是多少？氧原子的个数比是多少？
4. 1g 水中含有多少个 H_2O 分子？
5. 在实验室里用 0.2mol 锌跟足量的稀盐酸起反应制取氢气，计算在标准状态下能生成氢气多少升？
6. 在标准状态下，0.32g 某气体的体积是 0.224L，该气体的相对分子质量是多少？16g 该气体的体积是多少升？
7. 在 250mL NaOH 溶液中，含 NaOH 20g，该溶液的物质的量浓度是多少？取此溶液 50mL，其中含 NaOH 多少克？
8. 欲配制 0.1mol/L 硫酸 500mL，需 98%的浓硫酸（密度为 $1.84g/cm^3$）多少毫升？
9. 中和 2g NaOH，用去盐酸 12.5mL，该盐酸的物质的量浓度是多少？
10. 中和某待测浓度的 NaOH 溶液 25mL，用去 20mL 1mol/L H_2SO_4 溶液后，溶液显酸性，再滴入 1mol/L KOH 溶液 1.5mL 才达到中和，计算待测浓度的 NaOH 溶液的物质的量浓度。
11. 求密度为 $1.19g/cm^3$，质量分数为 0.37 的盐酸的物质的量浓度。
12. 现有 1mol/L 的盐酸 100mL

   (1) 需要取 37%的盐酸（密度 $1.19g/cm^3$）多少毫升才能配成此溶液？

   (2) 若从中取出 25mL，它的 Cl^- 的物质的量浓度是多少？含 Cl^- 多少克？

   (3) 若将它稀释成 1L，这时含 HCl 多少摩尔？质量是多少克？

   (4) 若与 100mL 2mol/L 盐酸混合（假设混合后体积为两者之和）所得盐酸的物质的量浓度是多少？

国际单位制（SI）

国际单位制（SI）是由国际计量大会所采用和推荐的一贯计量单位制。1960 年第十一届国际计量大会（CGPM）决议，以六个基本单位为基础的单位制称“国际单位制”，1971 年第十四届国际计量大会（CGPM）通过第七个基本单位。

国际单位制用 SI 表示，它是法文 Le Systeme Internationald'Unites 的缩写。国际单位制自 1960 年建立以来，由于它具有先进、实用、简单、科学等优越性，适用于文化教育、科学和经济建设各个领域，所以世界上已有 80 多个国家决定采用 SI。

1. 国际单位制的构成

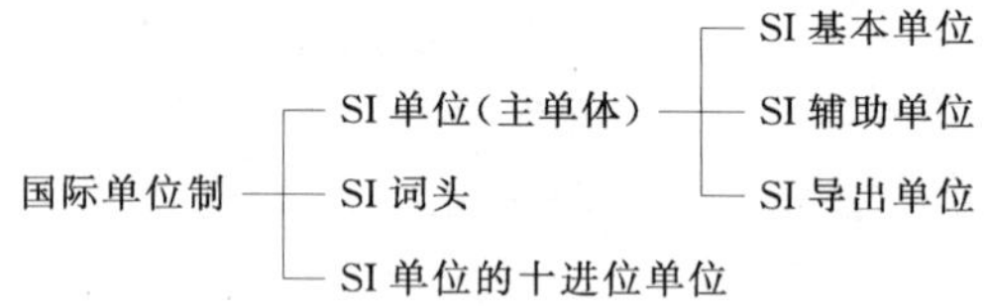

2. SI 基本单位、辅助单位、导出单位

① SI 基本单位。基本量的计量单位共七个作为构成其它单位的基础单位，称为基本单位（见表 1-1）。

表 1-1 国际单位制基本单位

量的名称	单位名称	单位符号
长度	米(meter)	m
质量	千克或公斤(kilogram)	kg
时间	秒(second)	s
电流	安[培](Ampere)	A
热力学温度	开[尔文](Kelvin)	K
物质的量	摩[尔](mole)	mol
发光强度	坎[德拉](candela)	cd

② SI 辅助单位。国际计量大会将弧度（rad）和球面度（sr）这两个单位单独列为一类，称为 SI 辅助单位。

③ SI 导出单位。导出量的计量单位称导出单位。SI 导出单位是指基本单位借助于乘除等数字符号或通过代表式表示的单位（见表 1-2）。

表 1-2 常用国际单位制导出单位（摘录）

量的名称	单位名称	单位符号	
		中文	国际
面积	平方米	米^2	m^2
体积	立方米	米^3	m^3
密度	千克每立方米	千克/米^3	kg/m^3
压力(压强)	帕[斯卡]	帕	Pa
电量、电荷	库[仑]	库	C
能、功、热量	焦[耳]	焦	J
电位、电压、电动势	伏[特]	伏	V
摄氏温度	摄氏度		℃
偶极矩		库[仑]·米	C·m

1984 年 2 月 27 日国务院发布了《关于在我国统一实行法定单位的命令》(现为 GB 3100—93)。其中规定，我国采用以国际单位制为基础，保留少数国内外习惯或通用的非国际单位制单位。

表 1-3 为国际单位制 SI 词头。

表 1-3 常用国际单位制 SI 词头（摘录）

倍数或分数	词头名称	符号	倍数或分数	词头名称	符号
10^{12}	太[拉](tera)	T	10^{-1}	分(deci)	d
10^{9}	吉[咖](giga)	G	10^{-2}	厘(centi)	c
10^{6}	兆(mega)	M	10^{-3}	毫(milli)	m
10^{3}	千(kilo)	K	10^{-6}	微(micro)	μ
10^{2}	百(hecto)	h	10^{-9}	纳[诺](nano)	n
10^{1}	十(deca)	da	10^{-12}	皮[可](pico)	p

第二章 卤素与氧化还原反应

第一节 氯气及含氯的主要化合物

在已发现的111种元素中，氟（F）、氯（Cl）、溴（Br）、碘（I）、砹（At）5种元素的原子结构相似，这些元素的原子，其最外电子层都有7个电子，它们都是活泼的非金属元素，具有相似的化学性质，构成一族，称为卤族元素，简称卤素。它们都能和多种金属直接化合生成盐。

一、氯气

氯约占地壳总质量的0.017%。由于氯很活泼，所以在自然界里没有单质氯存在，氯总是以化合态形式存在。氯的重要化合物有氯化钠、氯化钾、氯化镁等。氯化钠主要存在于海水中，海水中约含2.8%的氯化钠，还含有少量其它盐类（如氯化镁等）。另外氯还存在于岩盐、井盐和湖盐中。

1. 氯气的物理性质

氯元素形成的单质是氯气（Cl_2），氯气分子是由两个氯原子构成的双原子分子（图2-1）。在通常状态下，氯气是黄绿色、有强烈刺激性气味的气体，密度为2.95g/L，是空气的2.5倍。氯气很容易液化，在常温时加压到607.95kPa或在常压下冷却到239K，变为黄色油状液体（即液氯）。将液氯通常贮存在钢瓶中，便于运输和使用。液氯继续冷却到172K时，就变成固态氯。

氯气有毒，吸入少量氯气，会使鼻和喉头的黏膜受到强烈的刺激，引起咳嗽和胸部疼痛；吸入大量氯气，会发生严重中毒，能造成肺水肿，甚至窒息死亡。当空气中含有0.01%的氯气时，就会引起严重的氯气中毒。因此，在实验室里闻氯气的时候，必须十分小心，千万不要把鼻子凑到瓶口直接去闻，应该用手轻轻地在瓶口扇动，让极少量的氯气飘进鼻孔。当闻其它气体的气味时，也应采取这种方法。若发生较重的氯气中毒时，可以吸入酒精和乙醚的混合蒸气或氨水蒸气来解毒。

氯气能溶解于水，但在水中的溶解度不大，在常温下，1体积的水能溶解2体积的氯气，氯气的水溶液叫做“氯水”，有强烈的氯气的刺激性气味，饱和氯水呈淡黄绿色。

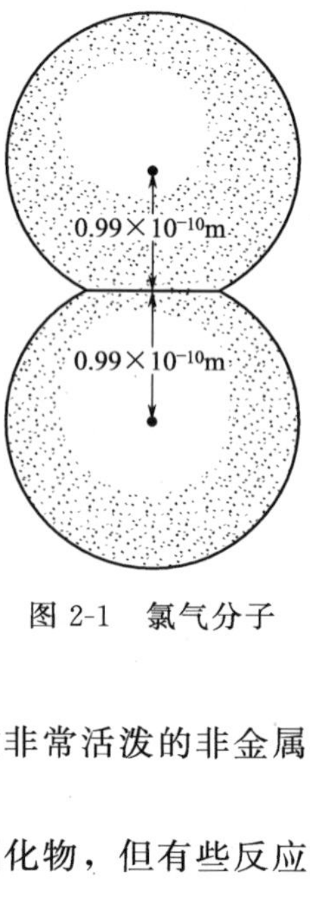

0.99×10^{-10}m

0.99×10^{-10}m

图2-1 氯气分子

2. 氯气的化学性质

氯原子最外电子层上有7个电子，在化学反应中容易结合1个电子，使最外层达到8个电子的稳定结构，因此，氯气是一种化学性质非常活泼的非金属单质，它能跟金属、非金属、水、碱等发生化学反应。

（1）氯气与金属的反应　氯气几乎能跟所有的金属直接化合生成氯化物，但有些反应需要加热，当加热时，很多金属还能在氯气中燃烧。

【实验 2-1】 用镊子夹出黄豆大的一块金属钠，用滤纸吸干表面上的煤油，然后放在铺上石棉或细沙的燃烧匙里加热，等钠刚开始燃烧，立即将燃烧匙伸进盛氯气的集气瓶里（图 2-2），观察发生的现象。

金属钠在氯气中剧烈燃烧，产生黄色火焰，并有白烟生成，这白烟就是氯化钠的颗粒。钠燃烧完毕后，在集气瓶里可以看到白色的氯化钠晶体。这个反应的化学方程式是

$$2Na+Cl_2 \xlongequal{点燃} 2NaCl$$

红热的铁丝也能在氯气中燃烧，生成棕色的氯化铁。

$$2Fe+3Cl_2 \xlongequal{点燃} 2FeCl_3$$

图 2-2　钠在氯气里燃烧

【实验 2-2】 把一束细铜丝在酒精灯火焰上灼烧到红热后，迅速放入充满氯气的集气瓶里（图 2-3），观察发生的现象。等铜丝燃烧完毕后，将少量的水注入集气瓶里，用毛玻璃片盖住瓶口，振荡，使生成的物质溶解，观察溶液的颜色。

图 2-3　铜在氯气里燃烧

可以看到红热的铜丝在氯气中剧烈燃烧，集气瓶里充满棕黄色的烟，这是氯化铜晶体颗粒。这个反应的化学方程式可表示如下

$$Cu+Cl_2 \xlongequal{点燃} CuCl_2$$

还可以看到氯化铜溶解在水里，形成绿色的氯化铜溶液。溶液的浓度不同时，颜色略有不同。

(2) 氯气与非金属的反应　氯气能跟许多非金属直接化合。

如图 2-4 所示，先在空气中点燃氢气，然后将导管伸入盛有氯气的集气瓶中。可以观察到，纯净的氢气在氯气中安静地燃烧，发出苍白色的火焰，同时放出大量的热，集气瓶口有白雾生成。这是因为氯气能跟氢气起反应生成氯化氢气体，它在空气中易跟水蒸气结合呈现雾状。这个反应的化学方程式是

$$H_2+Cl_2 \xlongequal{点燃} 2HCl$$

氯气和氢气在常温下化合非常缓慢，但在强光直接照射氯气和氢气的混合气体时，可迅速化合爆炸，反应后也生成氯化氢气体。

$$H_2+Cl_2 \xlongequal{光照} 2HCl$$

如果点燃氯气和氢气的混合气体时，也能发生剧烈反应并引起爆炸，生成氯化氢。

氯化氢气体溶于水即得盐酸。

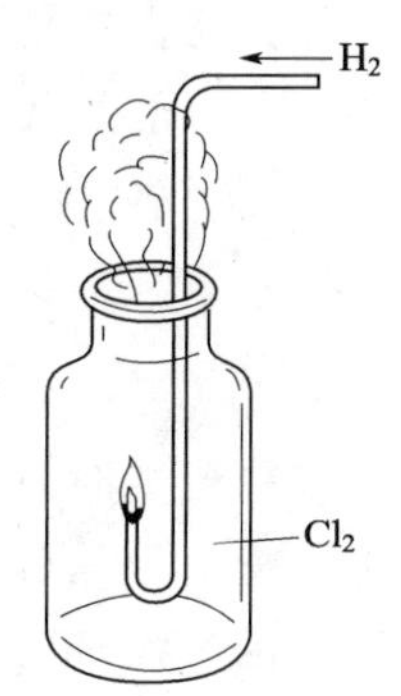

图 2-4　氢气在氯气里燃烧

【实验 2-3】 把少量红磷放在燃烧匙里，加热到红磷开始燃烧，立刻插入盛有氯气的集气瓶中，观察发生的现象。

可以看到，点燃的红磷在集气瓶中继续燃烧。氯气跟磷剧烈反应，产生白色烟雾，这是生成的三氯化磷和五氯化磷的混合物。

$$2P+3Cl_2 \xlongequal{点燃} 2PCl_3$$

$$PCl_3+Cl_2 = PCl_5$$

三氯化磷为无色液体，是一种重要的化工原料，许多磷的化合物（如敌百虫等多种农药）都用它来制造。

从以上钠、铜、氢气、磷在氯气中燃烧的反应可以看出，燃烧不一定有氧气参加。任何发热发光的剧烈的化学反应，都可以叫做燃烧。

(3) 氯气跟水的反应　氯气能溶解于水，溶解的氯气有一部分跟水起反应，生成盐酸和次氯酸。

$$Cl_2+H_2O = HCl+\underset{\text{次氯酸}}{HClO}$$

氯水是由水、氯气、盐酸和次氯酸组成的混合物。

次氯酸不稳定，容易分解放出氧气。当氯水受日光照射时，次氯酸分解加速。

$$2HClO \xlongequal{\text{光照}} 2HCl+O_2\uparrow$$

次氯酸是一种强氧化剂，能杀死水里的病菌，所以自来水常用氯气（1L 水里约通入 0.002g 氯气）来杀菌消毒。次氯酸能使染料和有机色质褪色，可用作漂白剂。

【实验 2-4】 取一条干燥的有色布条和一条湿润的有色布条，分别放入盛有氯气的集气瓶中，迅速盖好玻璃片，观察发生的现象。

可以看到，湿润的布条褪了色，而干燥的布条却没有褪色。可见潮湿的氯气（或氯水）有漂白作用，而干燥的氯气没有漂白作用。

(4) 氯气与碱的反应　氯气跟碱溶液起反应生成次氯酸盐和金属氯化物。因为次氯酸盐比次氯酸稳定、容易保存，所以工业上就用氯气和消石灰制成漂白粉。制漂白粉的反应可用化学方程式简单表示如下

$$2Ca(OH)_2+2Cl_2 = \underset{\text{次氯酸钙}}{Ca(ClO)_2}+CaCl_2+2H_2O$$

漂白粉是次氯酸钙和氯化钙的混合物，它的有效成分是次氯酸钙。用漂白粉的时候，次氯酸钙跟稀酸或空气里的二氧化碳和水蒸气起反应，生成次氯酸。

$$Ca(ClO)_2+2HCl = CaCl_2+2HClO$$

$$Ca(ClO)_2+CO_2+H_2O = CaCO_3\downarrow+2HClO$$

漂白粉在空气中长期放置会逐渐失效，就是因为它跟空气中的二氧化碳和水蒸气生成次氯酸而分解的缘故。

3. 氯气的制法和用途

(1) 氯气的实验室制法　在实验室里，常用二氧化锰和浓盐酸起反应制取氯气。

$$4HCl(\text{浓})+MnO_2 \xlongequal{\triangle} MnCl_2+Cl_2\uparrow+2H_2O$$

制取氯气时，首先按图 2-5 把装置连接好，检查气密性，然后在圆底烧瓶中加入少量二氧化锰粉末，从分液漏斗慢慢地注入浓盐酸（密度为 1.19g/cm³）。缓缓加热使氯气均匀地放出。因为氯气的密度比空气大，所以用向上排空气法（瓶口向上排空气法）收集氯气。可以在收集氯气的集气瓶后衬一张白纸，观察集气瓶全部呈现黄绿色时，表示瓶中氯气已经收满，把集气瓶直立桌上，用毛玻璃片盖好，可供有关氯气性质的实验用。

氯气是有毒的气体，因此实验室制取氯气时，多余的氯气要用浓度大的氢氧化钠溶液吸收，以消除氯气对环境的污染。

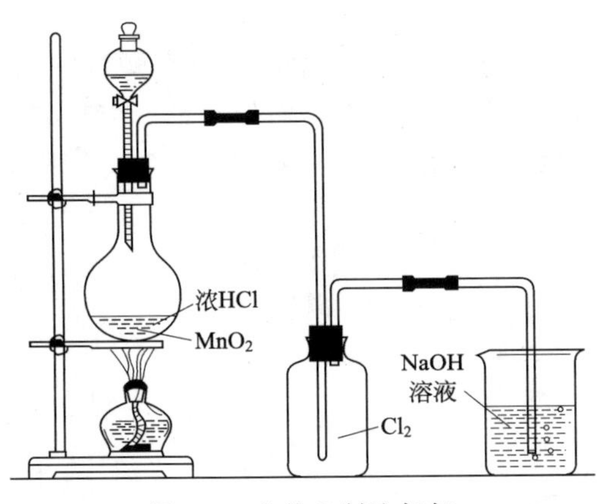

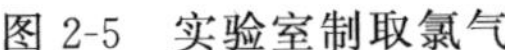
图 2-5　实验室制取氯气

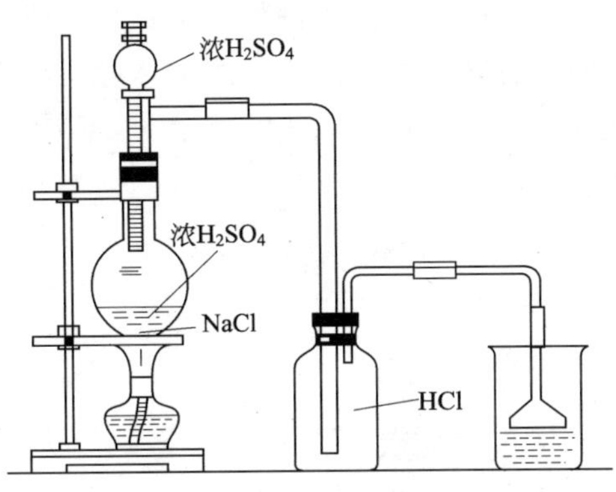

图 2-6　实验室制取氯化氢

(2) 氯气的工业制法　工业上常用电解饱和食盐水溶液的方法制得氯气。

$$2NaCl + 2H_2O \xlongequal{电解} 2NaOH + Cl_2\uparrow + H_2\uparrow$$

(3) 氯气的用途　氯气除用于漂白布匹、纸张和饮水消毒外，还用于制造氯化氢、盐酸、化学试剂、有机溶剂（如氯仿等）、漂白粉、农药（如滴滴涕等）、塑料、染料、合成纤维等。因此，氯气是一种重要的化工原料。

二、含氯的主要化合物

1. 氯化氢和盐酸

在实验室里，氯化氢由食盐跟浓硫酸反应来制取。

【实验 2-5】 如图 2-6 所示，把少量食盐放在烧瓶里。通过分液漏斗注入浓硫酸，同时加热。把氯化氢收集在干燥的集气瓶里。余下的氯化氢可用水吸收。

食盐与浓硫酸反应，不加热或稍微加热，就生成硫酸氢钠和氯化氢。反应方程式如下

$$NaCl + H_2SO_4(浓) \xlongequal{} NaHSO_4 + HCl\uparrow$$

在 773～873K 的条件下继续起反应，生成硫酸钠和氯化氢。

$$NaHSO_4 + NaCl \xlongequal{} Na_2SO_4 + HCl\uparrow$$

总的化学反应方程式可以表示如下

$$2NaCl + H_2SO_4(浓) \xlongequal{} Na_2SO_4 + 2HCl\uparrow$$

用湿润的蓝色石蕊试纸接近瓶口，试纸变红，说明气体已经积满。

从图 2-5 和图 2-6 比较可以发现，用来吸收多余气体的装置不同。在吸收多余氯化氢的装置里，导管没有直接插入水中。这是因为氯化氢极易溶于水，导管直接插入水时，由于氯化氢的溶解，导管内压力减少，水会倒吸入导管继而倒吸入集气瓶中。在导气管口连接一个小漏斗，使倒扣的漏斗边缘刚刚浸没在烧杯内的水面下，既可以使氯化氢气体被充分吸收，又不会发生倒吸现象。

氯化氢没有颜色，是有刺激性气味的气体。密度比空气稍大，沸点 188K，熔点 158K。它易溶于水，在常温时，1 体积的水大约能溶解 450 体积的氯化氢。

【实验 2-6】 在干燥的圆底烧瓶里装满氯化氢，用带有玻璃管和滴管（滴管里预先吸入水）的塞子塞紧瓶口。立即倒置烧瓶，使玻璃管放进盛着石蕊溶液的烧杯里，压缩滴管的胶头，使少量水进入烧瓶。烧杯里的溶液即由玻璃管喷入烧瓶，形成美丽的喷泉（见图 2-7）。

这个实验说明氯化氢在水中的溶解度很大。

氯化氢的水溶液呈酸性，叫做氢氯酸，习惯上叫盐酸。纯净的盐酸是没有颜色的液体，是强酸，有腐蚀性。工业上用的浓盐酸因含有杂质（主要是氯化铁）而带黄色。浓盐酸易挥发出氯化氢，遇空气中的水蒸气形成白雾。常用的浓盐酸约含氯化氢 37%，密度为 1.19g/cm^3。

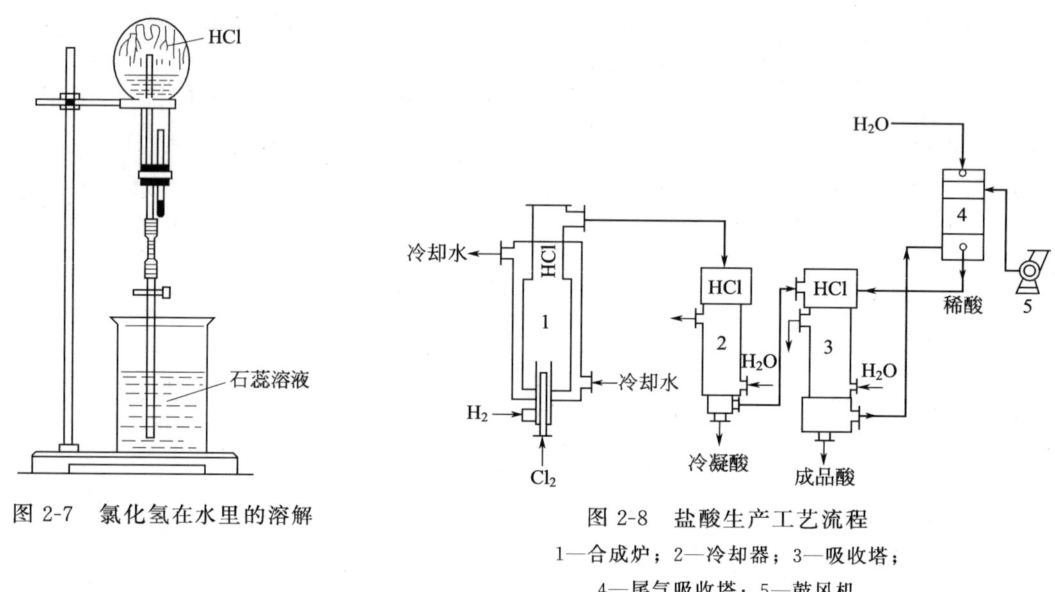

图 2-7 氯化氢在水里的溶解

图 2-8 盐酸生产工艺流程

1—合成炉；2—冷却器；3—吸收塔；

4—尾气吸收塔；5—鼓风机

盐酸的工业生产，是以电解食盐水溶液生成的氢气和氯气为原料，经过如图 2-8 所示的盐酸生产工艺流程，在合成炉中直接合成 HCl，然后经冷却器降温，在吸收塔用水吸收而制得盐酸。

盐酸是常用的强酸之一，具有酸的一切通性。它能使紫色石蕊试液变红，能与较活泼金属（金属活动顺序表中氢以前的金属）发生置换反应而放出氢气，能够跟碱起中和反应，能够与盐或碱性氧化物发生复分解反应而生成盐和水。盐酸还是实验室常用的重要试剂，在分析中作标准溶液、分解试剂等。

2. 重要的金属氯化物

(1) 重要的金属氯化物　金属氯化物（即盐酸盐）在自然界分布很广，在工农业生产和日常生活中有广泛用途。重要的金属氯化物有氯化钠、氯化钾、氯化镁、氯化锌等。

氯化钠俗名食盐。纯净的食盐为白色晶体，易溶于水，在空气中不潮解。粗盐因含有氯化镁、氯化钙等杂质可潮解。食盐是人和高级动物正常生理活动不可缺少的物质，是食品中不可缺少的调味剂。0.9%的食盐溶液在医疗上可用做生理盐水。食盐还是重要的化工原料，用于制取氯气、氢氧化钠、金属钠、纯碱等化工产品。

氯化钾是白色晶体，易溶于水。它除作为钾肥外，还用于制备钾及钾的化合物，制造化学器皿用的钾玻璃等。

氯化锌也是白色固体，极易溶解于水。其水溶液用来处理木材，可以防腐，焊接金属时也用到氯化锌。

(2) 盐酸和可溶性金属氯化物的检验　在盐酸和一切可溶性盐酸盐的溶液中，都含有氯离子。它们与硝酸银溶液作用，可以生成白色的氯化银沉淀。

$$HCl + AgNO_3 \longrightarrow AgCl\downarrow(\text{白色}) + HNO_3$$

$$NaCl + AgNO_3 \longrightarrow AgCl\downarrow(\text{白色}) + NaNO_3$$

氯化银不溶于水，也不溶于稀硝酸，这是盐酸和可溶性盐酸盐所特有的反应，可以用来检验氯离子。对于其它化合物，虽然也能和硝酸银溶液反应生成白色沉淀（如可溶性的碳酸盐和亚硫酸盐，都能在溶液里与硝酸银作用生成白色沉淀），但稀硝酸能使其溶解。因此在分析中常用硝酸银作试剂来检验溶液中是否有氯离子存在。

3. 氯的含氧酸及其盐

氯的含氧酸有次氯酸、亚氯酸、氯酸和高氯酸。氯的各种含氧酸的酸性和氧化能力，可表示如下

稀定性增加　酸性增加 →

次氯酸	亚氯酸	氯酸	高氯酸
$HClO$	$HClO_2$	$HClO_3$	$HClO_4$

← 氧化能力增加

虽然各种含氧酸的稳定性较差，但它们相应的盐却比较稳定，容易保存。例如漂白粉中的次氯酸钙较次氯酸要稳定。

【例 2-1】 12.7g 氯化钠跟 10g 质量分数为 98%硫酸反应，微热时生成多少克氯化氢?

在化学反应中，反应物之间是严格按化学方程式所确定的质量比进行反应的。如果某反应中两种反应物的量都已给出，则应先通过计算判断两种反应物是否恰好完全反应，如不是恰好完全反应，应判断哪种反应物有剩余，然后根据没有过剩的（即完全消耗的）那种反应物的量来计算生成物的量。

解　10g　98%的硫酸中含硫酸的质量为

$$10g \times 98\% = 9.8g$$

设跟 9.8g 硫酸完全反应需 x(g) 氯化钠。

则

$$NaCl + H_2SO_4 \longrightarrow NaHSO_4 + HCl\uparrow$$

58.5g　　98g

x(g)　　9.8g

$$58.5 : x = 98 : 9.8$$

$$x = 5.85g$$

所给的氯化钠比反应物中所需的氯化钠多(12.7－5.85)g＝6.85g，说明反应物中氯化钠是过量的。因此，应根据硫酸的质量来计算氯化氢的质量。

设微热时生成 y(g) 氯化氢。

则

$$NaCl + H_2SO_4 \longrightarrow NaHSO_4 + HCl\uparrow$$

98g　　36.5g

9.8g　　y(g)

$$98 : 9.8 = 36.5 : y$$

$$y = 3.65g$$

答：微热时生成 3.65g 氯化氢。

第二节 卤 素

一、卤素的通性

卤素是典型的非金属元素，在自然界只以化合态存在（它们的单质可由人工制得），主要是卤化物，其中分布最广的氟化物是萤石（CaF_2），氯化物是食盐（NaCl）。溴的化合物常和氯的化合物共存（例如在海水中），碘的化合物存在于藻类植物（例如紫菜、海带等）中。砹在自然界含量很少，它是放射性元素，本节不作介绍。

1. 卤素的原子结构和单质的物理性质

卤素原子的最外电子层的电子数是相同的，都有 7 个电子。

卤素原子的电子层数不相同，按照氟、氯、溴、碘的顺序，随着核电荷数的增加，卤素原子的电子层数递增。因此，卤素的原子半径随着电子层数的增多而增大。

卤素原子在化学反应中容易获得 1 个电子，形成氧化值为－1 的阴离子，阴离子的半径比相应的原子半径大。

卤素的单质都是双原子分子，它们的原子结构和单质的物理性质见表 2-1。

表 2-1 卤素的原子结构和单质的物理性质

元素名称	元素符号	核电荷数	电子层结构	单质	颜色和状态	密度（常温下）	沸点/K	熔点/K
氟	F	9	(+9) 2 7	F_2	淡黄绿色，气体	1.58g/L	85	54
氯	Cl	17	(+17) 2 8 7	Cl_2	黄绿色，气体	2.95g/L	239	172
溴	Br	35	(+35) 2 8 18 7	Br_2	深红棕色，液体	3.20g/cm^3	332	266
碘	I	53	(+53) 2 8 18 18 7	I_2	紫黑色，固体	4.93g/cm^3	458	387

从表 2-1 中可看出，卤素的物理性质有较大的差别，但变化非常有规律。在常温下，氟、氯是气体，溴是易挥发的液体，碘是固体。它们的沸点、熔点都是按从氟到碘的顺序逐步升高的。这表明，随着核电荷数的增加，卤素单质分子之间的吸引力随之增强。

卤素具有刺激性气味，能强烈刺激眼、鼻、气管等的黏膜，并会使人产生窒息。吸入较多的卤素蒸气会发生严重中毒。

氟对一切生物体有致命的毒性。液态溴容易挥发成红棕色溴蒸气，溴蒸气有强烈窒息性恶臭。溴有毒，应密封保存在阴凉处。溴能溶解于水，但在水中的溶解度不大，其水溶液叫溴水，溴水的颜色有淡黄色、黄色、橙黄色、橙色等，这取决于溶液的浓度。因为溴在水中的溶解度不大，所以常在盛溴的试剂瓶里加一些水来防止溴挥发。观察盛溴的试剂瓶，下层深红棕色液体为溴，上层橙色溶液为溴水，在溴水上方的空间充满红棕色的溴蒸气。溴会使皮肤严重灼伤，产生疼痛并造成难治愈的创伤。因此使用溴时要特别小心。若受溴腐蚀致伤，可以先用苯或甘油清洗伤口，再用水洗，严重时立即送医院治疗。碘在常压下加热，不经过熔化就直接变成紫色蒸气，蒸气遇冷重新凝成固体。这种固态物质不经过转变成液态而直接变成气态的现象，叫做**升华**。利用碘的升华可以除去碘中所混的不挥发性杂质，将碘提纯。碘蒸气有毒。

2. 卤素单质的化学性质

从表 2-1 可看出，卤素原子最外层都是 7 个电子，在化学反应中容易得到一个电子成为 8 个电子的稳定结构，所以卤素是化学性质很活泼的非金属。由于外层电子结构相同，卤素的化学反应类型基本相同，但是它们的化学活泼性则从氟到碘依次减弱。

(1) 卤素与金属的反应　卤素能和绝大多数金属直接化合，生成金属卤化物。氟、溴、碘都能像氯气一样跟金属起反应。氟能与所有的金属化合，在高温下能与大多数金属剧烈反应，许多金属能在氟气中燃烧。溴和碘能跟绝大多数金属（金、铂除外）起反应，在常温或不太高的温度下，它们能与较活泼的金属发生反应，其它金属（金、银、铂、铑、铱等贵金属除外）通常能与氯气反应的也能跟溴和碘反应，不过需要在较高的温度下，反应才能发生。一般来说，性质越活泼的金属越容易跟卤素单质起反应。同一种金属跟卤素化合时，所需的反应温度常常是按从氟到碘的顺序依次升高。

(2) 卤素与氢气的反应　卤素与氢气起反应，生成卤化氢（HX）。

氟气与氢气极易化合，在黑暗处不需光照和在很低的温度下就能发生剧烈反应，并发生爆炸，生成氟化氢。

$$F_2 + H_2 = 2HF$$

氯气与氢气在黑暗中反应进行非常缓慢，当强光照射或加热时立即发生猛烈爆炸，生成氯化氢气体。

$$Cl_2 + H_2 \xlongequal{\text{光照或加热}} 2HCl$$

溴与氢气在 873K 时才有较明显的反应，它们化合后生成溴化氢。

$$Br_2 + H_2 \xlongequal{\text{加热}} 2HBr$$

碘与氢气只能在持续高温加热的条件下或有催化剂存在时，才能与氢气缓慢进行化合，而且生成的碘化氢很不稳定，同时会发生分解。

$$I_2 + H_2 \xrightleftharpoons{\text{高温或催化剂}} 2HI$$

溴化氢和碘化氢都是无色、有刺激性气味的气体，易溶于水，在空气中也呈现白雾，其水溶液分别叫氢溴酸和氢碘酸，它们都是强酸。

从卤素与氢气化合反应的难易，可十分明显地看出卤素单质的化学活泼性从氟到碘依次递减。

(3) 卤素与水的反应　除氟气遇水发生剧烈反应，生成氟化氢和氧气外，卤素都较难溶于水，但易溶于许多有机溶剂，并呈现特殊的颜色。如碘在酒精中为暗褐色，在苯和氯仿中为紫色。碘酒是 I_2 和 KI 的酒精溶液，医疗上用来消毒。在分析中可利用有机溶剂把卤素从水溶液中萃取出来，予以鉴别或测定。

(4) 卤素间的置换反应

【实验 2-7】 把少量新制的饱和氯水分别注入盛有溴化钠溶液和碘化钾溶液的两个试管里。用力振荡后，再注入少量无色汽油（或四氯化碳）。振荡，观察油层和溶液颜色的变化。

【实验 2-8】 把少量溴水注入盛有碘化钾溶液的试管里，用力振荡，再注入少量汽油，观察溶液颜色的变化。

从【实验 2-7】中可以看到油层（即汽油层或四氯化碳层）分别呈红棕色和紫红色，这是被置换出的溴和碘被有机溶剂萃取所致。说明氯可以把溴和碘从它们的化合物里置换出来。从【实验 2-8】可见，油层颜色是紫红色，说明溴可以把碘从它的化合物中置换出来。反应式如下

$$2NaBr+Cl_2 \longequal 2NaCl+Br_2$$

$$2KI+Cl_2 \longequal 2KCl+I_2$$

$$2KI+Br_2 \longequal 2KBr+I_2$$

这也说明，氯比溴活泼，溴比碘活泼。

(5) 碘与淀粉的反应

【实验 2-9】 在一支试管中注入少量淀粉溶液，滴入几滴碘水，观察溶液颜色的变化。

从实验中看到，碘遇淀粉溶液显示出特殊的蓝色。分析中，碘量法就是利用碘的这一性质，用淀粉溶液作判断滴定终点的指示剂。

3. 卤素离子的鉴定

鉴别或鉴定卤素离子，常用硝酸银溶液作为检验试剂。

【实验 2-10】 在盛有盐酸、氯化钠溶液、溴化钠溶液、碘化钾溶液的 4 支试管里，分别滴入硝酸银溶液，观察现象。

可以看到这四支试管中分别生成白色、白色、淡黄色和黄色沉淀。再在 4 支试管里各加入少量稀硝酸，生成的沉淀都不溶解，说明它们是卤化物。

上述盐酸、氯化钠、溴化钠、碘化钾分别与硝酸银的反应如下

$$HCl+AgNO_3 \longequal AgCl\downarrow(\text{白色})+HNO_3$$

$$NaCl+AgNO_3 \longequal AgCl\downarrow(\text{白色})+NaNO_3$$

$$NaBr+AgNO_3 \longequal AgBr\downarrow(\text{淡黄色})+NaNO_3$$

$$KI+AgNO_3 \longequal AgI\downarrow(\text{黄色})+KNO_3$$

根据各种卤化银沉淀呈现颜色的不同，可以鉴定或鉴别氯化物、溴化物和碘化物。

4. 用途

氟用于制备杀虫剂（如氟化钠，能杀灭蝗虫、象鼻虫等）、耐高温耐腐蚀的塑料（如聚四氟乙烯塑料）、耐高温的润滑剂等。液态氟可以作火箭燃料的氧化剂。氟在原子能工业中也有重要的应用。

溴主要用于制备染料、药物、感光材料、无机溴化物、溴酸盐等，还用于制造汽油抗震的添加剂及军事上的催泪性毒剂。

碘用于制备碘酒、碘化银、碘仿、碘甘油等。碘在人的新陈代谢过程中起着重要作用，人如果缺少了碘，就会导致甲状腺肿大（大脖子病）。为使甲状腺维持正常的功能，在食盐中需要加入少量的以碘化物形式存在的碘。

二、卤素的重要化合物

1. 氟化氢和氟化钙

氟化钙俗名萤石，是一种淡绿色的晶体，是自然界存在相当广泛的化合物。用浓硫酸与萤石在铅制容器中进行反应，可制得氟化氢。反应式为

$$CaF_2+H_2SO_4 \longequal CaSO_4+2HF\uparrow$$

氟化氢是无色具有强烈刺激性气味的气体，在潮湿的空气中呈现白雾。氟化氢有剧毒。

它易溶于水，其水溶液叫做氢氟酸。氢氟酸是一种弱酸，除具有酸的一切通性外，还能与二氧化硅（SiO_2）或硅酸盐反应，生成易挥发的四氟化硅气体。利用氢氟酸的这一特性，可以在玻璃、陶瓷等硅酸盐制品上，刻蚀标记和花纹。因此，氢氟酸不能贮存在玻璃容器内，通常都将氢氟酸装在铅制的或特种塑料制的瓶中。氢氟酸接触皮肤时，会使皮肤溃烂，造成痛苦而难于痊愈的灼伤，使时要注意安全，最好带上橡皮手套、眼镜等。

在分析上，常用氢氟酸与 SiO_2 作用生成气态 SiF_4，用于测定硅的含量或分离除去硅。

$$SiO_2 + 4HF = 2H_2O + SiF_4 \uparrow$$

HF 能与大多数金属反应，故分析中也常用 HF 分解试样。

2. 碘化钾

KI 为常见的碱金属卤化物。在分析中，利用 KI 的还原性，使之与一些氧化性物质反应，产生等物质的量的 I_2（或 I_3^-），然后用还原剂 $Na_2S_2O_3$（硫代硫酸钠）标准溶液滴定生成的 I_2，进一步可以算出氧化性物质的含量。此法在分析化学中称为间接碘量法。

3. 溴化银和碘化银

AgBr 和 AgI 在光的照射下，都能发生分解反应，分解出极小颗粒的黑色银。例如

$$2AgBr \xlongequal{\text{光照}} 2Ag + Br_2$$

溴化银和碘化银的沉淀见光后会逐渐变黑，这种性质叫做感光性。溴化银和碘化银都有感光性，溴化银可用来制备照相用的感光片。碘化银可用于人工降雨。

第三节　氧化还原反应和电化学

一、氧化还原反应

在初中化学里，已经讲到物质与氧化合的反应是氧化反应，含氧物质的氧被夺去的反应是还原反应。这两个相反的过程在同一个反应中同时发生，这样的反应称为氧化还原反应。现在，从元素氧化值升降的角度来进一步认识氧化还原反应。

1. 氧化值

氧化值是指化合物分子中，各元素的原子形式上的或表观的电荷数，其数值有正负之分。原子形成分子时，得到电子或电子对靠近的原子，其元素的氧化值为负；反之，失去电子或电子对偏离的原子，其元素的氧化值为正。确定氧化值的方法如下。

① 在单质中，元素的氧化值为零。

② 氧的氧化值在正常氧化物中为-2。例外的是过氧化物（如 H_2O_2、Na_2O_2）中的氧元素的氧化值为-1，在超氧化物中（如 KO_2）中氧元素的氧化值为$-\frac{1}{2}$，在氟化氧中氧元素的氧化值为正值（如 OF_2 中为$+2$）。

③ 氢元素的氧化值除了在活泼金属氢化物（如 NaH、CaH_2）中为-1外，在一般化合物中其氧化值都为$+1$。

④ 在离子型化合物中，元素的氧化值数值上等于该元素的离子所带的电荷数。

⑤ 在共价型化合物中，元素的氧化值可根据元素吸引共用电子对能力的大小来确定。吸引电子对能力强的元素的氧化值为负值，吸引电子对能力弱的元素的氧化值为正值。

⑥ 在化合物中各元素的氧化值的代数和等于零。

碱金属元素原子在化合物中氧化值均为$+1$；碱土金属元素原子在化合物中氧化值均为

+2；氟原子在一切化合物中氧化值均为−1。

按以上规则，可以求出各种化合物中不同元素的氧化值。如 H_2O_2 中氧元素的氧化值为−1，NaOH 中氧元素的氧化值为−2，$K_2Cr_2O_7$ 中铬元素的氧化值为+6，而 Fe_3O_4 中铁的氧化值仅为 $+\frac{8}{3}$，铁的氧化值实际上是 2 个 Fe^{3+} 和 1 个 Fe^{2+} 氧化值的平均值，又称为平均氧化值。

如以氢气还原氧化铜为例来说明氧化还原反应中各元素氧化值的变化情况。

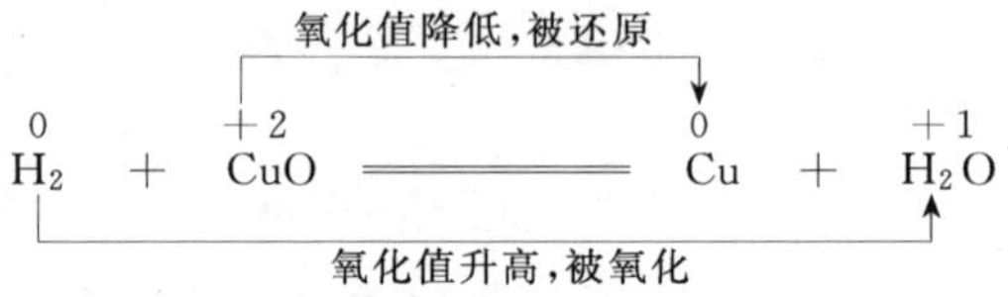

氧化值降低，被还原

$$\overset{0}{H_2} + \overset{+2}{CuO} = \overset{0}{Cu} + \overset{+1}{H_2}O$$

氧化值升高，被氧化

可以看出，氢元素的氧化值由 0 变成了+1，氧化值升高了，可以说氢元素被氧化了。同时铜元素的氧化值由+2 变成 0，铜元素氧化值降低了，可以说铜元素被还原了。

从氧化值的角度分析了大量的氧化还原反应，于是得到以下结论：物质所含元素氧化值升高的反应就是氧化反应，物质所含元素氧化值降低的反应就是还原反应。凡有元素氧化值升降的化学反应就是氧化还原反应。

这样就把氧化还原反应的概念扩展到不一定有氧参加的反应范围，如

$$2Na + Cl_2 = 2NaCl$$

这个反应虽然没有氧元素参加，但它也是一个氧化还原反应。

2. 氧化还原反应中电子的转移

为了进一步认识氧化还原反应的本质，还可从电子得失的角度来分析钠与氯气的反应。

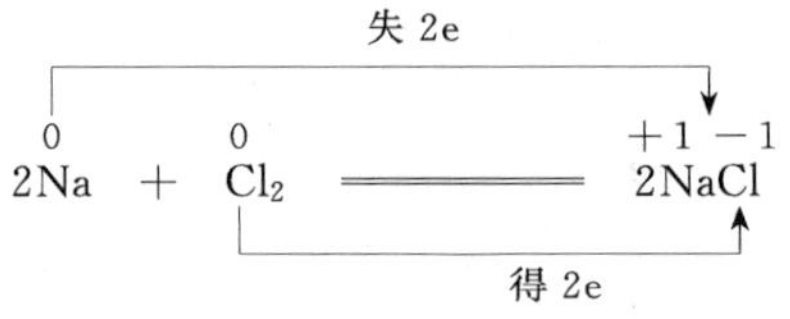

失 2e

$$2\overset{0}{Na} + \overset{0}{Cl_2} = 2\overset{+1}{Na}\overset{-1}{Cl}$$

得 2e

钠与氯气反应时，由于钠原子最外电子层有 1 个电子，易失去 1 个电子成为 Na^+，而氯原子最外层有 7 个电子，易得到一个电子成为 Cl^-。在这个反应中钠的氧化值从 0 升到+1，氯的氧化值从 0 降到−1。通过前面的分析知道，元素氧化值升高就是由于该元素的原子失去了电子，元素氧化值升高的数目就是该元素的原子失去的电子个数。元素的氧化值降低就是由于该元素的原子得到了电子，元素的氧化值降低的数目就是该元素的原子得到的电子个数。于是可得到以下结论：物质失去电子的反应就是氧化反应，物质得到电子的反应就是还原反应。当然，并非所有的氧化还原反应都有电子的得失。如

$$H_2 + Cl_2 = 2HCl$$

这个反应也属于氧化还原反应，但在生成的氯化氢分子中氢原子和氯原子之间没有完全失去或得到电子，它们之间靠共用电子对结合形成分子，但电子对偏向氯原子而偏离氢原子。所以可以这样说：氧化还原反应的本质是电子的转移，或者说有电子转移（得失或偏移）的化学反应叫氧化还原反应。

3. 氧化剂和还原剂

在氧化还原反应中，失去电子的物质叫还原剂。还原剂本身被氧化，表现为所含元素氧化值升高。还原剂具有还原性。

在氧化还原反应中，得到电子的物质叫氧化剂。氧化剂本身被还原，表现为所含元素氧化值降低。氧化剂具有氧化性。

氧化剂和还原剂与氧化反应和还原反应一样，总是同时存在于一个氧化还原反应中，如

$$\underset{\text{还原剂}}{Zn} + \underset{\text{氧化剂}}{H_2SO_4} = ZnSO_4 + H_2$$

常见的氧化剂都是一些活泼的非金属和含有高氧化值元素的化合物，因为这些物质在氧化还原反应中易得到电子。如 Cl_2、Br_2、I_2、O_2、$KMnO_4$、$KClO_3$、H_2SO_4、HNO_3 等。

常见的还原剂都是一些活泼的金属和含有低氧化值元素的化合物，因为这些物质在氧化还原反应中都易失去电子。如 Zn、Mg、Na、Fe、Al、H_2、KI、Na_2SO_3、H_2S 等。

为了更清楚地表明氧化还原反应中电子转移的方向和数目，通常采用单线桥法。如

$$\overset{2e}{\overbrace{\underset{\text{还原剂}}{2Na} + \underset{\text{氧化剂}}{Cl_2}}} = 2NaCl$$

箭头表明电子转移的方向，即两个钠原子共失去两个电子，并转移给两个氯原子。

4. 氧化还原反应方程式的配平

(1) 氧化值升降法　下面以硫与稀硝酸的反应为例介绍氧化值升降法配平氧化还原方程式的步骤。

步骤 1　正确写出反应物和生成物的化学式

$$S + HNO_3(\text{稀}) \longrightarrow SO_2\uparrow + NO\uparrow + H_2O$$

步骤 2　标出氧化值发生变化的元素的氧化值及其变化值

氧化值升高 4

$$\overset{0}{S} + \overset{+5}{HNO_3}(\text{稀}) \longrightarrow \overset{+4}{SO_2}\uparrow + \overset{+2}{NO}\uparrow + H_2O$$

氧化值降低 3

步骤 3　求出氧化值变化值的最小公倍数，再分别除以氧化值升降值，将商作为对应反应物和产物化学式前的系数

氧化值升高 4×3

$$3\overset{0}{S} + 4\overset{+5}{HNO_3}(\text{稀}) \longrightarrow 3\overset{+4}{SO_2}\uparrow + 4\overset{+2}{NO}\uparrow + H_2O$$

氧化值降低 3×4

步骤 4　调平其它元素的原子个数，并把短线改成等号

$$3S + 4HNO_3(\text{稀}) = 3SO_2\uparrow + 4NO\uparrow + 2H_2O$$

【例 2-2】 配平铜与稀硝酸反应的化学方程式。

解　①按步骤 1

$$Cu + HNO_3 \longrightarrow Cu(NO_3)_2 + NO\uparrow + H_2O$$

② 按步骤 2

氧化值升高 2

$$\overset{0}{Cu} + \overset{+5}{HNO_3} \longrightarrow \overset{+2}{Cu}(NO_3)_2 + \overset{+2}{NO}\uparrow + H_2O$$

氧化值降低 3

③ 按步骤 3

氧化值升高 2×3

$$\overset{0}{3Cu} + 2H\overset{+5}{N}O_3 \longrightarrow 3Cu(\overset{+2}{N}O_3)_2 + 2\overset{+2}{N}O\uparrow + H_2O$$

氧化值降低 3×2

④ 按步骤 4，可以看出上述反应里，有 2 个 NO_3^- 还原成 NO，还有 6 个 NO_3^- 没有参加氧化还原反应，所以硝酸的系数就是二者之和为 8，于是得

$$3Cu + 8HNO_3 = 3Cu(NO_3)_2 + 2NO\uparrow + 4H_2O$$

像【例 2-2】这种类型的氧化还原反应称为部分氧化还原反应。

【例 2-3】 配平氯气通入热的浓氢氧化钠溶液的化学反应方程式。

解 ①按步骤 1

$$Cl_2 + NaOH \longrightarrow NaCl + NaClO_3 + H_2O$$

② 按步骤 2

氧化值升高 5

$$\overset{0}{Cl_2} + NaOH \longrightarrow Na\overset{-1}{Cl} + Na\overset{+5}{Cl}O_3 + H_2O$$

氧化值降低 1

③ 按步骤 3

氧化值升高 5×1

$$\overset{0}{Cl_2} + NaOH \longrightarrow 5Na\overset{-1}{Cl} + 1Na\overset{+5}{Cl}O_3 + H_2O$$

氧化值降低 1×5

④ 按步骤 4，有 1 个 Cl 原子作还原剂，有 5 个 Cl 原子作氧化剂，共 6 个 Cl 原子，即 3 个 Cl_2 参加反应，则

$$3Cl_2 + 6NaOH = 5NaCl + NaClO_3 + 3H_2O$$

像【例 2-3】这种类型的反应，即在同一分子内同一元素既被氧化又被还原的氧化还原反应，称为歧化反应。

除此之外，氧化还原反应的类型还有很多种，如氧化还原反应发生在同一分子内不同元素之间，或者有两种以上元素参加氧化还原的等，这里就不再一一举例了。总而言之，运用氧化值升降法，基本上能将绝大多数的氧化还原反应比较准确、快速地配平，但对于个别方程式，特别是多种元素参加的氧化还原反应，或者是同一种元素反应发生多种氧化值变化的氧化还原反应，运用氧化值升降法配平化学反应方程式比较麻烦和困难。对这类氧化还原反应，可以用另一种配平化学反应方程式的方法——待定系数法进行配平。

(2) 待定系数法

① 基本原理 对于任意一个给定的化学方程式 A+B ══ C+D，只要它一旦配平，它们反应前后各类原子的个数必须相等，利用这一点。先设定各物质前的系数，假定这时已经相等，再利用反应前后各类原子个数相等的关系建立方程，然后通过解方程组，求出各系数就可以了。

【例 2-4】 配平 $NH_4HCO_3 \longrightarrow NH_3\uparrow + H_2O + CO_2\uparrow$

解 设各物质前的系数分别为 a，b，c，d，那么方程式配平了，即

$$aNH_4HCO_3 \xlongequal{} bNH_3\uparrow + cH_2O + dCO_2\uparrow$$

利用反应前后各类原子数相等，可得

N 原子 $a=b$

H 原子 $5a=3b+2c$

C 原子 $a=d$

O 原子 $3a=c+2d$

解方程组得 $a=b=c=d=1$，代入原方程可得

$$NH_4HCO_3 \xlongequal{} NH_3\uparrow + H_2O + CO_2\uparrow$$

② 基本步骤 如果每一个化学方程式都像上面这样列式求解方程组，比较麻烦。事实上，对于绝大多数的方程式，设定两个系数，即“1”和“n”基本都能配平了。而一些比较简单的方程式，只需设定系数“1”就可配平。下面举例说明。

【例 2-5】 配平 $Cu(NO_3)_2$ 受热分解的方程式

解 $Cu(NO_3)_2 \longrightarrow CuO + NO_2\uparrow + O_2\uparrow$

设定 $Cu(NO_3)_2$ 前面的系数为“1”，利用反应前后各原子个数相等的关系便可直接确定各生成物前的系数。

$$1Cu(NO_3)_2 \longrightarrow 1CuO + 2NO_2\uparrow + \frac{1}{2}O_2\uparrow$$

将分数改为整数，短线改为等号，则

$$2Cu(NO_3)_2 \xlongequal{} 2CuO + 4NO_2\uparrow + O_2\uparrow$$

【例 2-6】 配平 $KIO_3 + KI + H_2SO_4 \longrightarrow K_2SO_4 + I_2 + H_2O$

解 此方程如果只任意设定一种物质前的系数为“1”，则无法确定反应前后各物质前的系数，于是再另设定一物质前的系数为“n”，便可确定了。

假设 KIO_3 前的系数为“1”，KI 前的系数为“n”，利用反应前后各原子个数相等的关系，便可确定其余物质前的系数了。

$$1KIO_3 + nKI + \frac{n+1}{2}H_2SO_4 \xlongequal{} \frac{n+1}{2}K_2SO_4 + \frac{n+1}{2}I_2 + \frac{n+1}{2}H_2O$$

利用确定各系数过程中没有用到的氧原子列等式（注意不能选用被利用过的原子列等式，否则无解）。得到

氧原子 $3+4(n+1)/2=4(n+1)/2+(n+1)/2$

求出 $n=5$

代回原方程可得 $KIO_3 + 5KI + 3H_2SO_4 \xlongequal{} 3K_2SO_4 + 3I_2 + 3H_2O$

如果解出 n 值为分数，代回原方程后，需将所有的分数化成最小的整数。

由此得出用待定系数法配平氧化还原反应方程式的一般步骤如下。

a. 设定较复杂的物质前的系数为“1”，如果能确定其余各物质的系数便可直接确定。

b. 如果仅设一个系数“1”，还不能确定所有物质前的系数，需再选一种物质，设定它的系数为“n”，然后从反应物到生成物或者从生成物到反应物依次确定其它各种物质前的系数，确定的原则是选定一种原子，利用反应前后原子个数相等的关系进行确定。

c. 当所有物质前的系数都确定好后，必然有一种原子没有被利用过，就以这种原子为标准列等式求出未知的“n”。

d. 将“n”值代回原方程，算出各物质前的系数，方程便配平了。

通过学习可以发现，待定系数法是一种比较简单易掌握的方法，它除了可以配平氧化还原反应方程式外，对非氧化还原反应方程式也同样适用。

（3）离子-电子法简介　离子-电子法的配平原则是，氧化还原反应中氧化剂和还原剂得失电子数必然相等。现举例说明配平步骤。

【例 2-7】 配平 $KMnO_4+FeSO_4+H_2SO_4 \longrightarrow Fe_2(SO_4)_3+MnSO_4+K_2SO_4+H_2O$

解　①将分子反应式改成离子反应式

$$MnO_4^-+Fe^{2+}+H^+ \longrightarrow Fe^{3+}+Mn^{2+}+H_2O$$

② 分别写出氧化、还原反应式并配平

氧化反应　$Fe^{2+}-e \longrightarrow Fe^{3+}$

还原反应　$MnO_4^-+8H^++5e \longrightarrow Mn^{2+}+4H_2O$

为了使 MnO_4^- 被还原成 Mn^{2+}，必须要有 H^+ 与 MnO_4^- 中的 O 反应生成 H_2O，所以需要一定的 H^+ 参加。

③调整两个反应的系数，使得失电子数相等，然后把两个反应相加，消去电子

$$5Fe^{2+}-5e \longrightarrow 5Fe^{3+}$$

$$+)\ MnO_4^-+8H^++5e \longrightarrow Mn^{2+}+4H_2O$$

$$5Fe^{2+}+MnO_4^-+8H^+ \longrightarrow 5Fe^{3+}+Mn^{2+}+4H_2O$$

④ 调整系数使反应式两边所有的原子数相等，再改写成分子方程式

$$10FeSO_4+2KMnO_4+8H_2SO_4 = 5Fe_2(SO_4)_3+2MnSO_4+8H_2O+K_2SO_4$$

【例 2-8】 配平 $ClO^-+Cr(OH)_4^- \longrightarrow Cl^-+CrO_4^{2-}$

解　① 写出氧化还原反应式并配平

氧化反应　$Cr(OH)_4^-+4OH^--3e \longrightarrow CrO_4^{2-}+4H_2O$

还原反应　$ClO^-+H_2O+2e \longrightarrow Cl^-+2OH^-$

说明：在 $Cr(OH)_4^- \longrightarrow CrO_4^{2-}$ 反应中，左边有 H 而右边没有，故在 H 多的一边加 OH^-（说明反应在碱性溶液中反应），使它生成 H_2O。而在 $ClO^- \longrightarrow Cl^-$ 反应中显然左边有 O 右边没有，为使 O 相等，通常在 O 多的一边加 H_2O，故在反应式左边加入 H_2O，右边生成 OH^-。

② 调整两个反应的系数使得失电子数相等，然后相加，并消去电子

$$2Cr(OH)_4^-+8OH^--6e \longrightarrow 2CrO_4^{2-}+8H_2O$$

$$+)\ 3ClO^-+3H_2O+6e \longrightarrow 3Cl^-+6OH^-$$

$$2Cr(OH)_4^-+3ClO^-+2OH^- = 2CrO_4^{2-}+5H_2O+3Cl^-$$

离子-电子法的优点是可以避免求氧化值的麻烦，对于许多复杂的反应，特别是对分析化学中的氧化还原滴定相关反应方程式的配平非常方便。

二、原电池

1. 原电池的原理

物质发生化学变化时常伴有化学能与热能或光能的相互转化，现在来研究化学能是怎样转变为电能的。

【实验 2-11】 如图 2-9 所示，把一块锌片和一块铜片平行地插入盛有稀硫酸溶液的烧杯里，可以看到锌片上有气体放出，铜片上则没有气体放出。再用导线把锌片和铜片连接起来，观察铜片上有没有气体放出？在导线中间插入一个电流计，观察指针是否偏转？

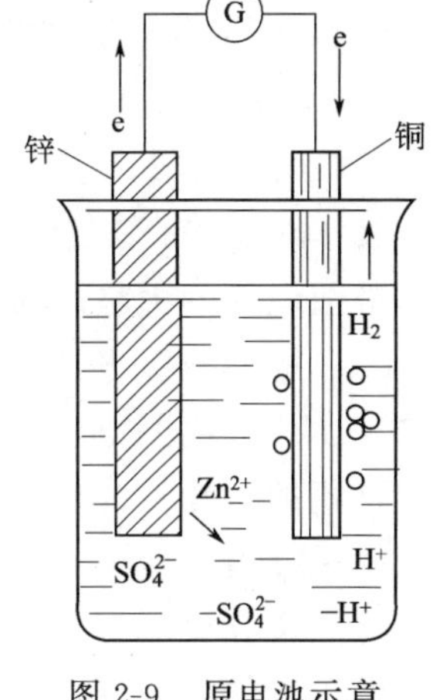

图 2-9　原电池示意

实验结果表明：用导线连接后，锌片在不断溶解，铜片上有氢气产生。电流计指针发生偏转。这说明当铜片和锌片一同浸入稀 H_2SO_4 时，由于锌比铜活泼，容易失去电子，锌被氧化成 Zn^{2+} 而进入溶液，电子由锌片通过导线流向铜片，溶液中的 H^+ 从铜片获得电子，被还原成氢原子，氢原子结合成氢分子，众多氢分子聚集成氢气从铜片上放出。

这个实验证明上述氧化还原反应确实因电子的转移而产生了电流，这种把化学能变为电能的装置叫原电池。

2. 原电池的电极反应及电池的表示

原电池中电子流出的一极是负极（如锌片），电极被氧化。电子流入的一极是正极（如铜片），H^+ 在正极上被还原。

原电池中的反应如下

锌电极：　$Zn-2e \Longrightarrow Zn^{2+}$　（氧化反应）

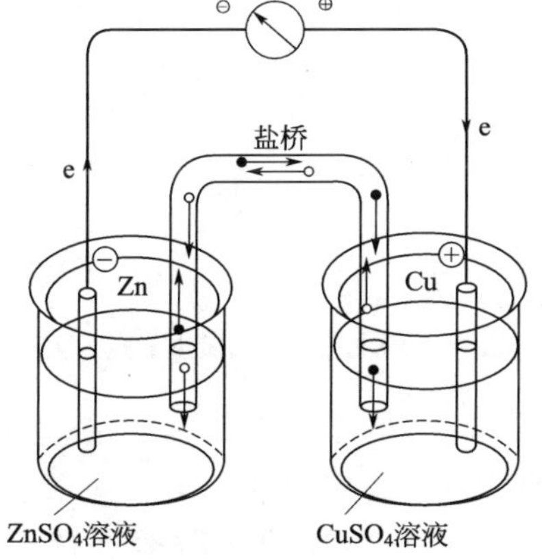

图 2-10　铜锌原电池装置

铜电极：　$2H^+ +2e \Longrightarrow H_2$　（还原反应）

电池反应：$Zn+2H^+ \Longrightarrow Zn^{2+} +H_2$　（氧化还原反应）

原电池的表示方法：$(-)Zn|H_2SO_4|Cu(+)$

式中“|”表示界面。如果中间有盐桥，用“‖”表示盐桥。如将锌和锌盐溶液与铜和铜盐溶液分开为两个半电池，外电路用导线接通，半电池用盐桥沟通，如图 2-10 所示。

这样得到的 Cu-Zn 原电池可以表示为：

$(-)Zn|Zn^{2+}(1mol/L)\|Cu^{2+}(1mol/L)|Cu(+)$

任何一个氧化还原反应，从理论上讲都是可以设计成一个原电池，证明有电子转移发生，然而实际操作有时会发生困难，特别是那些比较复杂的反应。

三、电极电位与能斯特方程

1. 电极电位和标准氢电极

(1) 电极电位　在测定 Cu-Zn 原电池电流方向时，为什么检流计的指针总是向一个方向偏转，即电子由 Zn 到 Cu，而不是相反呢？这是因为两个电极之间存在着电位差，就如同水有水位差，水就会自然流动一样。电位差的存在，表明构成原电池的两个电极各自具有不同电位，这个电位是在金属和它的盐溶液接触处产生的，把它叫做电极电位。一般用符号 E 表示，单位是伏特（V）。

原电池的正极与负极的电位差，就是原电池的电动势，常用符号 $E_{电动势}$ 表示。原电池的电动势规定为正极电位减去负极电位，即 $E_{电动势}=E_{(+)}-E_{(-)}$。

(2) 标准氢电极　如何测定电极的电位？电极电位的绝对值至今仍无法测定。因为电极电位值是表示构成电极的电对在氧化还原反应中争夺电子能力大小的一个量度，因此不必知道它们的绝对值，只要知道它们之间相对大小的数值就可以判断它们在氧化还原反应中争夺电子能力的强弱。为了获得各种电极的电位值的相对大小，必须选用一个适用的标准电极。

目前通用的标准电极是氢电极，称为标准氢电极。标准氢电极是将铂片表面镀上一层多孔的铂黑（细粉状的铂），放入氢离子浓度为 1mol/L 的酸溶液中，不断地通入压力为 101.3kPa 的氢气流，使铂黑电极上吸附的氢气达到饱和形成的电极。这时 H_2 与溶液中的 H^+ 达到以下平衡：

$$2H^+ + 2e \rightleftharpoons H_2$$

被 101.3kPa 氢气饱和了的铂片和氢离子浓度为 1mol/L 的酸溶液之间产生的电位差就是标准氢电极的电极电位，规定为零，即 $E_{H^+/H_2} = \pm 0.0000V$。

(3) 标准电极电位　标准氢电极与其它各种标准状态下的电极组成原电池，用实验方法测得这个原电池的电动势数值，就是该电极的标准电极电位。

常用的一些标准电极电位列于附录之中。

2. 能斯特方程

化学反应实际上经常在非标准状态下进行，这时的电极电位又如何计算呢？实验证明，影响电极电位的因素，在温度一定时（一般指 298K），主要是溶液中的离子浓度（或气体的分压）。经理论推导证明，电极电位与溶液中离子浓度的定量关系，可用能斯特方程式表示。

(1) 能斯特方程

$$\varphi = \varphi^{\ominus} + \frac{0.059}{n} \lg \frac{[\text{氧化态}]^a}{[\text{还原态}]^b}$$

式中　n——电极反应中得失电子数；

$\varphi^{\ominus}$——电极的标准电极电位；

φ——任意浓度下的电极电位；

$\frac{[\text{氧化态}]^a}{[\text{还原态}]^b}$——参加电极反应的所有氧化态、还原态物质浓度乘积之比，浓度的方次等于电极反应中氧化态或还原态的系数。

在电极反应中，固态、纯液态物质的浓度取为 1.0，离子浓度单位为 mol/L。

【例 2-9】 已知 $\varphi^{\ominus}_{Zn^{2+}/Zn} = -0.763V$，求 $[Zn^{2+}] = 0.001mol/L$ 的盐溶液中锌电极的电位。

解

、

$$Zn^{2+} + 2e \rightleftharpoons Zn$$

$$\begin{aligned}\varphi &= \varphi^{\ominus} + \frac{0.059}{n} \lg \frac{[\text{氧化态}]^a}{[\text{还原态}]^b} \\ &= -0.763 + \frac{0.059}{2} \lg \frac{[Zn^{2+}]}{[Zn]} \\ &= -0.763 + \frac{0.059}{2} \lg 0.01 \\ &= -0.822(V)\end{aligned}$$

答：在该条件下锌电极的电位为 $-0.822V$。

(2) 介质的酸度对氧化还原反应的影响　在许多电极反应中，H^+ 或 OH^- 的电荷虽然没有变化，却参与了电极反应。当它们的浓度改变时，对电极电位也产生较大的影响。例如重铬酸根和铬离子的电极反应

$$Cr_2O_7^{2-} + 14H^+ + 6e \rightleftharpoons 2Cr^{3+} + 7H_2O$$

氢离子在氧化型中出现，参与了电极反应，反应生成水，氢离子浓度与电极电位的关系可以用能斯特方程求出：

$$当[H^+]=1mol/L 时，\varphi_{Cr_2O_7^{2-}/Cr^{3+}}=1.33V$$

$$当[H^+]=2mol/L 时，\varphi_{Cr_2O_7^{2-}/Cr^{3+}}=1.37V$$

$$当[H^+]=10^{-3}mol/L 时，\varphi_{Cr_2O_7^{2-}/Cr^{3+}}=0.916V$$

在该反应中，由于氢离子浓度的指数很高，氢离子浓度甚至可成为控制电极电位的决定因素。这就是说，在酸性溶液中，重铬酸钾能氧化的某些物质，在中性溶液中就不一定能氧化了，这就是许多氧化还原反应要求在一定酸度下进行的道理。

介质酸度除了可能影响氧化还原反应发生的方向外，还会有以下两个方面的影响：

① 氧化还原反应的产物因介质不同而异。如高锰酸钾在酸性、中性、碱性介质中可以分别被还原为 Mn^{2+}、MnO_2 和 MnO_4^{2-}。

② 介质的酸度影响氧化还原反应的速率。如分别在硫酸、醋酸溶液中进行重铬酸钾与溴化钾的反应。前者速度快，后者速度慢。

3. 电极电位的应用

电极电位的应用非常广泛。

(1) 判断氧化剂、还原剂的相对强弱　电极电位的大小，反映了物质得失电子的难易，即反映了物质氧化还原能力的强弱。电极电位值越小，表示该电对中的还原态物质越易失去电子，是越强的还原剂；电极电位值越大，表示该电对中的氧化态物质越易获得电子，是越强的氧化剂。

【例 2-10】 比较 Cl_2/Cl^-，Fe^{2+}/Fe，Ag^+/Ag 三个电对中，氧化态物质氧化能力大小的顺序。

解　查表得 $\varphi^{\ominus}_{Fe^{2+}/Fe}=-0.44V$　　$\varphi^{\ominus}_{Cl_2/Cl^-}=1.36V$　　$\varphi^{\ominus}_{Ag^+/Ag}=0.779V$

故氧化态物质氧化能力由大到小的顺序为 $Cl_2>Ag^+>Fe^{2+}$。

(2) 判断氧化还原反应进行的方向　根据原电池的电动势，可以判断氧化还原反应进行的方向，具体判断步骤如下：

① 按给定的反应方向，根据元素氧化值的变化情况，确定氧化剂和还原剂；

② 分别查出氧化电对和还原电对的标准电极电位；

③ 以氧化剂的电对为正极，还原剂的电对为负极，组成原电池并计算其标准电动势。

$$\varphi^{\ominus}=\varphi^{\ominus}_{(+)}-\varphi^{\ominus}_{(-)}$$

若 $\varphi^{\ominus}>0$，则反应自发正向进行；

若 $\varphi^{\ominus}<0$，则反应自发逆向进行。

【例 2-11】 判断标准状态下，反应 $Fe^{2+}+Cu═══Fe+Cu^{2+}$ 自发进行的方向。

解　由 $Fe^{2+}+Cu═══Fe+Cu^{2+}$ 推出，Fe^{2+} 是氧化剂，Cu 是还原剂

查表得　　$\varphi^{\ominus}_{Fe^{2+}/Fe}=-0.44V$　$\varphi^{\ominus}_{Cu^{2+}/Cu}=0.337V$

$$\varphi^{\ominus}=\varphi^{\ominus}_{(+)}-\varphi^{\ominus}_{(-)}=-0.44V-0.337V=-0.777V$$

$$\varphi^{\ominus}<0$$

所以反应自发地逆向进行。

(3) 判断氧化还原反应的次序　某溶液中同时含有 Br^- 和 I^-，当向溶液中通入氯气时，哪种离子先被氧化呢？可以根据它们与氯的电位差的大小，判断被氧化的次序。

查表得　　$\varphi^{\ominus}_{I_2/I^-}=+0.545V$，$\varphi^{\ominus}_{Br_2/Br^-}=+1.065V$，$\varphi^{\ominus}_{Cl_2/Cl^-}=+1.36V$

所以 $$\Delta\varphi_1^{\ominus}=\varphi^{\ominus}_{Cl_2/Cl^-}-\varphi^{\ominus}_{I_2/I^-}=1.36-0.545=0.815(V)$$

$$\Delta\varphi_2^{\ominus}=\varphi^{\ominus}_{Cl_2/Cl^-}-\varphi^{\ominus}_{Br_2/Br^-}=1.36-1.065=0.295(V)$$

由此可以知道，溶液中的I^-首先被氧化，然后才是Br^-被氧化。反应的方程式如下

$$Cl_2+2I^- = I_2+2Cl^-$$

$$Cl_2+2Br^- = Br_2+2Cl^-$$

关于氧化还原的次序，通常有以下规律：当把一种氧化剂加入同时含有几种还原剂的溶液中，氧化剂首先与最强的还原剂（$\varphi^{\ominus}$最小的电对中的还原态物质）发生反应；反之，如果把一种还原剂加入到同时含有几种氧化剂的溶液中，还原剂首先与最强的氧化剂（$\varphi^{\ominus}$最大的电对中的氧化态物质）发生反应。

本章小结

一、基本知识

本章主要介绍氯气的物理性质、化学性质、制法及用途；含氯的主要化合物的性质、用途及制法；卤素的通性（卤素的原子结构、单质的性质及用途、卤素离子的鉴定）；卤素的重要化合物的性质、用途及制法；氧化还原反应的实质及氧化还原反应方程式的配平方法；原电池的原理、电极反应及表示方法；电极电位的概念及应用；能斯特方程式的应用。

二、基本计算

1. 有关过量问题的计算

在化学反应中，反应物之间是严格按化学方程式所确定的质量比进行反应的。如果某反应中两种反应物的量都已给出，则应先通过计算判断两种反应物是否恰好完全反应，如不是恰好完全反应，应判断哪种反应物有剩余，然后根据没有过剩的（即完全消耗的）那种反应物的量来计算生成物的量。

2. 有关能斯特方程式的计算

能斯特方程式：

$$\varphi=\varphi^{\ominus}+\frac{0.059}{n}\lg\frac{[\text{氧化态}]^a}{[\text{还原态}]^b}$$

习　题

1. HX的热稳定性如何？它们的水溶液的酸性强弱如何？
2. HX中哪些可以用卤化物与浓H_2SO_4发生复分解反应来制取，哪些不能？为什么？分别写出制取HX的反应方程式。
3. 现有二氧化锰、氯化钾、溴化钾、浓硫酸和水五种物质，怎样用这五种物质来制取盐酸、氧气和溴？写出有关的化学反应方程式。
4. 现有3瓶无色溶液，分别为NaCl、NaBr、KI，举出两种鉴别它们的方法，写出有关的化学方程式。
5. 4瓶无色溶液分别为HF、HCl、$CaBr_2$、NaI，如何用实验方法进行鉴别？写出有关的化学方程式。
6. 实验室用过量的浓盐酸跟二氧化锰起反应制得氯气0.71g，需二氧化锰多少克？需要32%的盐酸多少克？
7. 5.85g氯化钠跟5g 98%的浓硫酸起反应，微热时生成多少克的氯化氢？继续加热到873K时，又能生成多少克的氯化氢？

8. 20mL 20%的盐酸（密度为 1.1g/cm³）跟 10.3g $CaCO_3$ 完全反应后可制得 CO_2 多少克？这些 CO_2 在标准状态下所占的体积是多少升？

9. 使足量的浓硫酸和 11.7g 氯化钠混合微热，将反应所生成的氯化氢完全通入 45g 10%的氢氧化钠溶液中，通过计算说明溶液对石蕊试液呈何反应？

10. 现有市售的 11.9mol/L 的浓盐酸 100mL，与 32.5g 金属锌充分反应后，在标准状态下可制得氢气多少升？

11. 写出下列反应的化学方程式，指出哪些是氧化还原反应？哪些是非氧化还原反应？是氧化还原反应的标出电子转移的方向和总数目，并指出哪种元素被氧化、哪种元素被还原、哪种物质是氧化剂、哪种物质是还原剂。

（1）铁丝在氯气中燃烧；（2）氟遇水反应；（3）萤石和浓硫酸反应；（4）锌和盐酸反应；（5）硝酸银和溴化钠反应；（6）三氯化磷和氯气反应。

12. 用氧化值升降法配平下列氧化还原反应方程式

（1）$SO_2+H_2O+I_2 \longrightarrow HI+H_2SO_4$

（2）$Cu+HNO_3$(稀)$\longrightarrow Cu(NO_3)_2+NO\uparrow+H_2O$

（3）$FeSO_4+H_2SO_4+O_2 \longrightarrow Fe_2(SO_4)_3+H_2O$

（4）$P_4+HNO_3+H_2O \longrightarrow H_3PO_4+NO\uparrow$

13. 用待定系数法配平下列反应式

（1）$AgNO_3 \xrightarrow{\triangle} Ag+NO_2\uparrow+O_2\uparrow$

（2）$H_2O_2+KI \longrightarrow I_2+KOH$

（3）$Na_2C_2O_4+KMnO_4+H_2SO_4 \longrightarrow CO_2\uparrow+MnSO_4+K_2SO_4+Na_2SO_4$

（4）$Zn+HNO_3$(稀)$\longrightarrow Zn(NO_3)_2+NH_4NO_3+H_2O$

14. 镀层破损后，为什么镀锌板（白铁）比镀锡板（马口铁）耐腐蚀。

15. 用原电池工作原理说明轮船壳体上的锌板对船体的保护（防腐蚀）作用。写出有关的电极反应式。

拟　卤　素

拟卤素是指由两个或两个以上电负性较大的元素的原子组成的原子团，这些原子团在自相结合成分子时，与卤素单质的性质相似，而成为阴离子时与卤素阴离子的性质也相似，重要的拟卤素见表 2-2。

表 2-2　拟卤素

游离态	卤素 X_2	氰 $(CN)_2$ 无色气体	硫氰 $(SCN)_2$ 易挥发的黄色液体	氧氰 $(OCN)_2$ 仅存在于溶液中
酸	氢卤酸 HX	氢氰酸 HCN $K_a^{\ominus}=6.2\times10^{-10}$	硫氰酸 HSCN 强酸	氰酸 HOCN $K_a^{\ominus}=3.47\times10^{-4}$
盐（M 为 K、Na）	MX	MCN	MSCN	MOCN
毒性		剧毒	无毒	无毒

拟卤素与卤素性质比较如下：

① 游离态拟卤素都为二聚体；卤素也为双原子分子。

② 与卤素相似，除 Ag(Ⅰ)、Hg(Ⅰ)、Pb(Ⅱ) 对应的拟卤化物（盐）难溶于水外，其余的盐均能溶于水。

③ 与卤素相似，与金属反应生成一价阴离子的盐。

$$2Fe+3(SCN)_2 \longrightarrow 2Fe(SCN)_3$$

$$2Fe+3Cl_2 \longrightarrow 2FeCl_3$$

④ 在水中或者与碱发生歧化反应。

$$(CN)_2+H_2O \rightleftharpoons HCN+HOCN$$

$$Cl_2+H_2O \rightleftharpoons HCl+HClO$$

$$(CN)_2+2OH^- \rightleftharpoons CN^-+OCN^-+H_2O$$

$$Cl_2+2OH^- \longrightarrow Cl^-+ClO^-+H_2O$$

⑤ 游离态拟卤素具有氧化性，其对应的离子具有还原性。

根据标准电极电位，游离卤素和拟卤素的氧化能力及对应离子的还原能力的次序比较如下

氧化能力增强 ←

F_2、$(OCN)_2$、Cl_2、Br_2、$(CN)_2$、$(SCN)_2$、I_2

F^-、OCN^-、Cl^-、Br^-、CN^-、SCN^-、I^-

→ 还原能力增强

拟卤素及其离子中以氰化物应用最为广泛，CN^- 与一些金属离子如 Au^+、Ag^+、Zn^{2+} 等形成稳定的配离子，基于这种性质，NaCN（或 KCN）用来从矿物中提取金和银，如

$$4Au+8NaCN+2H_2O+O_2 \longrightarrow 4NaAu(CN)_2+4NaOH$$

还可用于金属的电镀；氰化物还常用于有机合成中。氰化物剧毒，而且中毒非常迅速，因为它们能使中枢神经系统瘫痪，使呼吸酶及血液中的红蛋白中毒，因而使机体窒息。氢氰酸和氰化钠的致死量为0.05g。氰化物的中毒可以通过多种途径，如由皮肤吸收、从伤口侵入，误食或由呼吸系统进入体内，因此使用时要特别小心，而且因使用氰化物所造成的环境污染也必须处理，处理方法是利用 CN^- 的强配合能力和还原性，使其与 $FeSO_4$ 或 NaClO 反应，生成无毒的物质：

$$FeSO_4+6CN^- \longrightarrow [Fe(CN)_6]^{4-}+SO_4^{2-}$$

$$NaClO+CN^- \longrightarrow Na^++OCN^-+Cl^-$$

$[Fe(CN)_6]^{4-}$ 和 OCN^- 为无毒物。

氧氰及其化合物无毒，自由氧氰尚未制得，常见的是氰酸的钠、钾、铵盐，氰酸盐主要用于有机合成，制催眠药、麻醉药。

硫氰及硫氰酸盐无毒。硫氰酸盐主要用于印染工业，也用作化学试剂，KSCN 为检验 Fe^{3+} 的灵敏试剂，在酸性溶液中它与 Fe^{3+} 生成血红色的化合物。

第三章 碱金属

锂（Li）、钠（Na）、钾（K）、铷（Rb）、铯（Cs）、钫（Fr）6 种元素都是金属元素，它们的氧化物的水化物都是可溶于水的碱，因此把这些元素称为碱金属元素，它们的单质统称为碱金属。本章重点学习钠及其化合物，然后对碱金属元素的性质加以系统的比较，认识它们的通性。

第一节 钠及其重要化合物

一、钠的性质

钠约占地壳总质量的 2.6%。它的性质很活泼，在自然界里不能以游离态存在，只能以化合态存在。钠的化合物在自然界分布很广，主要以氯化钠的形式存在于海水、井盐、岩盐和盐湖中。钠还以硝酸钠、硫酸钠和碳酸钠的形式存在于自然界中。

1. 钠的物理性质

【实验 3-1】 从煤油中取出一块钠，放在玻璃片上，用小刀切去一端的外皮，观察新切断面的颜色。并注意观察在光亮的断面上发生的变化。

金属钠很软，能用刀切割，切开外皮后，可以看到，钠是一种具有银白色金属光泽的金属。它是热和电的良导体，密度是 $0.97g/cm^3$，比水轻，能浮在水面上。钠的熔点为 371K，沸点为 1156K。

2. 钠的化学性质

钠原子的最外电子层上只有 1 个电子，在化学反应中，极易失去这个电子，形成氧化值为+1 的阳离子。因此钠的化学性质非常活泼。

(1) 钠与氧气的反应　从实验 3-1 可以看到，新切开的光亮的金属断面很快地变暗。这是因为钠很容易被氧化，在常温下就能与空气里的氧气反应，生成一薄层氧化钠的缘故。

$$4Na+O_2 = 2Na_2O$$

【实验 3-2】 取一小块金属钠，放在燃烧匙内加热，观察发生的现象。

钠受热后能在空气中着火燃烧，在纯氧里燃烧得更为剧烈，燃烧时发出黄色的火焰。在反应过程中，可以生成氧化钠，氧化钠不稳定，继续氧化生成比较稳定的过氧化钠。所以钠在空气或纯氧中燃烧生成的是过氧化钠粉末。

$$2Na+O_2 \xlongequal{\triangle} \underset{\text{过氧化钠}}{Na_2O_2}$$

(2) 钠与硫等非金属的反应　钠除了跟氯气、氧气直接化合外，还能跟许多其它非金属直接化合。例如，钠与硫的反应非常剧烈，甚至发生爆炸，生成硫化钠。

$$2Na+S \xlongequal{\triangle} \underset{\text{硫化钠}}{Na_2S}$$

(3) 钠与水的反应

【实验 3-3】 取 1 只 1L 的烧杯，加入 0.5L 冷水，然后用镊子取绿豆粒大小的一块钠（已切去金属表面的氧化膜），迅速用滤纸吸干金属表面的煤油后投入水中。观察钠与水反应的剧烈程度。反应完成后，在烧杯中滴入几滴酚酞试液，观察溶液颜色的变化。

可以看到，钠投入水中，浮在水面上，立即跟水发生剧烈反应，并有气体产生，反应中放出的热立刻使钠熔成了一个闪亮的小球，在水面上向各个方向迅速游动，同时发出嘶嘶声，并逐渐缩小，最后完全消失。滴入酚酞试液后，烧杯里的溶液由无色变为红色，说明有碱性物质生成。钠跟水起反应生成了氢氧化钠和氢气。

$$2Na+2H_2O \xlongequal{} 2NaOH+H_2\uparrow$$

在上述实验中，如果取小于 1L 的烧杯，由于钠与水的反应有时过分剧烈，可能使小钠球和水液溅出烧杯外，所以最好用漏斗将烧杯罩起来。如果要检验生成的氢气，可把一支试管套在漏斗上收集（图 3-1）。

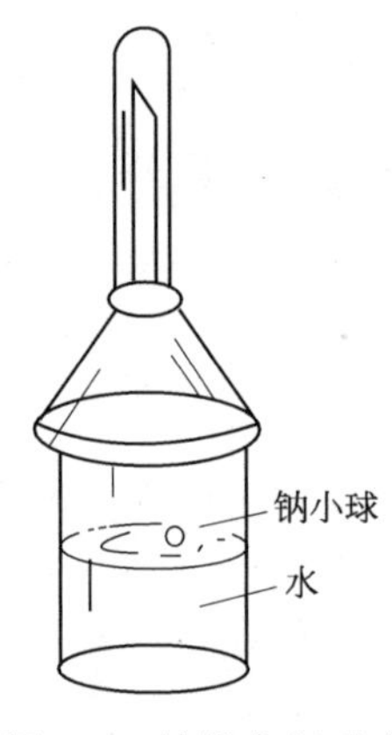

图 3-1 钠跟水起反应

由于钠很容易跟空气里的氧或水起反应，所以保存时要使它跟空气和水隔绝。大量的钠要密封在钢桶中单独存放，少量的钠通常保存在煤油里。在使用金属钠时，要配戴防护眼镜。遇其着火时，只能用砂土或干粉灭火，绝不能用水灭火。

3. 钠的制备和用途

(1) 钠的制备　工业上常采用电解熔融的氯化钠来制取金属钠。

$$2NaCl(熔融) \xlongequal{电解} 2Na+Cl_2\uparrow$$

(2) 钠的用途　钠是一种强还原剂，可用于某些金属的冶炼，例如，钠可以把钛、锆、铌、钽等金属从它们的熔融卤化物里还原出来。钠和汞的合金（钠汞齐）有缓慢的还原性，可以用作有机合成的还原剂。钠和钾的合金（含 50%～80%的钾）在室温下呈液态，是核反应堆的导热剂。钠还用来制取那些不能由氯化钠直接制取的钠的化合物，如过氧化钠等。钠也应用在电光源上制高压钠灯，高压钠灯发出的黄光射程远，透雾能力强，广泛用于公路照明。

二、钠的重要化合物

1. 钠的氧化物

钠的氧化物有氧化钠和过氧化钠。

(1) 氧化钠　氧化钠是白色固体，属于碱性氧化物。氧化钠具有碱性氧化物的通性，它能跟酸起反应生成盐和水；跟水起剧烈的反应生成氢氧化钠；跟酸性氧化物起反应生成盐。例如

$$Na_2O+H_2SO_4 \xlongequal{} Na_2SO_4+H_2O$$

$$Na_2O+H_2O \xlongequal{} 2NaOH$$

$$Na_2O+CO_2 \xlongequal{} Na_2CO_3$$

氧化钠暴露在空气中，能与空气里的二氧化碳反应，所以应密封保存。

(2) 过氧化钠　过氧化钠是淡黄色的固体，较稳定，加热至 773K 也不分解。

过氧化钠与水或稀酸作用生成过氧化氢（H_2O_2），其反应式如下

$$Na_2O_2+2H_2O \xlongequal{} 2NaOH+H_2O_2$$

$$Na_2O_2 + H_2SO_4 \xlongequal{\quad} Na_2SO_4 + H_2O_2$$

过氧化氢的水溶液俗称双氧水，它不稳定，容易分解放出氧气，反应式为

$$2H_2O_2 \xlongequal{\quad} 2H_2O + O_2\uparrow$$

氧与另一种元素化合形成有过氧键—O—O—的物质叫过氧化物。如 H—O—O—H、Na—O—O—Na 等。过氧化物是强氧化剂。

过氧化钠是一种强氧化剂，具有漂白作用，可用来漂白麦秆、织物、羽毛等。

过氧化钠还能跟二氧化碳反应，生成碳酸钠和氧气。

$$2Na_2O_2 + 2CO_2 \xlongequal{\quad} 2Na_2CO_3 + O_2\uparrow$$

利用这一性质，过氧化钠可用在呼吸面具上和潜水艇里吸收二氧化碳和供给氧气。

过氧化钠既能跟水起反应又能跟二氧化碳反应，所以必须密封保存在干燥的地方。

过氧化钠还是一种具有碱性和强氧化性的熔剂，在分析上常用作矿石等复杂试样的分解试剂。

2. 几种重要的钠盐

重要的钠盐除氯化钠外，还有硫酸钠、碳酸钠和碳酸氢钠等。

(1) 硫酸钠 (Na_2SO_4) 硫酸钠晶体俗名芒硝，分子式为 $Na_2SO_4 \cdot 10H_2O$。硫酸钠是制造玻璃、硫化钠、造纸（制浆）等的重要原料，也用在制水玻璃、纺织、染色等工业上，在医药上用作缓泻剂。

自然界的硫酸钠主要分布在盐湖和海水里。我国沿海各地及山西、青海、内蒙古等地的咸水湖里盛产芒硝。

(2) 碳酸钠和碳酸氢钠 碳酸钠 (Na_2CO_3) 俗名苏打，工业上叫做纯碱，是白色粉末状物质，易溶于水。碳酸钠含结晶水，分子式为 $Na_2CO_3 \cdot 10H_2O$。碳酸钠晶体在空气里很容易失去结晶水，表面失去光泽而逐渐变暗，并逐渐碎裂成粉末。碳酸钠晶体失去结晶水后叫无水碳酸钠。

碳酸氢钠 ($NaHCO_3$) 俗名小苏打，是一种细小的白色晶体。碳酸氢钠在水中的溶解度比碳酸钠小。

碳酸钠和碳酸氢钠都能跟盐酸起反应放出二氧化碳。

$$Na_2CO_3 + 2HCl \xlongequal{\quad} 2NaCl + H_2O + CO_2\uparrow$$

$$NaHCO_3 + HCl \xlongequal{\quad} NaCl + H_2O + CO_2\uparrow$$

【实验 3-4】 在盛有碳酸钠和碳酸氢钠的两支试管里，分别加入少量盐酸。比较它们放出二氧化碳的快慢程度。

从反应可见，碳酸氢钠和盐酸的反应要比碳酸钠和盐酸的反应剧烈得多。

碳酸钠很稳定，碳酸氢钠却不很稳定，受热容易分解，放出二氧化碳。

$$2NaHCO_3 \xlongequal{\triangle} Na_2CO_3 + H_2O + CO_2\uparrow$$

这个反应可以用来鉴别碳酸钠和碳酸氢钠，也是工业上制备纯碱的重要反应。

碳酸钠广泛地用于玻璃、肥皂、造纸、纺织等工业上，还用于制造其它钠的化合物。在日常生活中，碳酸钠常用作洗涤剂。碳酸氢钠在医疗上是治疗胃酸过多的一种药剂，在纺织工业上用作羊毛洗涤剂，还大量用作选矿、灭火用药剂等。

在自然界有天然的碳酸钠存在，碱性土壤里和某些盐湖里常含有碳酸钠。我国内蒙古自治区一带的盐湖里出产大量的天然碱，通常称为口碱。

第二节 碱金属元素

一、碱金属的通性

1. 碱金属元素原子结构的比较

碱金属元素的原子结构和单质的物理性质见表 3-1。

表 3-1 碱金属元素的原子结构和单质的物理性质

元素名称	元素符号	核电荷数	电子层结构	颜色和状态	密度/(g/cm³)	熔点/K	沸点/K
锂	Li	3	2 1	银白色金属,柔软	0.534	453.7	1620
钠	Na	11	2 8 1	银白色金属,柔软	0.971	371	1156
钾	K	19	2 8 8 1	银白色金属,柔软	0.862	336.8	1047
铷	Rb	37	2 8 18 8 1	银白色金属,柔软	1.532	312	961
铯	Cs	55	2 8 18 18 8 1	银白色金属,略带金色光泽,柔软	1.879	301.6	951.6

从表 3-1 可以看出，碱金属元素原子的最外电子层的电子数是相同的，都是 1 个电子，次外层都是稀有气体的稳定结构。

碱金属元素的原子，按照锂、钠、钾、铷、铯的顺序，随着核电荷数的增加，电子层数递增（表 3-1）。因此，碱金属的原子半径随着电子层数的增多而增大（图 3-2）。原子核对外层电子的吸引力逐渐减弱。

碱金属原子在化学反应中极易失去最外层的 1 个电子，形成氧化值为+1 的阳离子，阳离子的半径显著地比相应的原子半径小（图 3-2）。

2. 碱金属物理性质的比较

碱金属除铯略带金色光泽外，其余都呈银白色。它们都是比较软、有延展性、密度较小的轻金属。其中的锂、钠、钾的相对密度小于 1，能浮在水面上，它们导热、导电的性能都很强。碱金属的熔点较低，铯在气温稍高时就呈液态，它们的熔点、沸点一般随着碱金属原子电子层数的增加而降低（表 3-1）。它们能形成在常温下为液体的合金，例如钠和汞合金（钠汞齐）的熔点只有 236K。

碱金属元素在自然界里都以化合态存在，它们的金属单质由人工制得。

3. 碱金属化学性质的比较

因为碱金属元素的原子，在化学反应中都极易失去最外电子层的 1 个电子，因此它们的化学性质都很活泼。又因为失去电子的物质是还原剂，所以碱金属都是强还原剂。

（1）碱金属与非金属的反应　碱金属能跟大多数非金属（如氧气、卤素、硫、磷等）起

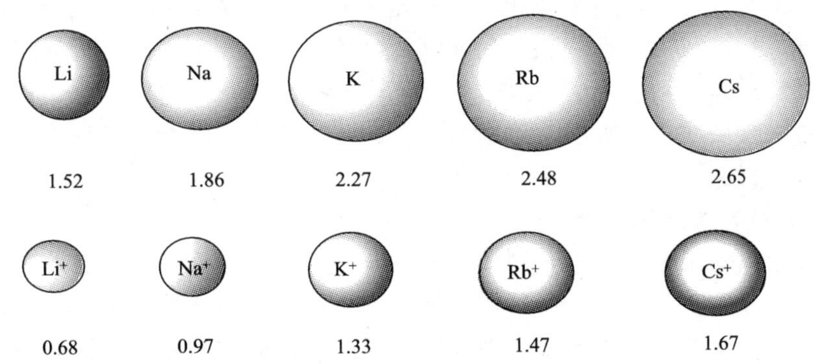

图 3-2 碱金属的原子和离子的大小示意图

（数据表示原子和离子半径，单位是 10^{-10}m）

反应，表现出很强的金属性。

碱金属都能跟氧气起反应，并生成多种氧化物。在常温时，锂在空气中缓慢氧化生成氧化锂；钠在空气中很快被氧化生成氧化钠；钾在空气中迅速被氧化生成氧化钾；铷和铯在空气中能自燃。锂在空气中燃烧时只生成氧化锂，钠在空气或纯氧中燃烧生成过氧化钠，钾、铷、铯在空气中燃烧时生成比过氧化物更复杂的氧化物。

碱金属跟氧气起反应的剧烈程度以及生成过氧化物或更复杂的氧化物的趋势，都按照从锂到铯的顺序逐渐增强。

碱金属燃烧时火焰呈现出不同的颜色。例如，锂燃烧时火焰呈紫红色，钠燃烧时火焰呈黄色，钾燃烧时火焰呈紫色（透过蓝色钴玻璃），铷燃烧时火焰呈紫色。火焰呈颜色的现象应用在科学实验上，可以检验一些金属或金属化合物。多种金属或它们的化合物在灼烧时能使火焰呈现出特殊的颜色，这在化学上叫做**焰色反应**。碱金属及它们的化合物都能呈现焰色反应。此外，钙、锶、钡等金属也能呈现焰色反应。焰色反应常用在分析化学上鉴别这些金属元素的存在；另外还可制造各色焰火。

（2）碱金属与水的反应　碱金属在常温时都能跟水起反应，生成氢氧化物和氢气。

锂跟水反应时比较缓慢，不熔化。钠跟水能起剧烈的反应。钾与水的反应比钠与水的反应更剧烈，常使生成的氢气燃烧，并发生轻微爆炸。

【实验 3-5】 在 1 只容积为 1L 的烧杯中，加入 0.5L 冷水。用镊子从煤油里取出一块金属钾，放在干燥的玻璃片上，切取绿豆粒大小的一块钾，用滤纸吸干其表面的煤油，投入烧杯的水中，迅速用玻璃片盖好（防止轻微爆炸而飞溅出液体）。观察反应的剧烈程度。反应完成后，向烧杯的溶液中加入几滴酚酞试液，观察溶液颜色的变化。

可以看到，滴入酚酞试液后，溶液的颜色由无色变为红色。钾跟水起反应的化学方程式如下

$$2K + 2H_2O = 2KOH + H_2\uparrow$$

铷和铯遇水剧烈反应，并发生爆炸。

碱金属的氢氧化物易溶解于水，其水溶液都呈强碱性，都能使无色酚酞试液变红色。碱金属的氢氧化物从氢氧化锂到氢氧化铯碱性依次增强。

少量的碱金属常贮存在煤油中。因为锂的密度最小，常浮在煤油上，所以常将锂贮存在液体石蜡中。

碱金属的性质很相似，但又有差异，这些都是它们的原子结构所决定的。

碱金属原子的最外电子层电子数相同，决定了碱金属具有相似的化学性质。因此，锂、钠、钾、铷、铯、钫构成一个性质相似的元素族，即碱金属元素。碱金属元素原子半径的不同，是造成它们性质差异的原因。在碱金属元素中，按照从锂到铯的顺序，随着原子半径的增大，原子核对最外层电子的吸引力逐渐减弱，原子失去电子的能力逐渐增强，因此它们的化学活泼性依次增强。

4. 几种碱金属的用途和钾肥

(1) 几种碱金属的用途　锂用于制取化学工业的催化剂、高强度的玻璃等。还用于制取多种合金，例如，锂跟铝、铜等金属制成的低密度合金，能在高温下保持较好的强度。锂电池是一种高能电池。在原子能工业中，锂是制造氢弹不可缺少的原料。钾的化合物（如硫酸钾、氯化钾等）是重要的化学肥料。铷或铯镀在银片上制造光电管，当受光照射时，光电管中的电路就接通。铷和铯还用于制造最准确的计时器——铷、铯原子钟。1967 年正式规定用铯原子钟所确定的秒为新的国际时间单位。

(2) 钾肥　在初中化学里已经讲到钾肥的初步知识，知道钾肥能使农作物生长健壮，茎秆粗硬，增强对病虫害和倒伏的抵抗能力，并能促进糖分和淀粉的生成。土壤里钾的含量并不少，但大部分以钾的矿物形式存在，这些矿物难溶于水，不能转化为可溶性的钾的化合物，难使钾在溶液中以离子形式存在，不容易被农作物吸收。因此土壤里的钾不能满足农作物生长的需要，人们往往要施用钾肥以补充钾元素。

通常施用的钾肥主要是各种钾盐，例如，硫酸钾、氯化钾、碳酸钾（草木灰的主要成分）等。这些钾盐都是易溶于水而容易被农作物吸收的速效化肥。

施用钾肥时，要防止雨水淋失（钾肥易溶于水）。为了夺取粮食高产，促进农业大丰收，还要因地制宜，注意氮、磷、钾三种肥料的合理配合。

二、碱金属的重要化合物

(1) 氯化钾（KCl）　白色晶体，易溶于水。已在第二章作过介绍。

(2) 碘化钾（KI）　常见的碱金属卤化物。已在第二章作过介绍。

(3) 硫酸钠（Na_2SO_4）　大量用在玻璃工业上。

(4) 硫代硫酸钠（$Na_2S_2O_3\cdot 5H_2O$）　碱金属的硫代硫酸盐是最常见的盐，其中最重要的是含五分子结晶水的硫代硫酸钠（$Na_2S_2O_3\cdot 5H_2O$），俗称大苏打或海波。将硫粉溶于沸腾的亚硫酸钠碱性溶液中便可得到硫代硫酸钠，反应式为

$$Na_2SO_3+S=\!=\!=Na_2S_2O_3$$

硫代硫酸钠是一个中等强度的还原剂，碘可将硫代硫酸钠氧化成连四硫酸钠，反应式为

$$2Na_2S_2O_3+I_2=\!=\!=Na_2S_4O_6+2NaI$$

这个反应是分析化学上碘量法的基础，可用于碘的定量测定。

(5) 氟化钾（KF）和氟化钠（NaF）　可作木材防腐剂、农作物杀虫剂等。

(6) 明矾［$KAl(SO_4)_2\cdot 12H_2O$］　常用作净水剂，在印染、制革和造纸等工业上，明矾也是一种常用的重要原料。将在第九章介绍。

(7) 碳酸钾（K_2CO_3）　又称钾碱，易溶于水，主要用于制硬质玻璃和氰化钾（KCN）。碳酸钾存在于草木灰中，可利用植物的籽壳（如向日葵籽壳），经焚烧、浸取、蒸发、结晶等过程得到碳酸钾。

(8) 氢化钾（KH）　白色固体，不稳定，在潮湿的空气中和水发生反应放出氢气。

$$KH+H_2O=\!=\!=KOH+H_2\uparrow$$

氢化钾是很强的还原剂，能从一些金属化合物中还原出金属。

本章小结

本章主要介绍以下基本知识：

① 钠的物理性质、化学性质、制法及用途；

② 钠的重要化合物的性质及用途；

③ 碱金属元素的通性及重要化合物的性质；

④ 焰色反应的概念及用途。

习　　题

1. 商品 NaOH 中常含有 Na_2CO_3 杂质，怎样用最简便的方法加以检验？
2. 试以食盐为原料，制备：(1) 过氧化钠；(2) 烧碱；(3) 纯碱。写出有关的化学反应方程式。
3. 电解 23.4g 熔融氯化钠，可制得多少克钠？在标准状态下能生成氯气多少升？
4. 把 2.3g 钠加入到 25g 水中，所得到的溶液的密度是 $1.17g/cm^3$，该溶液的质量分数是多少？物质的量浓度是多少？
5. 把 2.74g 碳酸钠和碳酸氢钠的混合物加热到质量不再变化时，剩余物质的质量为 2.12g，计算混合物中碳酸氢钠和碳酸钠的质量分数。
6. 100g Na_2CO_3 和 $NaHCO_3$ 的混合物跟足量的盐酸起反应，在标准状态下生成 22.4L 的 CO_2 气体，求原混合物中碳酸氢钠和碳酸钠的质量分数。
7. 现有 1kg Na_2O_2 作为潜水员的供氧剂，可提供氧气多少升（在标准状态下）？
8. 将 5.6g 商品 NaOH 溶于水配制成 1L 溶液。取出 50mL 恰好与 45mL 0.01mol/L 的 HCl 溶液完全中和，计算该 NaOH 的纯度。
9. 400mL 0.5mol/L 的 Na_2CO_3 溶液与足量的石灰水作用，可生成沉淀多少克？
10. 举例说明碱金属元素金属活泼性的递变规律。
11. 为什么金属钠本身没有腐蚀性，却不能直接用手取用？
12. 实验室存放 NaOH 和 Na_2O_2 时，为什么要密闭保存？

海水化学资源

作为海洋主体的海水，不仅孕育出千千万万个生命，覆盖着丰饶的矿藏，本身还蕴藏着取之不尽的化学资源。世界上海洋的面积占地球总面积的 71%，海水的总体积有 $1.37\times10^{20}m^3$。海水中目前已发现的元素有 80 多种，它们主要以简单离子和配位离子的形式存在。其中 NaCl 含量最高，其次为 $MgCl_2$、Na_2SO_4、$MgSO_4$、K_2SO_4 等。此外还含有溴、碘、铷、锂、锌、锰、铯、铀等离子。采用有效的富集和特殊的提取方法是利用海水中微量元素的关键，许多国家在这方面进行了大量的工作，并已取得若干成果。但由于技术和经济等原因，水化学资源的开发和利用还很不充分。但随着陆地资源的不断消耗，海水化学资源的开发具有重要意义。

海水化学资源的利用，通常包括以下几个方面。

(1) 海水制盐　在海水的无机盐中，食盐占 77.8%。海水中溶解的食盐总量约为 5×

10^{16}t。目前全世界有60多个国家和地区在由海水制盐，年产量近亿吨，占世界食盐总产量的30%以上。我国是以生产海盐为主的国家，海盐产量占总产量的80%以上，主要的海盐产区有辽宁、河北、山东、江苏及广东五大盐区。最大的盐场是塘沽盐场。

(2) 海水淡化　海水淡化又称为海水脱盐，是利用物理、化学或生物方法将海水中溶解的盐脱除，使其含盐量从35%减小到0.5%，根据这一标准从海水中除去盐或取出水均可以达到淡化的目的。由于海水淡化的成本较高，目前全世界海水淡化的日产量估计仅7000t多一点，但随着技术的不断改进，海水淡化的费用将会降低。

(3) 海水提钾　由于我国尚未发现大储量的可溶性钾矿，长期以来主要从海水晒盐的苦卤中提取钾，年产量约3×10^{5}t(30万吨)，远不能满足工农业生产的需要，因此发展海水提钾是今后海水化学资源开发应重视的方面之一。

(4) 海水提溴　地球上99%的溴都存在于海水中，所以溴有“海洋地素”之称。海水中溴的浓度较高，每升海水中平均约含溴67mg，海水中溴的总含量达9.5×10^{13}t(950000亿吨）之多。自然界中富溴资源不多，目前世界溴产量的60%左右来自海水。

(5) 海水提铀　铀是重要的核燃料，随着原子能工业的迅速发展，对铀的需求量与日俱增。然而，陆地上铀的储量总共不过1×10^{6}t(100万吨)，而海水中虽然铀的浓度不高，每升海水中只有3.3mg，但整个海水中含4.5×10^{9}t(45亿吨）铀。因此世界上若干“贫铀国”，如日本、德国等都开展了海水提铀的研究工作。国内外科技人员为了从海水中提取铀，先后采用了许多方法。随着海水提铀的进一步研究，21世纪可望实现海水提铀工业化。

海水中除了能提取食盐、钾、溴、铀和淡水外，还有其它丰富的化学资源可以提取。如海水提镁已是成熟的工业化方法，海水提碘已有几十年的工业生产史，海水提铷、锂等也有不少研究报道，甚至海水提金。毫无疑问，海洋具有丰富的宝藏，它不断为人类提供可观的淡水资源、化学资源、能源和生物资源，然而这期间，它也给科学工作者不断提出新的挑战、新的问题。总之，随着科学技术的不断发展，海水资源的利用必将愈来愈多。

第四章 原子结构与元素周期律

第一节 原子及原子核外电子的排布

一、原子结构

1. 原子核

原子是由居于原子中心的带正电荷的原子核和核外带负电荷的电子构成的。原子核又由质子和中子构成，质子带一个单位正电荷，中子不带电，电子带一个单位的负电荷。原子核所带的正电荷数由质子数决定。原子核所带的电荷数，简称核电荷数，用符号 Z 表示。元素的种类是由质子数决定的。不同种类元素的原子核内质子数不相同，核外电子数也不相同。一种元素的原子，可以在化学反应中失去电子或得到电子，但只要它的原子核内的质子数不变，即核电荷数不变，元素就不会由一种元素变为另一种元素。把现在已发现的元素，按核电荷数由小到大依次递增的顺序排列起来，得到的顺序号称为原子序数。由于原子核所带电荷与核外电子所带电荷的电量相等而电性相反，因此整个原子不显电性。电子的质量很小，约为质子质量的 1/1836，所以原子的质量主要集中在原子核上。如果忽略电子的质量，将原子核内所有的质子和中子的相对质量取近似整数值加起来，所得的数值叫做质量数，用符号 A 表示，质量数与相对原子质量近似相等。

$$\text{质量数 } A = \text{质子数 } Z + \text{中子数 } N$$

$$\text{原子序数} = \text{核电荷数} = \text{质子数} = \text{核外电子数}$$

归纳起来，如以 $^{A}_{Z}X$ 表示一个质量数为 A、质子数为 Z 的原子，那么，构成原子的粒子间的关系可以表示如下

$$\text{原子}(^{A}_{Z}X)\begin{cases}\text{原子核}\begin{cases}\text{质子 } Z\\ \text{中子}(A-Z)\end{cases}\\ \text{核外电子 } Z\end{cases}$$

2. 同位素

同种元素的原子所含质子数相同，那么，它们所含的中子数是否相同呢？科学实验证明：不一定相同。例如对氢元素而言，有三种不同的氢原子，即不含中子的普通氢原子，称为氕，记为 $^{1}_{1}H$；含 1 个中子的重氢原子，称为氘，记为 $^{2}_{1}H$ 或 D；含 2 个中子的超重氢原子，称为氚，记为 $^{3}_{1}H$ 或 T。

人们将原子里具有相同的质子数和不同的中子数的同一元素的原子互称为同位素。一般用在元素符号的左下角记核电荷数，左上角记质量数的方法表示同一元素的各种同位素。很多元素都有同位素，如碳元素有 $^{12}_{6}C$，$^{13}_{6}C$，$^{14}_{6}C$ 等几种同位素。同一元素的各种同位素虽然质量数不同，但它们的化学性质几乎完全相同。

平常所说的某种元素的相对原子质量，实际上是按各种天然同位素原子所占的一定质量分数算出来的平均值。如元素氯是 $^{35}_{17}Cl$ 和 $^{37}_{17}Cl$ 两种同位素的混合物，平常所用到的氯的相对

原子质量 35.5，是按以下方法计算出来的：

同位素符号	相对原子质量	在自然界中各同位素原子的质量分数/%
$^{35}_{17}Cl$	34.969	75.77
$^{37}_{17}Cl$	36.966	24.23

$$34.969\times0.7577+36.966\times0.2423=35.453$$

即氯的相对原子质量为 35.5。

二、原子核外电子的排布

1. 电子云

原子核外的电子运动形式和日常生活中接触到的客观物质不一样，既不能计算出它们在某一时刻所在的位置，也无法画出它们的运动轨迹，只能指出它在原子核外空间某处出现机会的多少。通常用小黑点的疏密来表示电子在核外空间单位体积内出现机会的多少。电子在核外空间一定范围内出现，好像带负电荷的云雾笼罩在原子核周围，人们形象地称它为电子云。图 4-1 就是氢原子的电子云示意图。

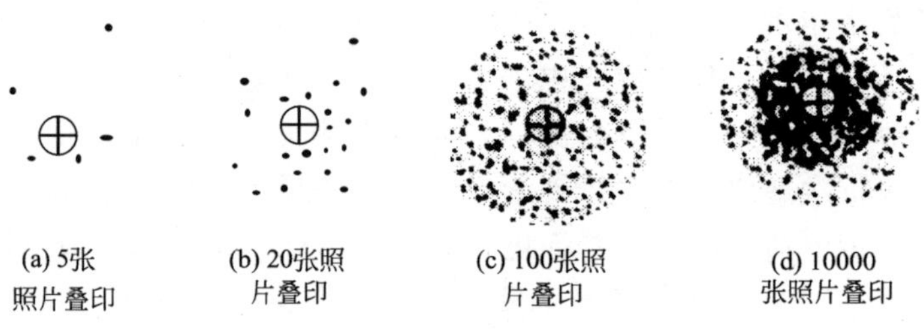

图 4-1 将万张氢原子瞬间照相叠印的结果

由图 4-1 可知，氢原子核外的电子云呈球形对称。在离核越近的地方电子出现的机会越多，在离核越远的地方电子出现的机会越少。

2. 4 个量子数

要准确地描述核外电子的运动状态必须用 4 个量子数。

(1) 主量子数 n 核外电子不是杂乱无章地运动的，而通常是按能量的高低从里往外分层排布的。离原子核最近的称为第一层，其次是第二层，第三层……这个层次就是主量子数 n，n 值可以为 1，2，3，4……与其对应的层次符号为 K，L，M，N……

(2) 副量子数 l 在核外的同一个电子层里，电子的能量仍然是不相同的，将其分为亚层。每一个亚层，实际上就是代表一个不同形状的电子云。副量子数 l，就是描述电子云形状的一个量子数。在同一电子层内，电子云有几个形状，就有几个亚层，亚层分别用 s，p，d，f 表示。l 的取值可为 $(n-1)$ 的所有正整数。例如

主量子数	$n=1$	$l=0$	电子云呈球形	称 1s 轨道
	$n=2$	$l=0$	电子云呈球形	称 2s 轨道
		$l=1$	电子云呈哑铃形	称 2p 轨道
	$n=3$	$l=0$	电子云呈球形	称 3s 轨道
		$l=1$	电子云呈哑铃形	称 3p 轨道
		$l=2$	电子云呈花瓣形	称 3d 轨道

……

由此可见，n 值越大，l 值越多，电子云的亚层数越多，形状越复杂。图 4-2 和图 4-3 分

别是 s 电子云和 p 电子云的示意图。

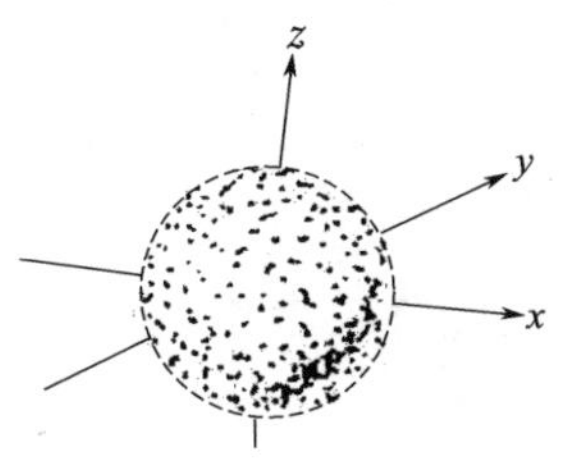

图 4-2　s 电子云示意图

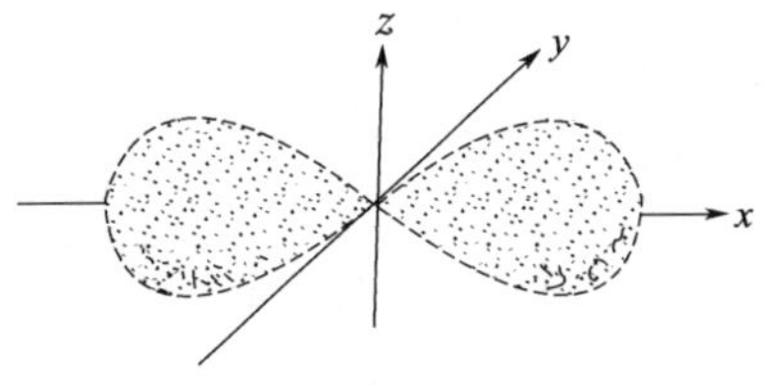

图 4-3　p 电子云示意图

（3）磁量子数 m　磁量子数是表示电子云在空间伸展方向的量子数，m 取值与 l 有关，m 为从 $+l\sim-l$ 之间包括 0 的一切正整数，每一取值都代表一个方向，取值越多，方向越多，如 $l=0$ 时，$m=0$，表示 s 电子在空间只有一种状态，即球形对称的电子云，无方向性。$l=1$ 时，m 可以为 $+1$、0、-1，表示电子云在空间有三个伸展方向，即电子云沿着直角坐标的 x、y、z 三个轴的方向伸展，分别称为 p_x、p_y、p_z。通常把电子层、电子云的形状和空间伸展方向都确定的运动状态称为一个原子轨道。s 状态有一个原子轨道，p 状态有 3 个原子轨道，d 状态有 5 个原子轨道，f 状态有 7 个原子轨道，每个原子轨道最多可容纳 2 个电子。

（4）自旋量子数 m_s　自旋量子数表示电子在核外运动时，自身转动的方向，即顺时针和逆时针两种方向，通常分别用箭头 ↑ 和 ↓ 表示。

综上所述，由 3 个量子数可以确定一个轨道，而同一轨道里可以有两个自旋方向不同的电子，其自旋方向用 m_s 表示，所以 4 个量子数可以描述一个电子的运动状态。由于每个轨道可以容纳两个自旋方向相反的电子，所以每个轨道最大容纳的电子数都是轨道数目的 2 倍。

3. 核外电子的排布规律

核外电子的排布一般有如下几个规律。

（1）能量最低原理　**能量最低原理**是指核外电子在原子轨道上的分布，总是尽可能地使电子的能量为最低。即电子先排在能量最低的轨道，再排在能量较高的轨道上。这就是说，电子首先填充 1s 轨道，然后按图 4-4 所示的次序依次向较高能级填充。

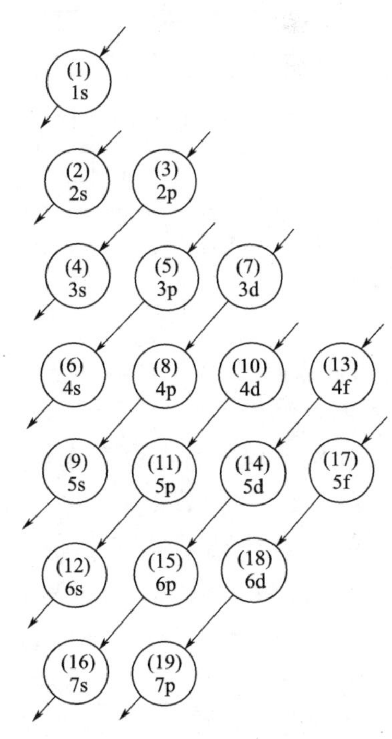

图 4-4　核外电子排布次序

（2）保里不相容原理　**保里不相容原理**是指在同一个原子中，不可能有 2 个电子处于完全相同的状态。或者说，每个原子轨道至多只能容纳 2 个电子，而且这 2 个电子自旋方向必须相反，由此可知，每个轨道只能容纳 2 个自旋方向相反的电子，所以 s 轨道最多可容纳 2 个电子，p 轨道可容纳 6 个电子，d 轨道可容纳 10 个电子，f 轨道可容纳 14 个电子。

（3）洪特规则　**洪特规则**的含义为最多轨道原则。它表明，在 n 和 l 相同的轨道上分布的电子，将尽可能分占 m 不同的轨道，且自旋方向相同。如碳原子中 2 个 p

电子的排布，按洪特规则为 2p [↑|↑|] 而不是 2p [↑↓| |]，氮原子中 3 个 p 电子的排布为 2p [↑|↑|↑] 而不是 2p [↑↓|↑|]。

作为洪特规则的特例，电子在等价轨道中全充满、半充满或全空的状态一般比较稳定，即

$$\text{相对稳定的状态}\begin{cases}\text{全充满} & p^6 \quad d^{10} \quad f^{14}\\ \text{半充满} & p^3 \quad d^5 \quad f^7\\ \text{全空} & p^0 \quad d^0 \quad f^0\end{cases}$$

所以 24 号元素 Cr 的电子排布是 $1s^2 2s^2 2p^6 3s^2 3p^6 3d^5 4s^1$。29 号元素 Cu 的电子排布是 $1s^2 2s^2 2p^6 3s^2 3p^6 3d^{10} 4s^1$。

第二节 元素周期律与元素周期表

一、元素周期律

前面已经学习了卤素和碱金属元素的单质及它们的化合物的性质，了解到有些元素的性质相似，而有些又很不相同。一切客观事物是相互联系和具有内部规律的，人们在长期的生产斗争和科学实验中，发现了各种元素之间也存在着相互联系和内部规律。为了认识这种规律性，将原子序数 1～18 的元素的原子核外电子排布、原子半径和主要氧化值列成表（表 4-1）来进行讨论。

表 4-1 元素性质随着核外电子周期性的排布而呈周期性的变化

原子序数	1	2	3	4	5	6	7	8	9	10	11	12	13	14	15	16	17	18
元素名称	氢	氦	锂	铍	硼	碳	氮	氧	氟	氖	钠	镁	铝	硅	磷	硫	氯	氩
元素符号	H	He	Li	Be	B	C	N	O	F	Ne	Na	Mg	Al	Si	P	S	Cl	Ar
核外电子层数	1	1	2	2	2	2	2	2	2	2	3	3	3	3	3	3	3	3
最外层电子数	1	2	1	2	3	4	5	6	7	8	1	2	3	4	5	6	7	8
原子半径/10^{-10}m	0.37	1.22	1.52	0.89	0.82	0.77	0.75	0.74	0.71	1.60	1.86	1.60	1.43	1.17	1.10	1.02	0.99	1.91
化合价	+1	0	+1	+2	+3	+4 −4	+5 −3	−2	−1	0	+1	+2	+3	+4 −4	+5 −3	+6 −2	+7 −1	0

1. 核外电子排布的周期性

由表 4-1 可以看出，原子序数从 1～2 的元素，即从氢（H）到氦（He），它们的原子核外只有一个电子层，电子由 1 个增加到 2 个，达到稳定结构。

原子序数从 3～10 的元素，即从锂（Li）到氖（Ne），它们的原子核外都有两个电子层，最外层电子也从 1 个递增到 8 个，达到稳定结构。

原子序数从 11～18 的元素，即从钠（Na）到氩（Ar），它们的原子核外都有三个电子层，最外层电子也从 1 个递增到 8 个，达到稳定结构。

研究 18 号以后的元素，同样可以发现，每隔一定数目的元素，会重复出现原子最外层

电子数从 1 个递增到 8 个而达到稳定结构的情况。也就是说，随着原子序数的递增，元素原子的最外层电子排布呈周期性的变化。

2. 原子半径的周期性变化

原子半径是元素的重要物理性质之一，它对元素及其化合物的性质有一定的影响。

由表 4-1 可以看出，原子序数由 3～9 的元素，即从碱金属元素锂到卤素氟，随着原子序数的递增，原子半径由 1.52×10^{-10} m 逐渐减小到 0.71×10^{-10} m，即原子半径由大逐渐减小；原子序数从 11～17 的元素，即由碱金属元素钠到卤素氯，随着原子序数的递增，原子半径由 1.86×10^{-10} m 逐渐减小到 0.99×10^{-10} m，原子半径也是由大逐渐减小。如果把所有的元素按原子序数递增的顺序排列起来，将会发现，随着原子序数的递增，元素的原子半径呈周期性的变化，图 4-5 表示元素的原子半径的周期性变化。

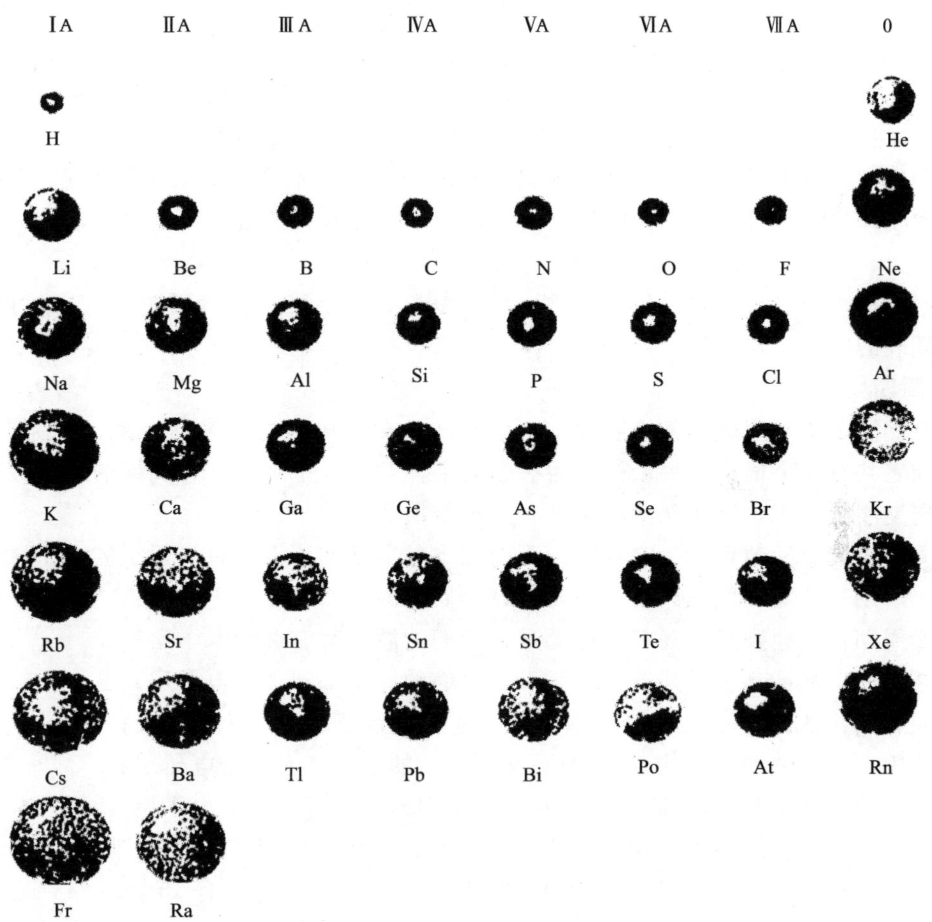

图 4-5　元素原子半径的周期性变化

3. 元素主要氧化值的周期性变化

一种元素一定数目的原子跟其它元素一定数目的原子化合的性质，叫做这种元素的氧化值。元素的氧化值是元素的重要性质。氧化值有正值和负值。

由表 4-1 可以看出，原子序数从 3～10 的元素，即从锂到氖，元素的最高正氧化值从 +1(锂)递增到 +7(氯)，从中部的元素开始有负值，负值从 −4(碳) 递变到 −1(氟)，氟后面是氧化值为零的稀有气体元素氖。

原子序数从 11～18 的元素，即从钠到氩，在极大程度上重复着 3 号元素锂到第 10 号元素氖所表现的氧化值的变化，即正值从＋1(钠) 逐渐递变到＋7(氯)，从中部的元素开始有负值，负值从－4(硅) 递变到－1(氯)，氯后面是氧化值为零的稀有气体元素氩。

18 号以后的元素的氧化值，同样会出现与前面元素相似的变化。也就是说，元素的氧化值随着原子序数的递增而呈周期性的变化。

综上所述，可以归纳出这样一条规律：**元素的性质随着元素原子序数（核电荷数）的递增而呈周期性的变化，这个规律叫做元素周期律。**

元素性质的周期性变化是元素的核外电子排布的周期性变化的必然结果。元素周期律的发现，证明了元素之间由量变到质变的客观规律，揭示了自然界各种物质的内在联系。元素周期律反映出各种元素之间是相互联系的和具有内在规律的，它把庞杂的元素知识综合起来，并提高到一个新的理论高度，从而有力地推动了化学学科的迅速发展。

二、元素周期表及结构

根据元素周期律，把现在已知的 111 种元素中电子层数目相同的各种元素，按原子序数递增的顺序从左到右排成横行，再把不同横行中最外电子层电子数相同的元素，按电子层数递增的顺序由上到下排成纵行，这样排成的一个表，叫元素周期表（见附录）。元素周期表是元素周期律的具体表现形式，它反映了元素之间相互联系的规律，是对元素的一种很好的自然分类。

元素周期表有多种形式，目前广泛采用的是长式周期表（元素周期表），下面就来学习元素周期表的结构。

1. 周期

具有相同的电子层数而又按照原子序数递增的顺序排列的一系列元素，称为一个周期。元素周期表共有 7 个横行，每个横行为一个周期，共有 7 个周期。各周期的顺序数称为周期序数。周期序数等于该周期元素原子具有的电子层数。

各周期里元素的数目不一定相同，下面列出各周期的元素数目及原子的电子层数。

第 1 周期：从氢到氦，只有 2 种元素，它们的原子都有 1 个电子层；

第 2 周期：从锂到氖，共有 8 种元素，它们的原子都有 2 个电子层；

第 3 周期：从钠到氩，共有 8 种元素，它们的原子都有 3 个电子层；

第 4 周期：从钾到氪，共有 18 种元素，它们的原子都有 4 个电子层；

第 5 周期：从铷到氙，共有 18 种元素，它们的原子都有 5 个电子层；

第 6 周期：从铯到氡，共有 32 种元素，它们的原子都有 6 个电子层；

第 7 周期：从钫开始，到目前为止只发现了 25 种元素，它们的原子都有 7 个电子层。

第 6 周期中，从 57 号元素镧（La）到 71 号元素镥（Lu）共有 15 种元素，它们的电子层结构和性质非常相似，总称镧系元素。为了使元素周期表的结构紧凑和体现这些元素的共性，把镧系元素放在周期表的同一格里，并按原子序数递增的顺序另列在表的下方。第 7 周期 89 号元素锕（Ac）至 103 号元素铹（Lr）共 15 种元素，它们的电子层结构和性质也非常相似，总称为锕系元素。同样也把它们放在周期表的同一格里，并按原子序数递增的顺序另列在元素周期表下方镧素元素的下面。在锕系元素中，铀后面的元素多数是人工进行核反应制得的，叫做超铀元素。

把含有元素少的第 1、2、3 周期叫短周期，把含有元素较多的第 4、5、6 周期叫长周期。第 7 周期到现在为止只发现了 25 种元素，还没有填满，叫不完全周期。

除第 1 周期只有两种元素和第 7 周期尚未填满外，其它每周期从左到右，各元素原子最外电子层的电子数都是从 1 个逐渐增加到 8 个。除第 1 周期从氢元素开始，第 7 周期尚未填满外，每周期的元素都是从活泼的金属元素——碱金属元素开始，逐渐过渡到活泼的非金属元素——卤素，最后以稀有气体结束。

2. 族

周期表共有 18 个纵行，把纵行叫做族。除第 8、9、10 三个纵行统称为第Ⅷ族外，其它 15 个纵行，每个纵行为一族。族分为主族和副族。由短周期元素和长周期元素共同构成的族叫做主族。周期表左边的两族和靠右边的五个族都是主族，共 7 个主族。主族元素在族的序数（习惯用罗马数字表示）后面标上 A 字，如ⅠA、ⅡA、……、ⅦA。主族名称一般以上面第一个元素取名，称某族，如ⅣA 族称碳族，ⅤA 族称氮族。也有反映元素性质的习惯名称，如ⅠA 族称碱金属，ⅦA 族称卤素等。

完全由长周期元素构成的族叫做副族。周期表中间部分是副族。副族元素在族的序数后面标上 B 字，如ⅢB、……、ⅦB、ⅠB、ⅡB，共有 7 个副族。副族名称一般也以该副族上面第一个元素取名，称某分族，如ⅠB 族称铜分族等。

元素周期表最右边一个族是稀有气体元素，它们的化学性质非常不活泼，在通常状态下难以发生化学反应，氧化值可看作为 0，因而叫做 0 族。

同一主族元素原子的电子层数不同，但最外层电子数相同。例如，碱金属元素的原子最外层都有 1 个电子，卤素原子的最外层都有 7 个电子，它们在周期表中的族序数分别为ⅠA 和ⅦA。因此，可以得出：主族元素的族序数等于该族元素原子的最外层电子数。

副族元素的情况较为复杂，这里不作讨论。

在元素周期表中的第 4、5、6 周期，从ⅢB 族开始经过Ⅷ族到ⅠB 族、ⅡB 族为止共 10 个纵行的 30 多种元素（不包括镧以外的镧系元素和锕以外的锕系元素），统称为**过渡元素**。

三、元素的性质与原子结构的关系

1. 原子结构与元素的金属性和非金属性

在化学反应中，金属元素的原子（最外层电子数一般少于 4 个）比较容易失去电子变成阳离子而显正氧化值，非金属元素的原子（最外层电子的数目一般多于 4 个）比较容易得到电子变成阴离子而显负氧化值。从原子结构的角度来看，元素的金属性是指元素的原子失去电子而显正氧化值的能力；元素的非金属性是指元素的原子得到电子而显负氧化值的能力。

在同一周期中，各元素原子的核外电子层数虽然相同，但从左到右，元素的核电荷数依次增多，原子半径逐渐减小，原子核对外层电子的吸引力逐渐增大，原子失去电子的能力逐渐减弱，得到电子的能力逐渐增强（稀有气体除外），因此元素的金属性逐渐减弱，非金属性逐渐增强。稀有气体，在通常情况下不表现出金属性和非金属性。研究同周期元素化学性质的变化情况，可以证实这个结论是正确的。

一般来说，可以从元素的单质跟水或酸起反应置换出氢的难易，或元素最高正氧化值氧化物对应的水化物（氧化物直接或间接跟水生成的化合物）——氢氧化物的碱性强弱，来判断元素金属性的强弱；可以从元素最高正氧化值氧化物对应的水化物的酸性强弱，或以跟氢气直接化合生成气态氢化物的难易及气态氢化物的稳定性，来判断元素非金属性的强弱。下面以第 3 周期元素（钠到氯）的化学性质变化情况为例，来研究同周期元素金属性和非金属性的递变。

第 11 号元素钠，它的单质化学性质非常活泼，能与冷水发生剧烈的反应，放出氢气，生成的氢氧化钠是一种强碱。

$$2Na+2H_2O \xlongequal{} 2NaOH+H_2\uparrow$$

第 12 号元素镁，它的单质与水反应的情况怎样呢？

【实验 4-1】 在盛有少许镁粉的试管中，加 3mL 水后，再滴入 2～3 滴无色酚酞溶液，观察现象。然后加热试管至水沸腾，观察发生的现象。

可以看到，镁不容易跟冷水反应，但加热时能跟沸水起反应，产生大量气泡，溶液变成红色。

$$Mg+2H_2O \xlongequal{\triangle} Mg(OH)_2+H_2\uparrow$$

镁能从水中置换出氢，说明它是一种活泼金属，但它只能与沸水发生反应，生成的氢氧化镁（中强碱）的碱性也比氢氧化钠弱，说明镁的金属性不如钠强。

第 13 号元素铝，它的金属性比镁强还是比镁弱呢？

【实验 4-2】 取一小段镁带和一小片铝，用砂纸擦去氧化膜后，分别放入两支试管中，再各加入 2～3mL 浓度为 1mol/L 的盐酸。观察发生的现象。

可以看到，镁和铝都能跟盐酸起反应，置换出酸中的氢，生成氢气。

$$Mg+2HCl \xlongequal{} MgCl_2+H_2\uparrow$$

$$2Al+6HCl \xlongequal{} 2AlCl_3+3H_2\uparrow$$

但铝跟盐酸的反应不如镁跟盐酸的反应剧烈，说明铝的金属性不如镁强。

实验证明，在一定条件下，氧化铝既能跟盐酸起反应生成盐和水，又能跟氢氧化钠溶液起反应生成盐和水。

$$Al_2O_3+6HCl \xlongequal{} 2AlCl_3+3H_2O$$

$$Al_2O_3+2NaOH \xlongequal{} \underset{\text{偏铝酸钠}}{2NaAlO_2}+H_2O$$

像氧化铝这样既能跟酸起反应生成盐和水，又能跟碱起反应生成盐和水的氧化物叫做两性氧化物。

氧化镁只能跟盐酸起反应生成盐和水，而不能跟氢氧化钠溶液起反应，所以氧化镁是碱性氧化物。

下面再来研究镁和铝的氢氧化物的性质。

【实验 4-3】 在两支试管中分别注入少量 1mol/L 氯化镁溶液和 1mol/L 三氯化铝溶液，再分别逐滴加入 3mol/L NaOH 溶液，直到产生大量氢氧化镁和氢氧化铝白色沉淀为止。把每支试管里的沉淀都分盛在两支试管里。然后向盛氢氧化镁沉淀的两支试管中，分别加入 3mol/L H_2SO_4 溶液和 6mol/L NaOH 溶液，观察发生的现象。再向盛氢氧化铝白色絮状沉淀的两支试管中，分别加入 3mol/L H_2SO_4 溶液和 6mol/L NaOH 溶液，观察发生的现象。

可以看到，氢氧化镁能溶于硫酸而不溶于氢氧化钠溶液。发生反应的化学方程式如下

$$MgCl_2+2NaOH \xlongequal{} Mg(OH)_2\downarrow+2NaCl$$

$$Mg(OH)_2+H_2SO_4 \xlongequal{} MgSO_4+2H_2O$$

还可以看到，盛氢氧化铝的两支试管中，白色絮状沉淀都消失了，这说明氢氧化铝既能跟硫酸起反应，又能跟氢氧化钠溶液起反应。发生反应的化学方程式如下

$$AlCl_3+3NaOH \xlongequal{} Al(OH)_3\downarrow+3NaCl$$

$$2Al(OH)_3+3H_2SO_4 \xlongequal{} Al_2(SO_4)_3+6H_2O$$

$$\underset{\text{铝酸}}{H_3AlO_3} + NaOH \longrightarrow \underset{\text{偏铝酸钠}}{NaAlO_2} + 2H_2O$$

$Al(OH)_3$ 跟碱发生反应时，它的分子式可写成 H_3AlO_3 的形式。

像氢氧化铝这样既能跟酸起反应，又能跟碱起反应的氢氧化物，叫做两性氢氧化物。

铝的氧化物和氢氧化物都表现出两性，这说明铝已表现出一定的非金属性。因此，铝的金属性比镁弱。

第 14 号元素硅是非金属元素，它的最高正氧化值氧化物二氧化硅（SiO_2）是酸性氧化物，二氧化硅对应的水化物是硅酸，硅酸是一种很弱的酸。硅只有在高温下才能跟氢气起反应生成气态氢化物四氢化硅（SiH_4）。

第 15 号元素磷是非金属元素，它的最高正氧化值氧化物是五氧化二磷（P_2O_5），五氧化二磷对应的水化物是磷酸（H_3PO_4），磷酸是中强酸。磷的蒸气能跟氢气起反应生成气态氢化物磷化氢（H_3P），虽然相当困难，但比硅跟氢气的反应稍容易。这都说明磷比硅的非金属性强。

第 16 号元素硫是比较活泼的非金属元素，它的最高正氧化值氧化物是三氧化硫（SO_3），三氧化硫对应的水化物是硫酸（H_2SO_4），硫酸是一种强酸。硫跟氢气在加热时能直接化合生成气态氢化物硫化氢（H_2S）。因此，硫的非金属性比磷强。

第 17 号元素氯是很活泼的非金属元素，它的最高正氧化值氧化物是七氧化二氯（Cl_2O_7），七氧化二氯的对应水化物是高氯酸（$HClO_4$），高氯酸是已知酸中酸性最强的一种酸。氯气跟氢气在光照或点燃时就能发生剧烈的反应，甚至爆炸，生成气态氢化物氯化氢（HCl）。显然氯的非金属性比硫更强。

第 18 号元素氩，它的单质是一种稀有气体。

综上所述，可以得出如下结论：第三周期的元素从左到右，随着核电荷数的递增，金属性逐渐减弱，非金属性逐渐增强。

$$\xrightarrow[\text{金属性逐渐减弱，非金属性逐渐增强}]{\text{Na　Mg　Al　Si　P　S　Cl}}$$

对其它周期元素化学性质逐一进行研究和比较，也会得到类似的结论。

同一主族元素，从上到下，原子的电子层数逐渐增多，原子半径逐渐增大，原子核对外层电子的吸引力逐渐减小，元素原子失电子的能力逐渐增强，得电子的能力逐渐减弱，所以元素的金属性逐渐增强，非金属性逐渐减弱。这可以从碱金属元素和卤素的化学性质递变的实例得到证明：碱金属元素的金属性从上到下逐渐增强，卤素的非金属性从上到下逐渐减弱。

副族和第Ⅷ族元素原子的最外电子层都有 1～2 个电子（钯除外），它们都是金属元素，其化学性质的变化规律比较复杂，这里不作讨论。

在元素周期表中，主族元素金属性和非金属性的递变规律如表 4-2 所示。

还可以在周期表上对金属元素和非金属元素进行分区（表 4-2）。如果沿着周期表中硼（B）、硅（Si）、砷（As）、碲（Te）、砹（At）跟铝（Al）、锗（Ge）、锑（Sb）、钋（Po）之间划一条虚线，虚线左边是金属元素，右边是非金属元素。表的左下方是金属性最强的元素，右上方是非金属性最强的元素。最右一个纵行是稀有气体元素。由于元素的金属性和非金属性没有严格的界线，所以位于分界线附近的元素，既表现出某些金属性质，又表现出某些非金属性质。

表 4-2 主族元素金属性和非金属性的递变

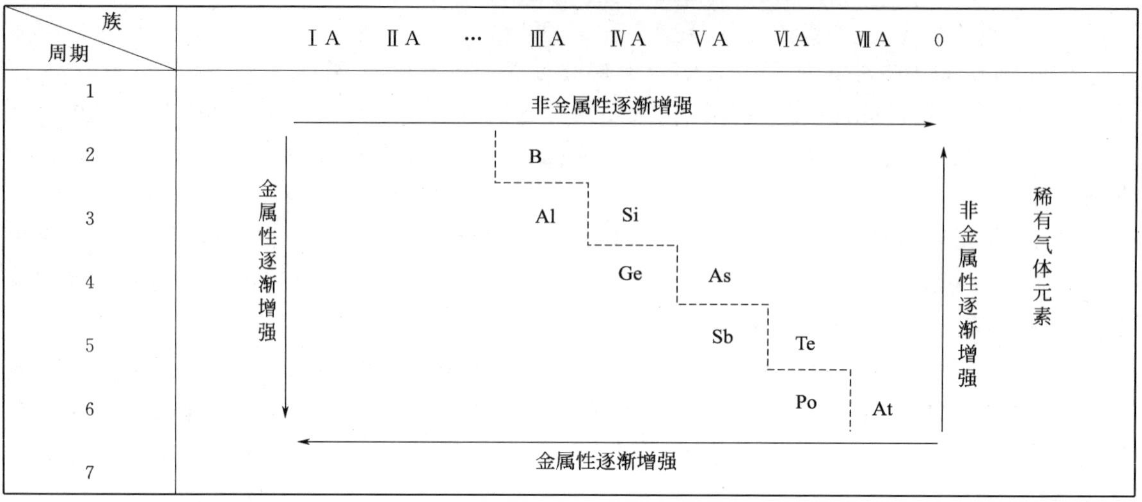

周期 \ 族	ⅠA	ⅡA	…	ⅢA	ⅣA	ⅤA	ⅥA	ⅦA	0
1									
2				B					
3				Al	Si				
4					Ge	As			
5						Sb	Te		
6							Po	At	
7									

（表中标注：从左到右 非金属性逐渐增强；从右到左 金属性逐渐增强；从上到下 金属性逐渐增强；从下到上 非金属性逐渐增强；0族 稀有气体元素）

2. 原子结构与氧化值

元素的氧化值与原子的电子层结构有密切关系，特别是与最外电子层上的电子数目有关。因此，除稀有气体外，元素原子的最外层电子，叫做价电子。有些元素的氧化值还与它们原子的次外层或倒数第三层的部分电子有关，这部分电子也叫价电子。价电子的数目决定元素的氧化值。

在周期表中，主族元素的氧化值是由原子最外层电子数决定的，而它们的最外层电子数，即价电子数，与族的序数相同。所以主族元素的最高正氧化值等于它所在族的序数（氧元素和氟元素除外）。由于非金属元素的最高正氧化值，等于原子在化学反应中所失去或偏移的最外层电子数，而它的负氧化值则等于原子最外电子层达到 8 个电子稳定结构所需要得到的电子数。所以，非金属元素的最高正氧化值和它的负氧化值绝对值的和等于 8。例如，第ⅦA 族的氯元素，它的最高正氧化值+7，负氧化值是－1，最高正氧化值和它的负氧化值绝对值的和等于 8。

副族和第Ⅷ族元素的氧化值比较复杂，常有多种可变氧化值。它们原子的次外层或倒数第三层上的电子不很稳定，在适当的条件下，和最外层上的电子一样，也可以失去。它们失去电子的最大数目，一般也等于元素所在族的序数（ⅠB 除外），如第ⅦB 族的锰元素，它的最高正氧化值是+7。第Ⅷ族中大多数元素的最高正氧化值都达不到+8。副族和第Ⅷ族元素都是金属元素，它们的原子不能得到电子，所以没有负氧化值。

稀有气体元素原子的最外电子层有 8 个电子（氦因只有 1 个电子层而有 2 个电子），已达到饱和，形成稳定结构，一般情况下很难失去或得到电子，所以它们的氧化值为 0。

四、元素周期表的意义

元素周期表是元素周期律的具体表现形式，它对人们学习化学和研究化学是一个重要的规律和工具。过去门捷列夫曾用它预言过新元素，并被后人用实验所证实，进而成为元素周期律正确性的有力论证。此后人们在元素周期表的指导下，对元素的性质进行系统的研究，对物质结构理论的发展起了一定的推动作用。元素周期表为发展物质结构理论提供了客观依据。元素的电子层结构与元素周期表有密切关系，周期表为发展过渡元素结构、镧系和锕系结构理论，甚至为指导新元素的合成，预测新元素的性质都提供了线索。元素周期律和元素周期表，不仅在化学科学方面，而且在物理学、生物学、地球化学、冶金学等自然科学方面都起了重要的作用。

元素周期表对工农业生产的发展也具有一定的指导作用。由于在周期表中位置靠近的元素性质相似，这样就启发人们在周期表中一定的区域去寻找和制造新物质。人们在长期的生产实践中，发现过渡元素对许多化学反应有良好的催化性能。于是，人们根据周期表揭示的规律，努力在过渡元素中寻找各种优良的催化剂。例如，目前人们已能用铁、铬、铂熔剂作催化剂，使石墨在高温和高压下转化为金刚石，并在石油化工方面，如石油的催化裂化、重整等反应，广泛采用过渡元素作催化剂。人们还在过渡元素中寻找并制取耐高温、耐腐蚀的特种合金材料，周期表中ⅢB到ⅥB族的过渡元素，如钛、钽、钼、钨、铬等具有耐高温、耐腐蚀等特点，是制作特种合金的优良材料，也是制造火箭、导弹、宇宙飞船、飞机、坦克等不可缺少的金属。通常农药中常有氟、氯、硫、磷、砷等元素，它们都位于周期表的右上角，对这个区域元素的化合物进行研究，有助于高效、低毒、低残留新品种农药的不断出现。人们在金属元素和非金属元素的分界线附近，寻找良好的半导体材料。据研究可知，地球上化学元素的分布情况，跟它们在周期表里的位置有密切关系，根据科学实验发现的规律，对探测矿产资源具有一定的指导意义。

本章小结

1. 原子的结构

$$原子({}_{Z}^{A}X)\begin{cases}原子核\begin{cases}质子\ Z\\中子(A-Z)\end{cases}\\核外电子\ Z\end{cases}$$

2. 原子核外电子的排布规律

(1) 能量最低原理。

(2) 保里不相容原理。

(3) 洪特规则　作为洪特规则的特例，电子在等价轨道中全充满、半充满或全空的状态一般比较稳定，即

$$相对稳定的状态\begin{cases}全充满 & p^6 & d^{10} & f^{14}\\半充满 & p^3 & d^5 & f^7\\全空 & p^0 & d^0 & f^0\end{cases}$$

3. 元素周期律（核外电子排布、原子半径、元素主要氧化值的周期性变化）

4. 元素周期表的结构

(1) 具有相同的电子层数而又按照原子序数递增的顺序排列的一系列元素，称为1个周期。元素周期表共有7个横行，每个横行为1个周期，共有7个周期。各周期的顺序数称为周期序数。周期序数等于该周期元素原子具有的电子层数。

(2) 周期表共有18个纵行，纵行叫做族。除第8、9、10三个纵行统称为第Ⅷ族外，其它15个纵行，每个纵行为一族。族分为主族和副族。

5. 元素的性质与原子结构的关系。

习　　题

1. 核外电子排布应遵循哪些规律？

2. 原子核外电子的运动状态应从哪几个方面来描述？

3. 比较下列各对元素的金属性、非金属性强弱。

(1) Be、B　　(2) Al、Si　　(3) Mg、Al　　(4) C、B

4. 简述元素和同位素的区别。

5. 写出钠、氯、磷三元素的电子排布式和轨道表示式。

6. 元素R的单质1.2g，在标准状态下与足量的盐酸反应后生成1.12L的氢气和组成为RCl_2的盐，已知R的原子核内中子数和质子数相等，求R的相对原子质量是多少？这是什么元素？

7. 某元素R的氧化物的分子式是R_2O，该氧化物中含氧25.8%，计算R的相对原子质量并指出元素名称。

8. 有主族元素R，它的原子最外电子层有6个电子，它在其气态氢化物中的含量是88.99%，计算R的相对原子质量并指出元素名称。

9. 15.6g某金属跟水起反应，在标准状态下生成4.48L氢气，在反应中1个金属原子只能失去1个电子，该金属元素原子核内质子数比中子数少1个。试求该金属元素的相对原子质量并指出元素名称。

10. 主族元素R的最高正氧化值氧化物的分子式为R_2O，把4.7g该氧化物溶于95.3g水中，生成的碱溶液的质量分数是5.6%，求R的相对原子质量并指出元素名称。

11. 某主族元素R，它的气态氢化物的分子式为RH_3，其最高正氧化值氧化物中含氧74.07%，计算R的相对原子质量并指出元素名称。

12. 有主族元素R，它的最高正氧化值氧化物的分子式是R_2O，每12g R的氢氧化物正好与400mL 0.75mol/L的盐酸完全中和，已知元素R的原子中质子数比中子数少1个。R的相对原子质量是多少？这是什么元素？

新型无机材料简介

随着近代科技进步和国民经济发展的需求，近二三十年来新型无机材料工业迅速发展，标志着人类社会进入了一个新的时代。

新型无机材料种类繁多，就其成分而言主要有氧化物和非氧化物两大系列。常见的有：碱土金属、硼族元素及过渡元素的氧化物，如BeO、Al_2O_3、ZrO_2、ThO_2、BaO、TiO_2等；过渡金属的碳化物；金属氮化物、硼化物、硅化物以及碳、硅、硼、氮的互化物，还有某些金属的磷化物、砷化物、硫化物等。

新型无机材料中的化学键以离子键和共价键为主。新型无机材料，主要是由于采用专门的制备工艺使其显微结构比较特殊，从而具有了种种优良性能。目前这类无机新型材料除有类似传统陶瓷工艺的烧结体外，还有单晶、薄膜、纤维等多种产品。

依据新型无机材料的物理、化学特性，它们可用作结构材料和功能材料。

结构材料　新型无机材料由于多具有强度高、硬度大、耐高温（熔点达2273.15K以上）、耐腐蚀和质量轻的特性，因此它们是良好的结构材料。例如，高密度碳化硅（SiC）耐高温、抗氧化、不变形，可用作高温燃气轮机的涡轮叶片、高温热交换器、火箭喷嘴及轻质防弹用品。高密度氮化硼（BN）陶瓷具有石墨型晶体结构，不但耐高温、导热性好、耐腐蚀而且高绝缘、无毒、易进行机械加工，是良好的耐高温润滑剂和理想的高温导热绝缘材料；在高温、高压下制成的金刚石型立方氮化硼，用来制作切削坚韧钢材的刀具，其工效比金刚石刀具更好。氮化硅（Si_3N_4）陶瓷是一种烧结时不收缩的无机材料，耐热震性、抗氧化性强，常用于制备形状复杂、尺寸要求精确的产品，如燃气轮机的燃烧室及晶体管的模具等。此外，用碳化钛、碳化钨等以钴粉作黏结剂烧结成的硬质合金刀具常用于高速切削；用氧化铝可制造熔炼铂等金属的坩埚、内燃机的火花塞、导弹天线等。

功能材料　许多新型无机材料皆有特异的电、磁、光、热、声等性质和功能，这些宝贵的功能物性使它们在功能材料领域占有重要地位。红宝石（Al_2O_3，Cr^{3+}）是常用的激光材料；砷化镓、砷化铟等作为半导体材料用于制造晶体管、光电池、整流器；硫化镉（CdS，Cu）可将光能转变为电能，是常用的光电材料。以氧化铁为主要成分的磁性瓷（如$MnFe_2O_4$）广泛用于电视、广播、通信等领域。锆钛酸铅［Pb(Zr，Ti) O_3 代号 PZT］及钛酸钡（$BaTiO_3$）具有使电能与机械能相互转换的功能，它常用作传声器、话筒、电磁点火系统。用高纯度玻璃纤维制成的光导纤维，是近年来发展起来的以传光和传像为目的的一种光波传导介质，它主要用于光纤通信，具有信息容量大、质量轻、耐腐蚀、抗干扰、保密性能好等优点，是信息社会的一种理想的通信材料。光纤通信线路正在我国城乡普及。

第五章 化学键与晶体

第一节 化学键

学习了原子结构以及原子结构与元素性质递变关系的初步知识后，下面将学习有关原子怎样互相结合形成分子，以及分子结构与物质性质的关系等知识。

为什么仅仅一百多种元素能够形成成千上万种物质呢？原子是怎样结合成分子的？要回答这些问题，就必须研究原子在形成分子时的相互作用。分子是由原子构成的，如果要把构成分子的原子重新拆开，必须外加很大的能量，这说明原子之间存在着相互作用。

分子内相邻的两个或多个原子之间强烈的相互作用称为化学键。化学键分为离子键、共价键和金属键。

一、离子键

以 NaCl 的形成过程为例，说明离子键的概念。

$$2Na + Cl_2 = 2NaCl$$

钠原子最外层有 1 个电子，易失去这个电子成为阳离子；氯原子最外层有 7 个电子，易夺得 1 个电子成为阴离子。阴阳离子相互吸引。同时，原子核与原子核之间，电子与电子之间都存在着排斥力。当吸引力与排斥力达到平衡时，阴阳离子之间便形成了稳定的化学键。钠离子和氯离子就结合形成氯化钠。其形成过程可表示如图 5-1 所示。

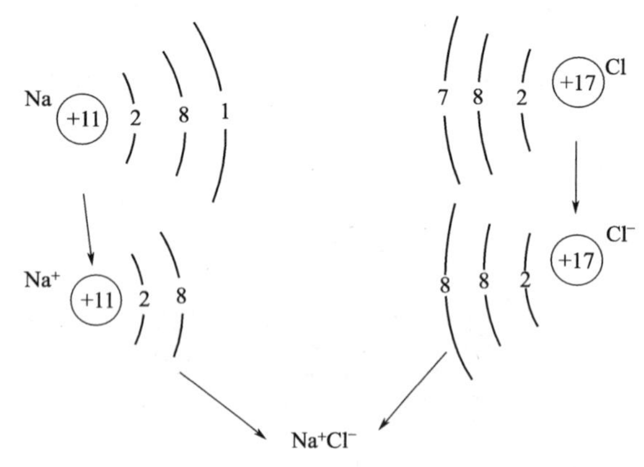

图 5-1 NaCl 的形成示意图

氯化钠的形成也可以用电子式表示。在化学反应中，发生变化的常常是原子的最外层电子，为了简便起见，可以在元素符号的周围用小黑点（或×）来表示原子的最外层电子，这种式子叫做电子式。如

H×	·Ö·	×Na	×Mg×	:C̈l·
氢原子	氧原子	钠原子	镁原子	氯原子

氯化钠的形成用电子式表示如下

$$Na\times + \cdot\ddot{Cl}: \longrightarrow Na^+[\times\ddot{Cl}:]^-$$

像氯化钠这样，阴阳离子之间通过静电作用所形成的化学键叫离子键。

一般来说，活泼金属（如钾、钠、钙）与活泼非金属（如氯、氧、溴等）化合时都能形成离子键。由离子键形成的化合物，称为离子化合物。

二、共价键

氢分子是由两个氢原子结合而成的。

$$H + H = H_2$$

氢原子核外只有1个电子，在形成氢分子的过程中，由于两个氢原子吸引电子的能力相同，所以，电子不可能像氯化钠形成时那样从一个氢原子转移到另一个氢原子，而是两个氢原子各提供1个电子，在两个氢原子之间共用，形成共用电子对。共用电子对的这两个电子在两个氢原子核的周围运动，使每个氢原子都具有稀有气体氦原子的稳定结构。当两个氢原子相互结合时，共用电子对与两个原子核的吸引作用和两个带正电荷的原子核之间存在的排斥作用达到平衡时，就形成了稳定的氢分子。氢分子的形成用电子式表示如下

$$H\cdot + \cdot H = H:H$$

像氢分子这样，原子间通过共用电子对所形成的化学键叫共价键。

对于由共价键形成的分子，除了用电子式表示它的形成过程以外，还可以用结构式表示。化学上用一根短线来表示一对共用电子，如氢分子可表示为H—H，这种用短线来表示一对共用电子的式子称为结构式。

氯分子的形成与氢分子相似。两个氯原子共用一对电子，这样，每个氯原子都具有氩原子的电子层结构。氯分子可以分别用下列电子式和结构式表示

:C̈l×C̈l× Cl—Cl

氮分子的形成与氯分子相似，只是有三对共用电子，形成叁键。

:N⋮⁝N× N≡N

氯化氢分子是由不同非金属原子以共价键结合的分子，其形成过程可以表示如下

$$H^{\times} + \cdot\ddot{Cl}: \longrightarrow H\overset{\times}{\cdot}\ddot{Cl}:$$

氯化氢的结构式为 H—Cl

水分子的电子式和结构式为

H.×Ö: H　　H—O—H（H╱O╲H）

在分子中，两个成键原子的核间距称为键长。例如H—H键长为0.74×10^{-10}m，如图5-2所示。一般说来，两个原子之间所形成的键越短，键就越强，越牢固。

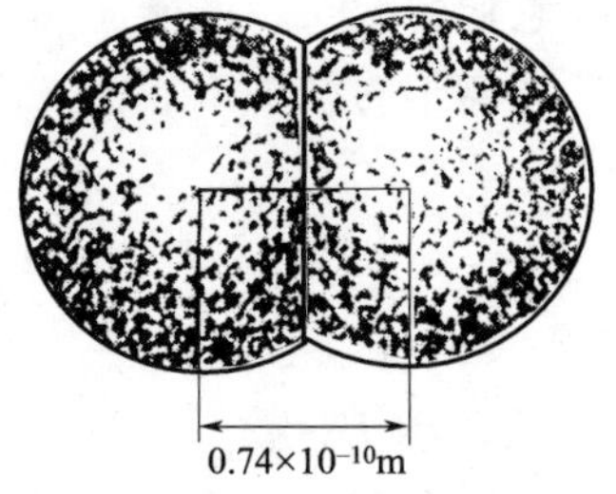

图5-2 H—H键键长

氢原子在形成氢分子的过程中，要放出热量，如下式

$$H + H \longrightarrow H_2 + 436kJ$$

反之，如果要将1mol H_2 拆开，使1mol的 H_2 分裂为2mol H，就需要吸收436kJ的热量。即

$$H_2 + 436kJ \longrightarrow H + H$$

拆开1mol某种键所需要吸收的能量称为键能。键能越大，表明化学键越牢固，含有该键的分子越稳定。表5-1列出了一些共价键键能的数值。

表5-1 某些共价键的键能

键	键能/(kJ/mol)	键	键能/(kJ/mol)	键	键能/(kJ/mol)
H—H	435.97	S—S	213.1	S—H	339.6
C—C	347.9	C—H	413.7	H—F	563.17
Cl—Cl	242.67	C—N	413.38	H—Cl	431.79
Br—Br	193.72	N—H	390.78	H—Br	366.1
I—I	152.72	O—H	462.75	H—I	298.74

在分子中键和键之间的夹角叫做键角。如水分子中两个 O—H 键间夹角为 104°30′，二氧化碳分子中两个 C═O 键成直线，夹角为 180°，氨分子中两个 N—H 键的夹角为107°18′，甲烷分子中两个 C—H 键的夹角为 109°28′。如图 5-3 所示。

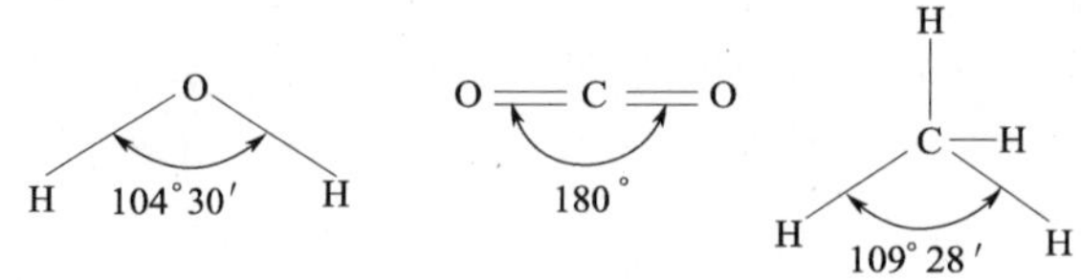

图 5-3 H_2O、CO_2、CH_4 分子中的键角

上面介绍的共价键，其共用电子对都是由两个原子共同提供而形成的。还有一类特殊的共价键，共用电子对是由一个原子单方面提供而跟另一个原子共用的，这样的共价键叫配位键。下面以铵离子（NH_4^+）的形成过程为例来说明配位键的形成。用电子式表示如下

$$\begin{array}{c} H \\ \overset{\times}{\cdot} \\ H\overset{\times}{\cdot}N\colon \\ \overset{\cdot}{\times} \\ H \end{array} + H^+ \longrightarrow \left[\begin{array}{c} H \\ \overset{\times}{\cdot} \\ H\overset{\times}{\cdot}N\colon H \\ \overset{\cdot}{\times} \\ H \end{array}\right]^+$$

由上式可以看出，氨分子的氮原子与 3 个氢原子以共价键结合，在氮原子上还有一对电子没有与其它原子共用，这对电子叫孤对电子。当氨分子和氢离子相互作用时，氨分子中的氮原子提供出这对孤对电子与氢原子共用，形成了配位键，生成了铵离子。

配位键通常以 A→B 表示，其中 A 表示提供孤对电子的原子，B 表示接受电子的原子。铵离子的结构式可表示为

$$\left[\begin{array}{c} H \\ | \\ H-N\rightarrow H \\ | \\ H \end{array}\right]^+$$

在铵离子中，虽然有一个 N—H 键与其它三个 N—H 键的形成过程不同，但是实验测定，它们的键长、键能、键角都是一样的，四个键所表现出来的化学性质也完全相同。所以，铵离子的结构式通常也用下式表示。

$$\left[\begin{array}{c} H \\ | \\ H-N-H \\ | \\ H \end{array}\right]^+$$

三、金属键

金属之所以有许多共同的物理性质，是因为金属具有某些相似的内部结构。

金属（除汞外）在常温下，一般都是晶体。图 5-4 就是铝晶体结构的示意图。X 射线研究发现，铝原子好像硬球，一层一层地紧密地堆积起来，形成晶体。而且，每一个铝原子的周围都有较多的铝原子围绕着。其它金属的结构跟铝相似，它们的结构也都是由金属原子紧密堆积而形成的晶体，每一个金属原子周围都有许多相同的原子围绕着。那么，金属原子是依靠什么作用力结合在一起的呢？

金属原子的价电子比较少，价电子跟原子核的联系又比较松弛，所以金属原子容易失去电子形成阳离子。从金属原子上脱落下来的电子，不是固定在某一金属离子的附近，而是在整块金属内部的原子和离子间不停地进行交换和移动。这些能自由运动的电子称为自由电子。由此可见，金属是由金属原子、金属离子和自由电子构成的。图 5-5 是金属晶体示意

图。**这种由于自由电子的运动而引起金属原子和离子间互相结合的作用力称为金属键**。可以形象地把金属键说成是："金属原子或离子沉浸在自由电子的海洋中"。

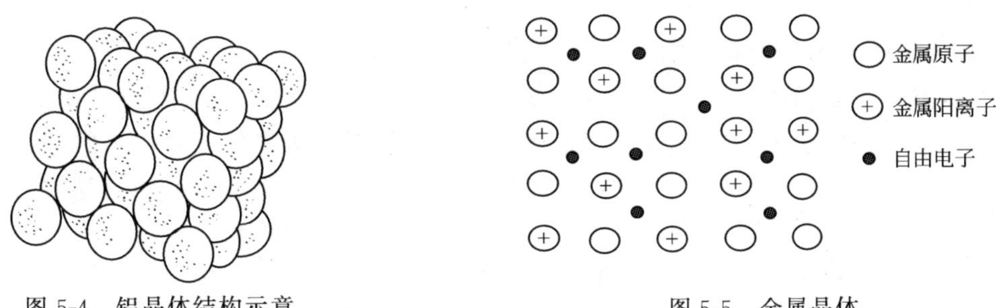

图 5-4　铝晶体结构示意

图 5-5　金属晶体

第二节　极性分子和非极性分子

一、共价键的极性

在单质分子中，共价键是由同种原子形成的，成键的两个原子吸引电子的能力是相同的，共用电子对不偏向任何一个原子，这两个电子在键的中央出现的机会最多，成键的原子都不显电性。这种共价键叫做非极性共价键，简称非极性键。如 H—H 键、F—F 键都是非极性键。

在氯化氢分子中，成键的两个原子吸引电子的能力不相同，共用电子对必然偏向吸引电子能力强的氯原子一方，而偏离吸引电子能力弱的氢原子一方，从而使氯原子带部分负电荷，氢原子带部分正电荷。这种共价键叫做极性共价键，简称极性键。如 HF、NH_3、CH_4 等分子中的共价键都是极性键。

二、分子的极性

如果分子中的键都是非极性的，共用电子对不偏向任何一个原子，从整个分子来看，分子里电荷分布是对称的，这样的分子叫做非极性分子。以非极性键结合而形成的双原子分子都是非极性分子。如 H_2、O_2、N_2 等都是非极性分子。

以极性键结合的双原子分子如 HCl 分子，共用电子对将偏向吸引电子能力强的氯原子，使氯原子一端带部分负电荷，氢原子一端带部分正电荷，整个分子的电荷分布不对称，这样的分子叫极性分子。以极性键结合的双原子分子都是极性分子，如 HF、HI 等。以极性键结合的多原子分子，可能是极性分子，也可能是非极性分子，这主要决定于分子中各键的空间排列。例如二氧化碳的结构为 O═C═O，两个氧原子对称地位于碳原子的两侧，CO_2 分子中的 C═O 键是极性键，因为氧原子的吸引电子的能力大于碳原子，共用电子对偏向于氧原子，使氧原子带部分负电荷。但是，从整个 CO_2 分子来看，两个 C═O 键是对称排列的，两键的极性互相抵消，整个分子没有极性。所以，二氧化碳分子是非极性分子。除了 CO_2 分子以外，常见的非极性分子还有二硫化碳（CS_2），甲烷（CH_4），三氟化硼（BF_3）等。

水分子的结构式为 $\mathrm{H}\diagup\overset{\mathrm{O}}{}\diagdown\mathrm{H}$。可以看出，水分子不是直线形的，两个 O—H 键之间的键角为 104°30′，O—H 键是极性键，因为氧原子的吸引电子的能力大于氢原子，共有电子对偏向于氧原子，氧原子带部分负电荷，氢原子带部分正电荷。但由于氢原子分布在分子的一端，所以整个分子的电荷分布不对称，因此水分子是极性分子。

除了水分子以外，常见的极性分子还有氨分子（NH_3）、二氧化硫分子（SO_2）、硫化氢分子（H_2S）等。

三、分子之间的作用力

水在常温下是液体，降低温度时能变为固体，加热时能变为气体。同样，常温下氯气、氧气、二氧化碳是气体，在降低温度、增大压力时能凝结为液体，进一步凝结为固体。这说明物质的分子间存在着一种作用力，这种作用力叫分子间作用力，又叫范德华力。

分子间作用力与化学键不同。第一，化学键是分子内相邻原子间强烈的相互作用，而分子间作用力是存在于分子和分子之间的；第二，分子间作用力比化学键要弱得多，化学键的键能一般为120～800kJ/mol，而分子间作用力通常约为几或几十千焦每摩尔，如氯化氢分子中的H—Cl键的键能为431.8kJ/mol，而氯化氢分子间作用力只有21kJ/mol；第三，分子间作用力是决定物质的物理性质（熔点、沸点、溶解度等）的主要因素，而化学键是决定物质化学性质的主要因素。

一般来说，分子间力有如下特点：

① 分子间力是一种短程力，随分子间距离的增大而很快减小，但它是永远存在的；

② 分子间力没有方向性和饱和性；

③ 分子间力是一种弱的相互作用力，比化学键能小得多，通常不影响物质的化学性质，但它是决定物质的熔点、沸点、汽化热、熔化热及溶解度等物理性质的重要因素。

分子间力包括色散力、诱导力和取向力三种。

（1）色散力　当非极性分子相互靠近时，由于分子中的电子不断运动和原子核的不断振动，经常发生电子和原子核之间的相对位移，因而产生了瞬时偶极，不同分子间，瞬时偶极总处于异极相邻的状态，如图5-6(a)所示。虽然瞬时偶极存在的时间短暂，但这种异极相邻的状态在不断地重复，使分子间始终存在着引力。瞬时偶极间的作用力叫色散力，它是分子间普遍存在的作用力。一般而言，分子的变形性越大，色散力越大。对于同类分子间，如卤素分子间、稀有气体分子间、直链烷烃分子间等，相对分子质量越大，色散力越大。

（2）诱导力　当极性分子与非极性分子相互靠近时，因每种分子都有变形性，都会产生瞬时偶极，所以这两种分子间同样具有色散力。此外，由于极性分子的固有偶极产生的电场使非极性分子发生变形，即使原来正负电中心重合的非极性分子产生诱导偶极使分子间产生引力。这种固有偶极与诱导偶极之间的作用力叫诱导力。同样诱导偶极又作用于极性分子，使极性分子偶极矩增加，进一步加强了它们之间的吸引，如图5-6(b)所示。

诱导力的本质是静电力，极性分子的极性越大，非极性分子的变形性越大，诱导力越大。

（3）取向力　当极性分子彼此靠近时，除了色散力仍在起作用外，由于分子的固有偶极之间同极相斥、异极相吸，使得分子在空间按异极相邻状态取向，因此而产生的分子间力叫取向力。另外，由于取向力的存在使极性分子更加靠近，在相邻分子的固有偶极作用下，使每个分子的正负电荷中心更加分开、产生了诱导偶极，因此，极性分子间也还存在着诱导力，如图5-6(c)所示。分子的极性越大，分子间的取向力越大。

在非极性分子之间只存在色散力；在极性分子与非极性分子之间存在色散力和诱导力；在极性分子之间则三种力都存在。色散力存在于一切分子之间，而且一般是最主要的一种力，只有当分子的极性很大时（如H_2O分子之间）才以取向力为主，而诱导力一般都很小。

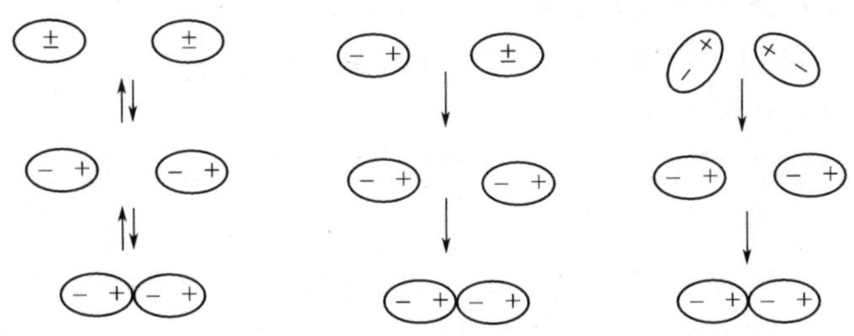

图 5-6　分子间的作用情况

第三节　晶　　体

一、晶体与非晶体

在通常情况下，物质的聚集状态有气态、液态和固态。固态物质可分为晶体与非晶体两大类。晶体就是经过结晶过程而形成的具有规则的几何外形的固体。例如，食盐晶体是立方体，明矾晶体是正八面体等。非晶体则没有一定的几何形状，如玻璃、沥青等。晶体具有固定的熔点，而非晶体没有固定的熔点，只有软化的温度范围，当温度升高时，它慢慢变软，直到最后成为流动的熔融体。晶体具有各向异性，非晶体具有各向同性。绝大多数的固体物质属于晶体。

构成晶体的微粒有规则地排列在空间的一定点上，这些点按一定规则组成的几何图形叫做晶格（或点阵）。在晶格上排列有微粒的那些点叫做**晶格结点**。

二、晶体的基本类型

在晶体里，构成晶体的微粒有分子、原子、离子等，这些微粒是有规则地排列的。根据组成晶体的微粒的种类及微粒之间的作用不同可以把晶体分成离子晶体、分子晶体、原子晶体和金属晶体。

1. 离子晶体

在晶格结点上，按一定规律排列着阳离子和阴离子，阴、阳离子间通过离子键结合而成的晶体叫做离子晶体。图 5-7 是 NaCl 晶体的结构。

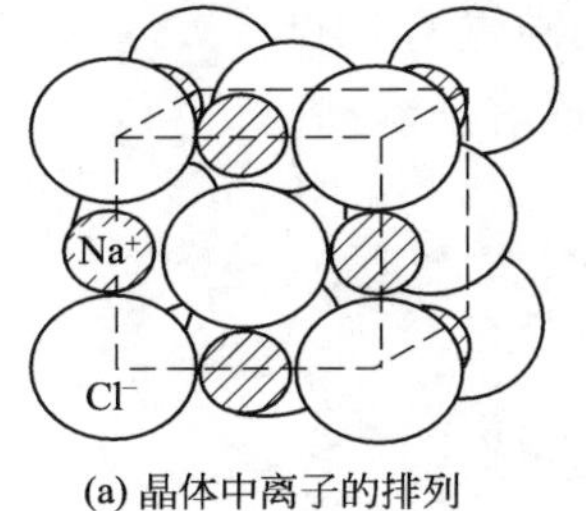

(a) 晶体中离子的排列

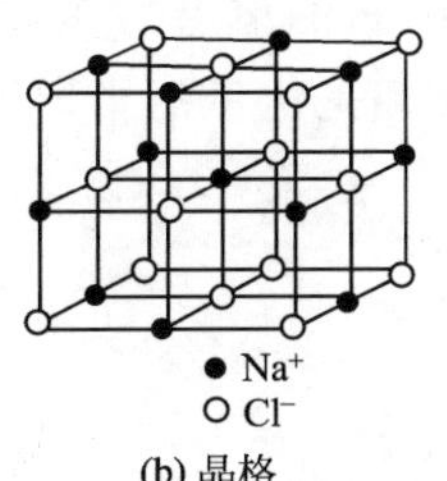

(b) 晶格

图 5-7　NaCl 晶体的结构

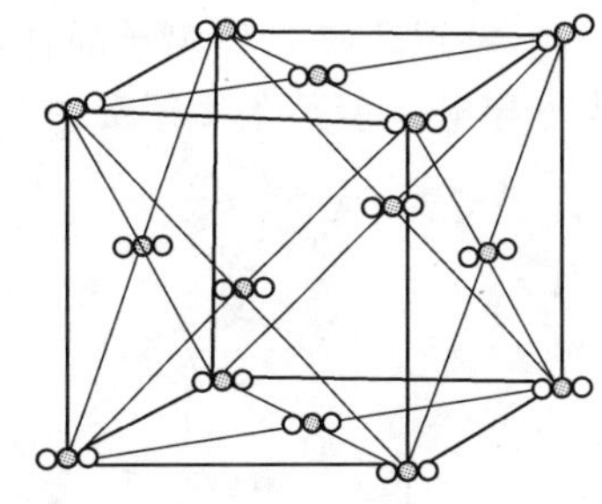

图 5-8　固态二氧化碳的晶体结构

可以看出，在 NaCl 晶体中，构成晶体的微粒是 Na^+ 和 Cl^-，每个 Na^+ 同时吸引着 6 个 Cl^-，每个 Cl^- 也同时吸引着 6 个 Na^+。这样交替延伸就构成了氯化钠晶体。同样，在 CsCl 晶体中，每个 Cl^- 同时吸引着 8 个 Cs^+，每个 Cs^+ 也同时吸引着 8 个 Cl^-。因此，在氯化钠或氯化铯晶体中都不存在单个 NaCl 分子和单个 CsCl 分子，只存在 Na^+（或 Cs^+）和 Cl^-，它们的个数比是 1∶1。所以，严格地说，NaCl 和 CsCl 都是仅表示晶体中离子个数比的化学式，而不是表示分子组成的分子式。

活泼金属的盐类和活泼金属的氧化物呈固态时都是离子晶体，如氯化钾、氯化铯、碳酸钙、氧化镁等。

在离子晶体中，离子间存在着较强的离子键，因此，离子晶体一般说来有这样一些特点，即熔点、沸点较高，硬度较高，密度较大，难于压缩，难于挥发。它们在熔融状态下或水溶液中都是电的良导体；大多数离子型化合物易溶于极性溶剂，特别是水，但基本不溶于非极性溶剂。

2. 分子晶体

在晶格结点上排列着分子，分子间以微弱的范德华力互相结合的晶体叫做分子晶体。由于范德华力很弱，所以分子晶体熔点、沸点较低，硬度较小。例如，氢的熔点为 14K，沸点为 40K。分子晶体在通常状态下多数以气态或液态存在。分子晶体是由分子组成的，分子呈电中性，因此分子晶体无论是固态还是熔融时都不导电。

非极性分子和极性分子都可以形成分子晶体。例如，卤素单质、氧气、二氧化碳、二硫化碳、氨、卤化氢及萘等大多数有机物分子都能形成分子晶体。稀有气体形成的晶体里，虽然晶格结点上排列的是原子，但这些原子之间并没有形成化学键，而是以范德华力互相结合，所以这些晶体也属于分子晶体。

图 5-8 是固态二氧化碳（干冰）的晶体结构，在晶格结点上排列着 CO_2 分子，CO_2分子间以微弱的范德华力互相结合，形成二氧化碳晶体。

3. 原子晶体

金刚石和石墨是碳的两种同素异形体，但它们的性质却差别很大，这主要是因为它们的晶体结构不相同。

在金刚石晶体中，每个碳原子都被相邻的 4 个碳原子包围，处于 4 个碳原子的中心，以共价键与这 4 个碳原子结合，成为正四面体结构，这些正四面体结构向空间发展，构成一种坚硬的、彼此联结的空间网状晶体，见图 5-9。像金刚石晶体这样，在晶格结点上排列着原子，相邻原子间以共价键结合而形成空间网状结构的晶体叫做原子晶体。由于原子晶体中原子之间以较强的共价键相结合，所以原子晶体有以下特点，即硬度大（金刚石是所有物质中最硬的），熔点、沸点比离子晶体高（如金刚石的熔点为 3843K，沸点为 5100K），固态和液态时均不导电，但某些原子晶体如硅、锗等却是优良的半导体，难溶于溶剂。

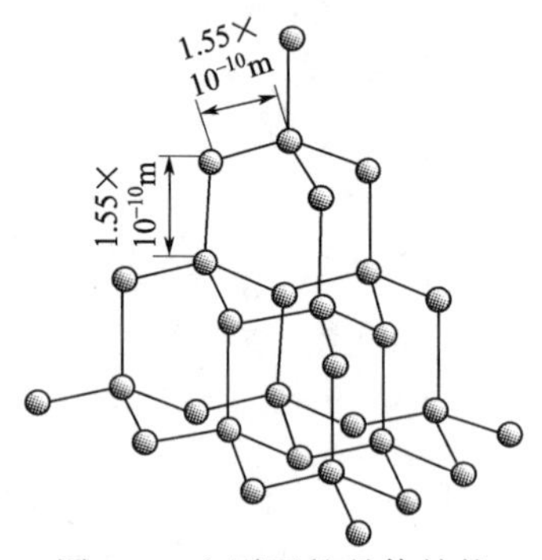

图 5-9 金刚石的晶体结构

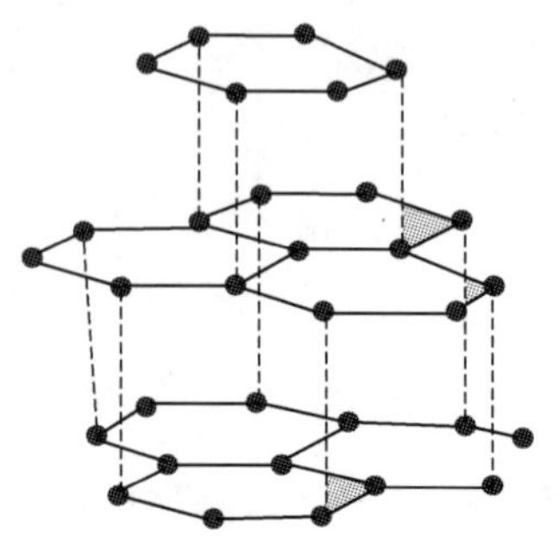

图 5-10 石墨的晶体结构

4. 金属晶体

若在晶格结点上排列着金属原子和金属离子，质点之间的结合靠公用化的自由电子与金属离子的相互吸引，这种晶体叫做金属晶体。

现在用金属键的知识来简单地说明金属的一些共同的性质。

当可见光投射到金属表面时，自由电子吸收了所有频率的光，而使金属晶体不透明，然后又把各种频率的光大部分再反射出来，这样就使大多数金属具有银白色光泽。此外少数金属易吸收某些频率的光而显示出一定的颜色，如金显黄色、铜显赤红色、铅显灰蓝色等。必须说明的是，金属光泽只有在整块时才表现出来，在粉末状时，晶格排列不规则，将可见光吸收后不反射出去，所以一般都呈黑色。

在通常情况下，金属晶体里自由电子的运动是没有一定方向的，但在外加电场的作用下，自由电子就会发生定向运动，因而形成电流。这就是金属容易导电的原因。

金属的导热性也决定于自由电子的运动，电子在金属中运动，会不断地与原子或离子碰撞而交换能量，因此，当金属的某一部分受热时，就能通过自由电子的运动而把热能传递到邻近的原子或离子，很快使金属整体的温度趋于均一。

金属的延展性也可以从金属晶体的结构特点加以说明。当金属受到外力作用时，晶体中的各原子层之间就发生了相对的滑动，滑动以后，各层之间通过自由电子的运动仍能保持金属键的作用，使金属在一定限度内发生变形而不致断裂，因而金属具有延展性。

三、混合型晶体

除了上述四种晶体外，有些物质是混合型晶体。例如石墨，晶格结点上每个碳原子（进行了 sp^2 杂化，形成三个 sp^2 杂化轨道）与周围的碳原子相互以 σ 键结合，呈六角形的蜂巢状的层状结构，如图 5-10 所示。每一个碳原子还剩余一个 p 轨道和一个 p 电子，p 轨道与各层平面垂直，所有剩余的 p 电子在整个晶体各层间自由移动，相当于金属晶体中的自由电子，所以石墨有金属光泽，能导电、传热。层与层之间相隔 340pm，距离较大，是以微弱的范德华力结合起来的。因此层间容易滑动，工业上石墨用作固体润滑剂、电极等。由于同一层上碳原子间结合力很强，极难破坏，所以石墨的熔点很高，化学性质也很稳定。

石墨是介于原子晶体、金属晶体、分子晶体之间的混合型晶体，也称过渡型晶体。石棉、云母也是这类晶体。

本章小结

1. 化学键的概念、分类、形成过程及表示方法；
2. 极性键和非极性键，极性分子和非极性分子；
3. 分子间力的特点及分类；
4. 晶体的特点及分类。

习　　题

1. 试述化学键的定义及分类。
2. 试述分子间力与化学键的不同之处。
3. 试述分子间力的特点。

4. 什么叫极性键、非极性键、极性分子、非极性分子？
5. 试举例说明离子晶体、分子晶体、原子晶体和金属晶体在结构上、性质上有什么不同？
6. 用电子式表示下列物质的形成过程。

(1) $CaCl_2$　　(2) HBr　　(3) Na_2S　　(4) H_2S

7. 指出下列物质中所含的化学键的类型。

(1) $MgCl_2$　　(2) CS_2　　(3) KOH　　(4) NH_4Cl

8. 根据元素在周期表中的位置，试推测哪些元素之间易形成离子键？哪些元素之间易形成共价键？
9. 下列分子中哪些是极性分子？哪些是非极性分子？

(1) N_2　　(2) NO　　(3) H_2O　　(4) H_2S

10. 为什么 NH_3 易溶于水，而 CCl_4 则难溶于水？
11. 为什么碳和硅为同族元素，但其氧化物 CO_2、SiO_2 性质上相差极大？
12. 试判断下列分子的空间构型和分子的极性，并说明理由。

(1) Cl_2　　(2) HF　　(3) PH_3　　(4) SiH_4

杰出的化学家——鲍林

鲍林（1901～1995 年）是 20 世纪化学家中最杰出的代表人物之一。他的研究范围非常广泛，许多方面都处于领先的地位。如：①对化学键本质深入研究，他首先提出化学键可能有一种混合特性，即既含有共价性，又含有离子性；②第一个提出“电负性”概念，并确定了元素的电负性值，有助于预见各种化合物的共价性和离子性程度；③把“共振”这个术语用于化学键理论；④首先提出氢键在本质上和程度上与共价键以及范德华力不同；⑤第一个提出蛋白质分子具有螺旋状结构。

1901 年 2 月 28 日，莱纳斯·鲍林出生于美国西部俄勒冈州的波特兰市，父亲是一位药剂师。在他的幼年时期，就对父亲在药房里配制各种粉剂和药膏非常感兴趣。不幸的是在他九岁的时候，父亲就去世了，但是父亲的影响仍然促使他爱好学习化学。

在鲍林十一二岁时，他的好友杰弗里经常邀请他到家里，让鲍林看一些有趣的化学实验。鲍林记得最清楚的实验是将糖与氯酸钾混合，然后加上几滴浓硫酸，立刻发生了剧烈的反应，一面冒着热的水蒸气，一面生成了膨松的像发面一样的黑色的炭粒。鲍林还从父亲的朋友（他们也都是药剂师）处得到了很多化学药品，于是他自己动手也做起了化学实验。

在高中时，化学老师不仅让鲍林做有机化学实验，还让他做了一系列分析实验。后来，鲍林居然能够协助老师对学校买来的煤和油进行热量测定。

鲍林在俄勒冈州州立学院学习的专业是化学工程，1922 年获学士学位。但是他已经认识到自己所要选择的职业是化学，而不是工程。于是，他申请到加州理工学院学习，他被允许作为兼任该院助教工作的研究生。由于他的努力，1925 年获该校哲学博士学位。毕业后，曾在欧洲留学，1927 年回母校任教，1931 年升任教授。他在加州理工学院一直工作到 1936 年。1963～1967 年他担任加州圣巴巴拉民主学院研究中心的物理学和生物学教授。1967～1969 年任圣地亚哥的加利福尼亚大学化学系教授。1969～1973 年任斯坦福大学教授。1973 年后，任以鲍林命名的科学和医学研究所研究教授。

鲍林早期最主要的研究课题是化学键理论。当他还在大学时，就感到应该用化学键来解释物质的性质。后来又在加州理工学院利用 X 射线研究晶体结构，发表了涉及核间距和预言晶体结构的论文。

1922～1933年，物质结构研究领域发生了巨大的变化，量子力学在化学中的运用，使鲍林能够应用这一理论来研究原子分子的量子结构以及化学键的性质。例如，在化学键理论方面，柯塞尔曾经提出过离子键概念；路易斯则提出过共价键概念。鲍林认为，离子键和共价键是两种极端的形式，事实上，还可能存在一些介于离子键和共价键之间的结构，它们是这两种键的不同结合形式。也就是说，化学键可能有一种混合的特性，其中既含有离子键，也含有共价键。

1932年，鲍林提出了电负性概念，并确定了很多元素的电负性的数值。他以键能的计算为基础，给每种原子指定一个电负性值，电负性最强的氟，其值是4，最弱的铯是0.7。

电负性有助于预计各种化合物的离子性或共价性的程度，在阐明无机化合物的性质以及化学键的稳定性方面有一定的作用，它是鲍林对现代无机化学和物理学理论的一大贡献。

鲍林是把“共振”这一术语用于化学键的第一位科学家。凯库勒在苯环学说中曾经提出了苯的结构式

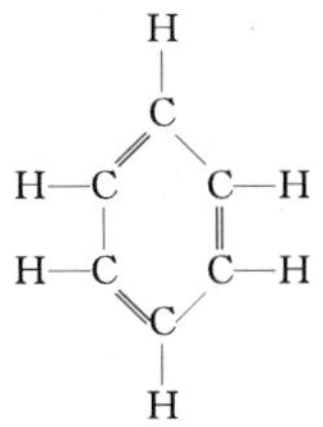

凯库勒指出，在苯环中，每隔一个单键就有一个双键，即苯分子中有一个连续不断的共轭体系。按照上述结构式，在苯的邻位二元取代物中，应该存在着下列两种异构体，但是实验证明苯邻位二元取代物只有一种。当时，凯库勒无法解释这一现象。鲍林根据量子力学原理，假定苯分子中双键的位置是不固定的，双键的位置可以以很快的速度来回摆动。所以上述两种结构之间的互交是如此的迅速，以致很难用一个结构来描述。这就是鲍林提出的用来描述化学结构的“共振”概念。

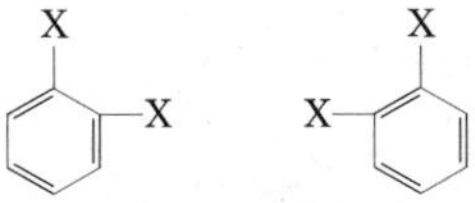

鲍林有关化学键方面的论述主要发表在《化学键的本质》和《量子力学导论》中，这两本著作也是他的代表作，其它还有《分子的构造》和《线光谱的结构》等书。鲍林写的大学化学教科书也是颇为有名的，例如《普通化学》和《大学化学》，其中，《普通化学》的原版及其中译本曾被我国的高等学校化学系采用。

鲍林的研究领域也包括化学向生物学和医学的渗透。例如，他提出了纤维状蛋白质分子的 α-螺旋体模型；他的有关镰状细胞贫血和其它遗传性溶血性贫血的异常血蛋白的研究则具有开创的意义；他还研究维生素C与癌症发病率和死亡率的关系以及维生素C对治疗感冒的功能。

对蛋白质多肽链的结构，鲍林指出了两点：第一，酰胺基的C—N键键长平均为0.132nm，比正常的单键（0.147nm）要短，因此它具有一定的双键成分，在肽链的每一个氨基酸单位中，酰胺基团应具有平面结构；第二，酰胺基团之间应形成尽可能多的氢键。鲍林算是最早提出蛋白质多肽链的结构的科学家。从此以后，关于这方面的研究有了很大进展，例如，我国科学工作者分别于1971年和1972年完成了分辨为2.5和1.8的胰岛素晶体

结构测定工作。

鲍林曾两次获得诺贝尔奖。第一次是由于他对化学键本质的研究以及用化学键理论来阐明复杂物质的结构而获得了1954年诺贝尔化学奖；第二次是由于他尽力反对战争，1955年他与爱因斯坦等人呼吁科学家反对制造毁灭性武器，1957年他起草了“科学家反对核试验宣言”，有49个国家11000余名科学家签了名，同年又发表《不要再有战争》一文。为此他于1962年获诺贝尔和平奖。至于其它的奖励，则更是不胜枚举，其中包括吉布斯奖章、理查兹奖章、吉尔伯特-牛顿-路易斯奖章、巴斯德奖章、戴维奖章、罗蒙诺索夫奖章以及马丁·德·金医学成就奖等。可以毫不夸张地说，鲍林完全称得上当代卓有成就的杰出化学家。

鲍林与我国化学界有着密切的联系，我国化学家唐有棋曾在他的指导下学习五年，获哲学博士学位。化学家卢嘉锡也曾在鲍林指导下进行博士后研究。鲍林还曾两次访问我国，与我国化学界进行了广泛学术交流。

第六章 化学平衡

许多化学反应需要在一定的条件下才能进行。对化学反应的研究，涉及两个方面的问题：一个是反应进行的快慢，即化学反应速率问题；另一个是反应进行的程度，有多少反应物可以转化为生成物，即化学平衡问题。学习这两个问题，无论是对理论研究还是对生产实践都有重要的意义。因此，本章学习化学反应速率和化学平衡的一些基本知识。

第一节 化学反应速率及其影响因素

一、化学反应速率

1. 化学反应速率的定义

自然界中，各种化学反应进行的快慢差别很大。有的反应进行得快，如火药爆炸；有的反应进行得很慢，如钢铁生锈；而有的化学反应甚至要经过若干年才能完成。可见每一个化学反应在一定条件下是有一定的速率的。把化学反应过程中单位时间、单位体积内反应物或生成物数量的变化（即浓度变化）称为化学反应的速率，它是衡量化学反应快慢的物理量。

2. 化学反应速率的表示方法

从化学反应速率的概念可以看出，化学反应速率与两个因素有关，一个是时间，一个是反应物或生成物的浓度。时间的单位是 s，浓度的单位是 mol/L，所以化学反应速率的单位是 mol/(L·s)。

在化学反应中，反应物的减少或生成物的增加是按化学反应方程式表示的定量关系进行的。例如

$$N_2+3H_2 = 2NH_3$$

反应式的定量关系表明，N_2 和 H_2 是按 1∶3 的定量关系进行化学反应的，N_2 和 NH_3 是按 1∶2 的定量关系进行转化的。从上述化学反应方程式可以看出，每生成 1mol 的 NH_3，需要消耗$\frac{3}{2}$mol 的 H_2 和$\frac{1}{2}$mol 的 N_2。因此，在同一个反应中，由于用不同物质的浓度变化来表示反应的速率，其数值可能是不同的。如

	N_2	$+3H_2$	$= 2NH_3$
起始浓度/（mol/L）	1	3	0
1s 后浓度/（mol/L）	0.9	2.7	0.2

下面分别用各种物质浓度变化来表示该反应的速率。

$$V_{N_2}=(0.9-1)/1[\text{mol}/(\text{L}\cdot\text{s})]=-0.1\text{mol}/(\text{L}\cdot\text{s})$$

$$V_{H_2}=(2.7-3)/1[\text{mol}/(\text{L}\cdot\text{s})]=-0.3\text{mol}/(\text{L}\cdot\text{s})$$

$$V_{NH_3}=(0.2-0)/1[\text{mol}/(\text{L}\cdot\text{s})]=0.2\text{mol}/(\text{L}\cdot\text{s})$$

由此可见，用不同物质浓度的变化表示同一个反应的速率，不仅数值不同，符号还有正

负之分。式中的负号表明反应物的浓度是随时间而降低的。那么，这些数值之间有什么关系呢？如果把用各种不同物质的浓度表示的速率值除以方程式中对应的定量关系系数（即方程式中各物质前的系数），可以发现，所得各商的绝对值都是相同的。即

$$\frac{1}{3}V_{H_2}=\frac{1}{1}V_{N_2}=\frac{1}{2}V_{NH_3}=0.1\text{mol/L}$$

对于任一反应 $aA+bB=cC+dD$

均有 $\frac{1}{a}V_A=\frac{1}{b}V_B=\frac{1}{c}V_C=\frac{1}{d}V_D$

人们经过长期大量的实验，总结出了反应速率与反应物浓度的定量关系式：在恒温下，对一步就能完成的简单反应而言，反应速率与反应物浓度的系数次方的乘积成正比（反应物浓度的方次等于反应中反应物质前的系数）。这一关系称为质量作用定律。对 $aA+bB=cC+dD$ 的简单反应，质量作用定律的表达式为

$$V=K[A]^a[B]^b$$

式中，K 称为反应速率常数，它只随温度变化而变化，与浓度无关；K 值可在化学手册中查找。

二、影响化学反应速率的因素

1. 浓度对化学反应速率的影响

在初中化学里我们学习过氧气的性质，知道可燃物在氧气中燃烧比在空气中燃烧快得多，这是因为在氧气中含氧量比在空气中的高，因此燃烧得快。

【实验 6-1】 在一支试管中加入 0.1mol/L 硫代硫酸钠（$Na_2S_2O_3$）溶液 10mL，在另一支试管中加入 5mL 0.1mol/L 的硫代硫酸钠溶液和 5mL 蒸馏水，再取两支试管，分别加入 0.1mol/L 硫酸 10mL，并同时分别倒入上面两支盛硫代硫酸钠的试管里。观察出现浑浊现象的先后。

可以看出，盛浓度大的硫代硫酸钠溶液的试管中首先出现浑浊现象，生成了不溶于水的 S。说明反应物浓度大的，反应速率快。上述反应的方程式可以表示为

$$Na_2S_2O_3+H_2SO_4(稀)=Na_2SO_4+SO_2+S\downarrow+H_2O$$

大量实验证明，当其它条件不变时，增加反应物的浓度，可以增大反应速率；减小反应物浓度，可以减小反应速率。这是因为，浓度越大，单位体积里参加反应的物质分子数目越多，在单位时间内发生的有效碰撞次数越多，反应速率就越快。反之，反应速率就越慢。

2. 压力对化学反应速率的影响

有气体参加的反应，压力对反应速率有很大影响。因为当温度不变时，增大压力，气体体积就缩小，单位体积内的气体分子数目增多，即气体的浓度增大，反应速率也就随之增大。相反，减小压力，气体体积就增大，单位体积内的气体分子数目减少，即气体的浓度减小，反应速率减小。因此，对于有气体参加的化学反应，压力的增大或减小就等于浓度的增大或减小，压力对反应速率的影响与浓度对反应速率的影响实质上是相同的。也就是说，在其它条件不变的情况下，对于有气体参加的化学反应，增大压力，就可以增大反应速率；反之，减小压力，就可以减小反应速率。

固体和液体难于压缩，压力发生变化时，对它们的体积影响非常小，因而对它们的浓度改变很小。因此，如果参加反应的物质是固体、液体或溶液时，可以认为压力的改变不影响

它们的反应速率。

3. 温度对化学反应速率的影响

许多化学反应都是在加热的情况下发生的。如常温下煤在空气里甚至在纯氧里也不能燃烧，只有在加热到一定温度时才能燃烧，并且越燃越旺，物质在溶液中进行的反应也有类似的情况。

【实验 6-2】 在两支试管中分别加入 0.1mol/L 硫代硫酸钠溶液 10mL，在另外两支试管中分别加入 0.1mol/L 硫酸溶液 10mL，然后将四支试管分成两组，使每组的两支试管一支盛硫代硫酸钠溶液，另一支盛硫酸溶液。将一组试管插入热水里，另一组试管插入冷水里。过一会儿，分别将每组中两支试管里的溶液同时混合，并仔细观察在热水和冷水中盛混合溶液的试管里出现浑浊的情况。

可以见到，插在热水中盛混合溶液的试管里先出现浑浊现象，插在冷水中盛混合溶液的试管里后出现浑浊现象。这是因为前者温度高，反应速率快，首先析出硫，所以先出现浑浊现象；后者温度低，反应速率慢，后析出了硫，后出现浑浊现象。

由此可见，当其它条件不变时，升高温度，化学反应速率增快；降低温度，化学反应速率减慢。这是因为升高温度，使分子的热运动速率加快，从而增加分子之间的碰撞次数，使反应速率加快。同时，由于升高温度使某些分子的能量增大，从而增加了分子之间的有效碰撞次数，致使反应速率也增大。经过大量实验测得，温度每升高 10K，反应速率通常增加到原来的 2～4 倍。

4. 催化剂对化学反应速率的影响

在初中化学里，已经学习过有关催化剂的知识，知道催化剂就是在化学反应里能改变其它物质的化学反应速率，而本身的质量和化学性质在化学反应前后没有变化的物质。能加快化学反应速率的催化剂称为正催化剂，减慢化学反应速率的催化剂称为负催化剂。人们通常讲的催化剂都是指能加快反应速率的正催化剂。

催化剂能极大地加快反应速率，有的甚至可以提高成千上万倍，这主要是因为催化剂能缩短反应的历程，从而使反应速率加快。

第二节 化学平衡

一、可逆反应和化学平衡

1. 可逆反应

在相同条件下，既能向正反应方向进行，同时又能向逆反应方向进行的反应称为可逆反应。

绝大多数的化学反应都有一定的可逆性，但有的逆反应倾向比较弱，从整体上看反应实际上是朝一个方向进行的。例如氯化银的沉淀反应

$$AgNO_3 + NaCl = AgCl\downarrow + NaNO_3$$

还有些反应在进行时，逆反应发生的条件尚未具备，反应物即已经耗尽，如二氧化锰作为催化剂的氯酸钾受热分解放出氧气的反应

$$2KClO_3 \xlongequal[\triangle]{MnO_2} 2KCl + 3O_2\uparrow$$

这些反应，习惯上称为不可逆反应。

2. 化学平衡

在 500K，101.325kPa 时，把 2 体积的二氧化硫和 1 体积的氧气混合物，通入一个装有催化剂的密闭容器里，将发生下列反应

$$2SO_2 + O_2 \rightleftharpoons 2SO_3$$

反应开始后，SO_2 和 O_2 的浓度逐渐减小，SO_3 的浓度逐渐增大，最后得到含 91%（体积分数）SO_3 的混合气体。这时容器里反应物 SO_2、O_2 和生成物 SO_3 混合物中的浓度就不再发生变化。

反应为什么不能进行到底呢？这是因为，当反应开始时，SO_2 和 O_2 的浓度最大，因而它们化合生成 SO_3 的正反应速率最大，而 SO_3 的浓度为零，因此它分解生成 SO_2 和 O_2 的逆反应速率为零。反应开始以后，随着反应的进行，反应物 SO_2 和 O_2 的浓度逐渐减少，正反应的速率逐渐减小，生成物 SO_3 的浓度逐渐增大，逆反应的速率就逐渐增大。

如果外界条件不发生变化，化学反应进行到一定程度的时候，正反应和逆反应的速率相等，反应物和生成物的浓度不再随时间的增加而发生变化，这时反应物和生成物的混合物质就处于化学平衡状态。

化学平衡状态有以下几个重要特点：

① 只有在恒温条件下，封闭体系中进行的可逆反应才能建立化学平衡，这是建立平衡的前提；

② 正逆反应速率相等是平衡建立的条件；

③ 平衡状态是封闭体系中可逆反应进行的最大限度，达到平衡后各物质浓度都不再随时间而改变；

④ 化学平衡是有条件的平衡，当这种条件改变时，正、逆反应的速率发生变化，原有的平衡将受到破坏，直到在新的条件下建立新的动态平衡；

⑤ 化学平衡是动态平衡，即达平衡时，虽然正逆反应速率相等，各物质的浓度不再发生变化，但正逆反应仍在进行。

3. 化学平衡常数

（1）实验平衡常数　以一氧化碳和水蒸气在高温时进行反应生成二氧化碳和氢气为例来研究化学平衡的性质，反应式为

$$CO + H_2O \xrightleftharpoons{高温} CO_2 + H_2$$

对这一反应，从表 6-1 可以看出，不论 CO 和 H_2O 两者原始浓度怎样，在达到平衡时，其产物的浓度乘积与反应物的浓度乘积之比，有一固定的比值，它的平均值大约为 1.0。

表 6-1　CO 变换反应中各物质平衡浓度的关系

起始浓度/(mol/L)				平衡浓度/(mol/L)				平衡浓度关系
[CO]	[H_2O]	[CO_2]	[H_2]	[CO]	[H_2O]	[CO_2]	[H_2]	$\frac{[CO_2][H_2]}{[CO][H_2O]}$
1	3	0	0	0.25	2.25	0.75	0.75	1.0
0.25	3	0.75	0.75	0.21	2.96	0.79	0.79	1.0
1	5	0	0	0.167	4.167	0.833	0.833	1.0
0	0	2	1	0.67	0.67	1.33	0.33	1.0

上述关于反应物和生成物平衡浓度之间的关系对一切可逆反应都适用。对于任何一个可

逆反应

$$aA + bB \rightleftharpoons cC + dD$$

这里 A、B、C、D 代表四种物质，a、b、c、d 代表对应各物质化学式前面的系数。

在一定温度下，反应达到平衡时，反应物与生成物的平衡浓度间的关系是

$$\frac{[C]^c[D]^d}{[A]^a[B]^b} = 常数 = K_c$$

K_c 称为浓度平衡常数。上式表示：可逆反应在一定温度下达到平衡时，生成物浓度系数次方的乘积与反应物浓度系数次方的乘积之比是一个常数。

平衡常数和物质的初始浓度无关，并且与反应从正反应开始进行还是从逆反应开始进行也无关，它只与温度有关。在一定温度下，对指定的反应它是常数。

（2）标准平衡常数　由以上叙述可知实验平衡常数的繁复和累赘，为了应用的直观和方便，人们提出了标准平衡常数的概念。标准平衡常数 $K^{\ominus}$，也称热力学平衡常数。在标准平衡常数表达式中，对气体反应，用各组分气体的相对分压 $p_i/p^{\ominus}$ 表示，溶液中的物质用相对浓度 $c_i/c^{\ominus}$ 来表示，$p^{\ominus}$ 为标准压力，单位为 Pa，且 $p^{\ominus}=101325\text{Pa}$，$c^{\ominus}$ 为标准浓度，且 $c^{\ominus}=1.0\text{mol/L}$。

标准平衡常数 $K^{\ominus}$ 与实验平衡常数有区别，它没有压力平衡常数和浓度平衡常数之分，是无量纲的量，故被普遍采用。

（3）使用平衡常数应注意的几个问题

a. 如果反应中有固体和纯液体参加，它们的浓度不应写在平衡常数关系式中，因为它们的浓度是固定不变的。化学平衡常数关系式中只包括气态物质和溶液中各物质的浓度，如

$$CaCO_3(s) \rightleftharpoons CaO(s) + CO_2(g) \qquad K_c = [CO_2]$$

$$CO_2(g) + H_2(g) \rightleftharpoons CO(g) + H_2O(l) \qquad K_c = \frac{[CO]}{[CO_2][H_2]}$$

b. 同一化学反应，可以用不同的化学反应方程式来表示，每个化学方程式都有自己的平衡常数关系式及相应的平衡常数。如 373K 时

$$N_2O_4(g) \rightleftharpoons 2NO_2(g) \qquad K_1 = \frac{[NO_2]^2}{[N_2O_4]}$$

$$\frac{1}{2}N_2O_4(g) \rightleftharpoons NO_2(g) \qquad K_2 = \frac{[NO_2]}{[N_2O_4]^{1/2}}$$

$$2NO_2(g) \rightleftharpoons N_2O_4(g) \qquad K_3 = \frac{[N_2O_4]}{[NO_2]^2}$$

显然　$K_1 = K_2^2 = 1/K_3$

因此要注意使用与反应方程式对应的平衡常数。

c. 对于有气体参加的反应，写平衡常数关系式时，除可以用平衡时物质的量浓度表示以外，也可以用平衡时各气体的分压表示。

如　$$N_2(g) + 3H_2(g) \rightleftharpoons 2NH_3(g)$$

可以写出两个平衡常数关系式

$$K_c = \frac{[NH_3]^2}{[N_2][H_2]^3} \quad 或 \quad K_p = \frac{p_{NH_3}^2}{p_{N_2}p_{H_2}^3}$$

式中，p_{H_2}、p_{N_2}、p_{NH_3} 是各物质的平衡分压。

d. 同一化学反应中，K_c 与 K_p 有如下关系

$$K_p = K_c (RT)^{\Delta n}$$

式中 $\Delta n = (d+e) - (a+b)$

当 $\Delta n = 0$ 时，$K_p = K_c$

（4）平衡常数的意义　平衡常数是可逆反应的特征常数，它的大小表明了在一定条件下反应进行的程度。对于同一类型反应，在给定条件下，平衡常数值越大，表明正反应进行的程度越大，即正反应进行得越完全。

平衡常数与反应体系的浓度（或分压）无关，它只是温度的函数。对同一反应，温度不同，平衡常数值不同。因此，使用时必须注明对应的温度。

二、影响化学平衡的因素

化学平衡和其它平衡一样，只有在一定条件下才能维持暂时的平衡状态，一旦条件改变，将对正逆反应速率发生不同程度的影响，使正逆反应速率不再相等，原有的平衡状态就遭到破坏，可逆反应从暂时的平衡变为不平衡，直到在新的条件下又建立新的暂时的平衡。在新的平衡状态中，反应物和生成物的浓度与原有的状态已经不同了。

由于反应条件（浓度、压力、温度）的改变，旧的平衡被破坏，引起混合物中各组成物质的含量随之改变，从而达到新的平衡状态的过程叫化学平衡移动。影响化学平衡的主要因素有浓度、压力、温度。

1. 浓度对化学平衡的影响

【实验 6-3】 在一个小烧杯中混合 10mL 0.01mol/L 氯化铁溶液和 10mL 0.01mol/L 的硫氰化钾溶液，溶液立即变成红色。

把这红色溶液平均分到三支试管里，在第一支试管里加入少量氯化铁溶液，在第二支试管里加入少量硫氰化钾溶液，观察这两支试管里溶液颜色的变化，并与第三支试管相比较。这个反应可表示为

$$FeCl_3 + 3KSCN \rightleftharpoons \underset{\text{(红色)}}{Fe(SCN)_3} + 3KCl$$

从上面实验可以看出，在平衡混合物里，当加入氯化铁溶液或硫氰化钾溶液，溶液的颜色都变深了。这说明增大了任何一种反应物的浓度都促使化学平衡向正反应的方向移动，生成更多的硫氰化铁。

通过无数的实验得到以下结论：在其它条件不变时，增大反应物的浓度或减小生成物的浓度，都可以使平衡向着正反应方向移动；增大生成物的浓度或减小反应物的浓度，都可以使平衡向着逆反应的方向移动。

2. 压力对化学平衡的影响

处于平衡状态的反应混合物里，不管是反应物或生成物，只要有气态物质存在，那么改变压力也常常会使化学平衡发生移动。

【实验 6-4】 如图 6-1 所示，用注射器（50mL 或更大些的）吸入约 20mL NO_2 和 N_2O_4 的混合气体（使注射器活塞达到Ⅰ处），将细管端用橡皮塞加以封闭，然后把注射器的活塞往外拉到Ⅱ处。观察当活塞反复地从Ⅰ处到Ⅱ处时，以及从Ⅱ处到Ⅰ处，管内混合气体颜色

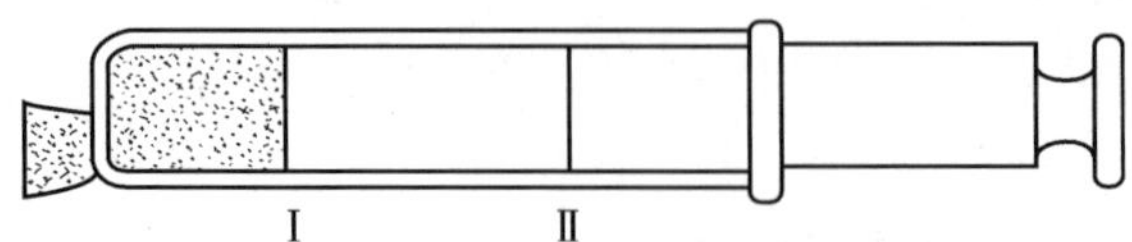

图 6-1　压力对化学平衡的影响

的变化。

这个反应可表示为

$$2NO_2(g) \rightleftharpoons N_2O_4(g)$$

（2 体积，红棕色）　（1 体积，无色）

从实验可以看出，把活塞往外拉，管内气体体积增大，气体的压力减小，混合气体颜色先变浅又逐渐变深，这是因为平衡向逆反应方向移动，生成了更多的有色 NO_2。把活塞往里压，管内体积减小，气体压力增大，浓度增大，混合气体的颜色先变深又逐渐变浅，这是因为平衡向正反应方向移动，生成了更多的无色气体 N_2O_4。

通过大量实验得到以下结论：在其它条件不变的情况下，增大压力会使化学平衡向着气体体积减小的方向移动；减小压力，会使平衡向着气体体积增大的方向移动。

在有些可逆反应里，反应前后气态物质的总体积没有变化。如

$$2HI(g) \rightleftharpoons H_2(g) + I_2(g)$$

（2 体积）　（1 体积）（1 体积）

在这种情况下，增大或减小压力就不能使化学平衡移动。

固态物质或液态物质的体积受压力的影响很小，可以略去不计。因此，平衡混合物都是固体或液体的，改变压力不能使化学平衡发生移动。

3. 温度对化学平衡的影响

在吸热或放热的可逆反应里，反应混合物达到平衡状态以后，改变温度也会使化学平衡移动。

【实验 6-5】 如图 6-2 所示，两个以玻璃管连接的烧瓶里，盛有 NO_2 和 N_2O_4 达到平衡的混合气体。然后用夹子夹住橡皮管，把一个烧瓶放进热水里，把另一个烧瓶放入冰水中，观察混合气体的颜色变化。该反应可以表示为

$$2NO_2 \rightleftharpoons N_2O_4 + 569kJ$$

通过实验可以得出：混合气体受热颜色变深，说明温度升高，NO_2 浓度增大，平衡向逆反应方向移动了；混合物被冷却颜色变浅，说明 NO_2 浓度减小，平衡向正反应方向移动了。

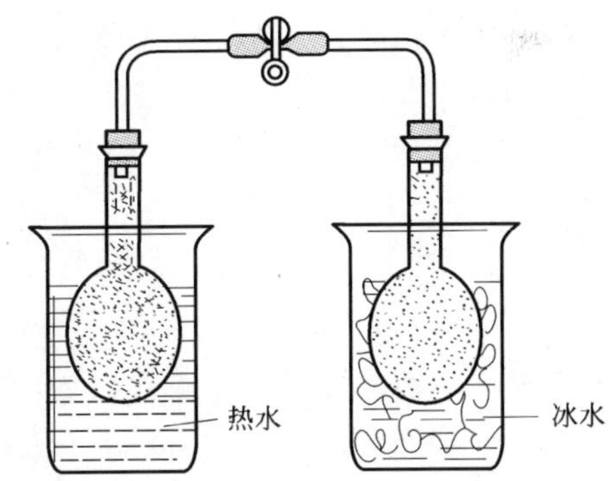

图 6-2 温度对化学平衡的影响

通过大量实验得出如下结论：在其它条件不变时，升高温度会使平衡向着吸热反应的方向移动；降低温度，会使化学平衡向着放热反应的方向移动。

4. 勒沙特列原理

法国化学家勒沙特列把浓度、压力、温度对化学平衡的影响概括成一个原理，即**勒沙特列原理**：如果改变影响平衡的一个条件（如浓度、压力或温度等）平衡就向能够减弱这种改变的方向移动。这个原理也称平衡移动原理。

由于催化剂能够同等程度地增加正反应和逆反应的速率，因此对化学平衡的移动没有影响，但使用催化剂能够大大地缩短反应达到平衡所需的时间。

三、有关化学平衡的计算

1. 已知平衡浓度，求平衡常数和反应物的起始浓度

【例 6-1】 氮气和氢气在密闭容器中合成氨的反应：$N_2 + 3H_2 \rightleftharpoons 2NH_3$，在 673K 时

达到平衡，测得各物质的平衡浓度为：$[N_2]=3mol/L$ $[H_2]=9mol/L$，$[NH_3]=4mol/L$。求在该温度下合成氨反应的平衡常数 K_c 及 N_2 和 H_2 的起始浓度。

解 ①求 K_c

$$N_2+3H_2 \rightleftharpoons 2NH_3$$

$$K_c=\frac{[NH_3]^2}{[N_2][H_2]^3}=\frac{4^2}{3\times 9^3}=7.32\times 10^{-3}$$

② 求 N_2 和 H_2 的起始浓度

设生成 4mol 的 NH_3 消耗 N_2 为 x(mol)，消耗 H_2 为 y（mol）。

$$N_2 \quad + \quad 3H_2 \rightleftharpoons 2NH_3$$

1mol　　3mol　　2mol

$x$mol　　$y$mol　　4mol

$1:x=2:4$

$x=2mol$

$3:y=2:4$

$y=6mol$

N_2 的消耗浓度为 2mol/L，H_2 的消耗浓度为 6mol/L。

平衡浓度＝物质的起始浓度－消耗浓度

所以　物质的起始浓度＝平衡浓度＋消耗浓度

故　N_2 的起始浓度为 5mol/L，H_2 的起始浓度为 15mol/L。

答：合成氨反应的平衡常数 K_c 为 7.32×10^{-3}，N_2 和 H_2 的起始浓度分别为 5mol/L 和 15mol/L。

2. 已知平衡常数，求平衡浓度

【例 6-2】 已知 1073K 时，可逆反应：$CO+H_2O$(气) $\rightleftharpoons$ CO_2+H_2 的平衡常数 $K_c=1.0$，CO 和 H_2O(气) 的起始浓度分别为 0.2mol/L 和 0.8mol/L，求 4 种物质的平衡浓度。

解 设平衡时：$[H_2]=[CO_2]=x$(mol/L)，则 $[CO]=(0.2-x)$mol/L，$[H_2O]=(0.8-x)$mol/L。

	CO	$+H_2O$(气) $\rightleftharpoons$	CO_2	$+H_2$
起始浓度/(mol/L)	0.2	0.8	0	0
平衡浓度/(mol/L)	$0.2-x$	$0.8-x$	x	x

根据 $K_c=\frac{[CO_2][H_2]}{[CO][H_2O]}$

将上述平衡浓度代入平衡常数表达式，则

$$K_c=\frac{[CO_2][H_2]}{[CO][H_2O]}=\frac{xx}{(0.2-x)(0.8-x)}=1.0$$

即
$$\frac{xx}{(0.2-x)(0.8-x)}=1.0$$

解方程得　　$x=0.16mol/L$

因此 4 种物质的平衡浓度为

$$[CO_2]=[H_2]=0.16mol/L$$

$$[CO_2]=0.04mol/L$$

$$[H_2O]=0.64mol/L$$

答：CO_2、H_2、CO 和 H_2O（气）的平衡浓度分别为 0.16mol/L、0.16mol/L、

0.04mol/L 和 0.64mol/L。

3. 已知平衡常数和反应物的起始浓度，求各物质的平衡浓度和某反应物的平衡转化率

平衡转化率是指平衡时已转化了的某反应物的量（或物质的量浓度）与转化前该反应物总量（或起始浓度）之比。一般表示为

$$\text{平衡转化率}=\frac{\text{已转化了的某反应物的量}}{\text{该反应物的总量}}\times 100\%$$

$$=\frac{\text{起始浓度}-\text{平衡浓度}}{\text{起始浓度}}\times 100\%$$

【例 6-3】 合成氨生产中 CO 的变换反应：$CO+H_2O(\text{气}) \rightleftharpoons CO_2+H_2$，在 1073K 时平衡常数 $K_c=1.0$，若反应开始时，CO 和 H_2O(气) 的浓度分别为 1mol/L 和 3mol/L，求平衡时各物质的浓度和 CO 转化为 CO_2 的平衡转化率。

解 设平衡时 $[H_2]=[CO_2]=x$(mol/L)。

则 $[CO]=(1-x)$mol/L，$[H_2O]=(3-x)$mol/L

	CO	$+H_2O(\text{气}) \rightleftharpoons$	CO_2	$+H_2$
起始浓度/(mol/L)	1	3	0	0
平衡浓度/(mol/L)	$1-x$	$3-x$	x	x

将上述平衡浓度代入平衡常数表达式，则

$$K_c=\frac{[CO_2][H_2]}{[CO][H_2O]}=\frac{xx}{(1-x)(3-x)}=1.0$$

即
$$\frac{x^2}{(1-x)(3-x)}=1.0$$

解方程得
$$x=0.75\text{mol/L}$$

平衡时
$$[CO_2]=[H_2]=0.75\text{mol/L}$$
$$[CO_2]=1-x=0.25\text{mol/L}$$
$$[H_2O]=3-x=2.25\text{mol/L}$$

$$CO\text{ 的转化率}=\frac{\text{起始浓度}-\text{平衡浓度}}{\text{起始浓度}}\times 100\%$$

$$=\frac{1-0.25}{1}\times 100\%=75\%$$

答： CO_2、H_2、CO、H_2O（气）的平衡浓度分别为 0.75mol/L、0.75mol/L、0.25mol/L、2.25mol/L，CO 的平衡转化率为 75%。

4. 已知反应物的起始浓度和某反应物的转化率，求各物质的平衡浓度（或气体的平衡分压）及平衡常数

【例 6-4】 在 308K 及 101.325kPa 下，反应：$N_2O_4(\text{气}) \rightleftharpoons 2NO_2(\text{气})$ 达到平衡时，实验测得 N_2O_4 的转化率为 27.0%，求各气体的平衡分压及该反应的平衡常数。

解 设反应开始时 N_2O_4 的物质的量为 x(mol)，则

	$N_2O_4(\text{气}) \rightleftharpoons$	$2NO_2(\text{气})$
起始时物质的量/mol	x	0
平衡时物质的量/mol	$x-0.270x$	$2\times 0.270x$

平衡时混合气体的总的物质的量为

$$n=x-0.270x+2\times 0.270x=1.27x$$

平衡时各气体的分压为

$$p_{N_2O_4}=p\times\frac{x-0.270x}{1.27x}=101.325\times\frac{1-0.270}{1.270}\text{kPa}=58.2\text{kPa}$$

$$p_{NO_2}=p\times\frac{2\times0.270x}{1.27x}=101.325\times\frac{0.540}{1.27}\text{kPa}=43.1\text{kPa}$$

平衡常数为

$$K_p=\frac{p_{NO_2}^2}{p_{N_2O_4}}=\frac{43.1^2}{58.2}=31.9$$

答：N_2O_4 和 NO_2 的平衡分压分别是 58.2kPa 和 43.1kPa，该反应的平衡常数为 31.9。

本章小结

一、基本知识

1. 化学反应速率的概念、表示方法及影响因素；
2. 质量作用定律的内容及表达式；
3. 化学平衡的概念、特点及影响因素；
4. 化学平衡常数的概念、特点、分类及意义。

二、基本计算

1. 有关化学反应速率的计算；
2. 有关化学平衡的计算。

习　　题

1. 影响化学反应速率的主要因素有哪些？举例说明。
2. 试述质量作用定律的内容并写出其表达式。
3. 试述化学平衡状态的特点。
4. 使用化学平衡常数应注意哪些问题？
5. 试述化学平衡常数的意义。
6. 影响化学平衡移动的因素有哪些？举例说明。
7. 20mol N_2 与 80mol H_2 在密闭容器中进行如下反应：$N_2+3H_2 \rightleftharpoons 2NH_3$，在某温度达到平衡时生成 28mol NH_3。求平衡时 N_2、H_2 和 NH_3 的体积分数。
8. 在一定条件下，在密闭容器中进行的一个反应中，某反应物 A 的浓度是 2mol/L，经过 2min 后，它的浓度变成了 1.8mol/L，计算在 2min 内该反应的平均反应速率以 A 物质的浓度变化表示时是多少。
9. 一定温度下，可逆反应 $N_2+3H_2 \rightleftharpoons 2NH_3$ 达到平衡时，测得各物质的平衡浓度为：$[N_2]=2$mol/L，$[H_2]=2$mol/L，$[NH_3]=1$mol/L，求该反应在该温度下的浓度平衡常数及 N_2、H_2 两种气体的起始浓度。
10. 在一密闭容器中进行如下反应：$2SO_2+O_2 \rightleftharpoons 2SO_3$(气)，$SO_2$ 和 O_2 的起始浓度分别为 0.04mol/L 和 0.84mol/L，测得该反应的平衡常数 $K_c=1.0$，求在该条件下平衡时各物质的浓度。
11. 在 4L 密闭容器中，加入 0.1mol SO_2 和 0.05mol O_2 进行如下反应：$2SO_2+O_2 \rightleftharpoons 2SO_3$(气)，某温度时达到平衡，生成 0.06mol SO_3，求该温度下 SO_2 的转化率。
12. 在 308K 和 50kPa 下，测得可逆反应 N_2O_4(气) $\rightleftharpoons$ $2NO_2$(气) 达到平衡时 N_2O_4 的平衡转化率为 40%，求各种气体的平衡分压和压力平衡常数 K_p。

化学反应速率和化学平衡在生产中的应用

在实际生产及科研开发中，为了提高产品产量，降低成本，常常需要综合考虑反应速率和化学平衡两方面的因素，来选择最佳生产条件。下面就以二氧化硫转化为三氧化硫为例，讨论最佳工艺条件如何实现。

二氧化硫转化为三氧化硫的反应为

$$2SO_2(g)+O_2(g) \rightleftharpoons 2SO_3(g) \quad Q>0$$

这是一个可逆的放热反应，而且反应后气体分子数减少。根据化学平衡移动的原理，增大反应物的浓度、降低温度和增加压力均有利于 SO_3 产率的提高。

在反应原料的组成上，由于 SO_2 的价格较贵，而来自于大气中的 O_2 的量充足，因此可以通过适当增加 O_2 的量来提高 SO_2 的转化率。见表 6-2。

表 6-2　不同组成的原料气和 SO_2 的平衡转化率（773K）

原料气组成(体积分数)/%			SO_2 平衡转化率/%
SO_2	O_2	N_2	
9.0	8.2	82.8	91.6
8.0	9.6	82.4	92.9
7.0	11.0	82.0	93.5
6.0	12.4	81.6	94.3
5.0	13.9	81.1	95.0

温度变化对反应影响也很大。从表 6-3 看出，温度升高，SO_2 转化率降低，温度降低虽然有利于 SO_2 的转化，但温度偏低，反应速率太慢，综合考虑应选择一个适当的温度。

表 6-3　不同温度下 SO_2 的平衡转化率

T/K	673	723	773	823	873
ε/%	99.2	97.5	93.5	85.6	73.7

注：原料气组成：SO_2 7%，O_2 11%，N_2 82%。

压力影响，从表 6-4 看出，常压下 SO_2 转化率已经很高，如果再增加压力，所需设备投资及能耗会相应增多，生产成本增高，所以目前工业生产中不需采取加压措施。

表 6-4　不同温度、压力下 SO_2 的平衡转化率　　单位：%

T/K	p/kPa				
	101.3	506.5	1013	2532	10130
673	99.2	99.6	99.7	99.9	99.9
773	97.5	98.9	99.2	99.5	99.7
873	93.5	96.9	97.8	98.6	99.3
973	85.6	92.9	94.9	96.7	98.3

在 SO_2 的转化反应中，采用催化剂可加快反应的转化速率。实验证明，许多催化剂都能使 SO_2 的转化反应速率加快。虽然使用 Pt 催化剂所需温度最低，而转化率最高，但 Pt 价格昂贵，又易中毒。故 V_2O_5 的效果最好，目前的化工生产中被普遍采用。

目前工业生产中，一般采取以下方法进行 SO_2 的转化。

① 增大原料气中 O_2 的量。实际配比为 SO_2 7%，O_2 11%（其余约 80%是 N_2）。

② 多次转化，多次吸收。SO_2 通过转化炉后（转化率可达 90%），进入吸收塔，其中的 SO_3 被吸收。余下气体（含未转化的 SO_2）再次返回转化炉。由于 SO_3 不断从系统中取走，有利于 SO_2 转化率的提高，其转化率可达 99.7%。

③ 采用 V_2O_5 为催化剂，进行多层催化氧化，并通过热交换器不断换热，控制反应在最适宜的温度 693～773K 进行。

第七章 几种非金属元素及其化合物

第一节 碳、硅及其化合物

一、碳及其化合物

1. 碳

碳是组成生物体的基本元素，并分布在许多矿物中，如煤炭、石油、碳酸盐等。

碳在自然界中还以游离态存在，如金刚石、石墨和无定形碳等同素异形体。金刚石是所有物质中最坚硬的一种，可做切割和研磨材料。石墨是电的良导体，在电器工业中做电极，还可制铅笔及作润滑材料。无定形碳中的焦炭主要用来冶炼金属，木炭和骨炭可用来吸附气体。

游离态的碳难熔、难挥发。碳在正常状态下很不活泼，但在足够高的温度下，能与氢、硅、硼及许多金属化合。

2. 碳的化合物及性质

(1) 碳的氧化物　碳在空气或氧气里充分燃烧生成 CO_2，同时放出大量的热。反应式为

$$C+O_2 = CO_2$$

二氧化碳的性质已在初中化学中介绍过。

如果碳在氧气不足时燃烧或使二氧化碳通过灼热的炭层时，则生成一氧化碳。

$$2C+O_2 = 2CO \qquad CO_2+C = 2CO$$

一氧化碳是无色、无臭、有毒的气体，几乎不溶于水，它能与血液中的血红蛋白结合，从而破坏血液的输氧能力，使人中毒。新鲜空气是 CO 中毒的主要解毒剂。

一氧化碳在空气中燃烧发出蓝色火焰，放出大量热，反应式为

$$2CO+O_2 = 2CO_2$$

一氧化碳有还原性，在高炉炼铁时，铁矿主要被一氧化碳还原，反应式为

$$Fe_2O_3+3CO = 2Fe+3CO_2$$

氧化剂 I_2O_5 可将 CO 氧化为 CO_2，并释放出定量的碘，反应式为

$$I_2O_5+5CO = 5CO_2+I_2$$

此反应是定量测定一氧化碳的基础，用 $Na_2S_2O_3$ 标准溶液滴定反应释放出的 I_2，从析出碘的量可进一步算出 CO 的量。合成氨工业中微量一氧化碳的测定，也是利用 I_2O_5 将一氧化碳氧化为二氧化碳后，导入 NaOH 溶液中，根据溶液电导的变化测出一氧化碳的含量。

(2) 碳酸及其盐　二氧化碳能溶于水，溶解后部分二氧化碳与水作用生成碳酸。

$$CO_2+H_2O \rightleftharpoons H_2CO_3$$

碳酸是一种较弱的二元酸，在溶液中分步电离，同时存在下列平衡

$$H_2O+CO_2 \rightleftharpoons H_2CO_3 \rightleftharpoons H^++HCO_3^- \rightleftharpoons 2H^++CO_3^{2-}$$

加热溶液时放出二氧化碳，平衡向左移；相反，如果加入强碱，则 OH^- 与 H^+ 结合成

H_2O，平衡向右移，结果生成碳酸盐或酸式碳酸盐。

碳酸盐中仅有碱金属盐和铵盐是溶于水的，而酸式碳酸盐则几乎全部易溶于水。常用的几种碳酸盐在第三章中已经进行了介绍。

二、硅及其化合物

1. 硅

硅在自然界以化合态存在，没有游离的硅。硅在地壳中的含量很大，在所有元素中居第二位，仅次于氧。

硅有无定形硅和晶体硅两种同素异形体。晶体硅呈灰黑色，有金属光泽，硬而脆。晶体硅的结构与金刚石晶体的结构相似，都是网状的正四面体结构，是原子晶体，所以硅的硬度较大，熔点和沸点都较高。无定形硅是一种灰黑色的粉末。

硅的化学性质不活泼。在常温下，不能与氧气、氯气、硫酸和硝酸等起反应（氟气、氢氟酸和强碱溶液除外）。在加热条件下，硅能跟一些非金属起反应。例如，把硅研细后加强热，能燃烧生成二氧化硅，同时放出大量热。反应式为

$$Si + O_2 \xlongequal{\text{加热}} SiO_2$$

硅能跟强碱溶液作用生成硅酸盐，放出氢气。例如

$$Si + 2NaOH + H_2O = Na_2SiO_3 + 2H_2\uparrow$$

硅只有在高温下才能和氢气反应。硅的氢化物常用间接方法制得。工业上硅是在电炉里用碳还原二氧化硅而制得的，反应式为

$$SiO_2 + 2C \xlongequal{\text{高温}} Si + 2CO\uparrow$$

这样制得的硅是含有少量杂质的粗硅，经提纯后，就可制得高纯度的硅。

硅的导电性能介于金属和绝缘体之间，具有半导体的性质，所以高纯度的硅是良好的半导体材料。像碳一样，硅还能和某些金属生成硅化物，所以硅可用来制造合金。

2. 二氧化硅

二氧化硅是难溶、坚硬的固体，俗称硅石。天然的二氧化硅分为晶体和无定形两大类。比较纯净的晶体叫做石英。无色透明的纯石英叫水晶，含有微量杂质的水晶，通常有不同的颜色，依颜色的不同又分为紫水晶、墨晶、玛瑙、碧玉等，普通的砂子是不纯的二氧化硅。二氧化硅的化学性质很稳定，它一般不与酸起反应，但氢氟酸可侵蚀它，生成四氟化硅气体，反应式为

$$SiO_2 + 4HF = SiF_4\uparrow + 2H_2O$$

这个反应就是在玻璃（主要成分是 SiO_2）上雕刻字画的原理。

二氧化硅是酸性氧化物，它不溶于水，不能跟水反应而生成相应的硅酸。但它能跟碱性氧化物或强碱起反应生成硅酸盐，反应式为

$$SiO_2 + CaO \xlongequal{\text{高温}} CaSiO_3$$

$$SiO_2 + 2NaOH = Na_2SiO_3 + H_2O$$

玻璃的成分里有二氧化硅，因此实验室里盛放碱溶液的试剂瓶不能用玻璃塞，而要用橡皮塞，否则玻璃受碱溶液腐蚀生成黏性的 Na_2SiO_3，使玻璃塞与瓶口粘在一起。

二氧化硅用途广泛。水晶可以用于制造电子工业的重要部件、光学仪器和工艺品。二氧化硅是制造玻璃、光导纤维等的原料，用较纯净的石英制造的石英玻璃，膨胀系数小，可以耐受温度的剧变，是制造耐高温化学仪器的优良材料。石英玻璃还能透过紫外线，可用于制

造医学上用的水银石英灯和其它光学仪器。

3. 硅酸及硅酸盐

硅酸是成分较为复杂的白色固体，通常用化学式 H_2SiO_3 表示。

由于二氧化硅不溶于水，所以不能用二氧化硅与水直接反应来制得硅酸，只能用相应的可溶性硅酸盐跟酸起反应来制取。例如在稀盐酸中逐滴加入硅酸钠溶液，得到白色胶状沉淀物原硅酸（H_4SiO_4）。原硅酸很不稳定，在空气里干燥，失去一部分水后，变成白色粉末状的硅酸。

$$Na_2SiO_3 + 2HCl = H_2SiO_3\downarrow + 2NaCl$$

硅酸是不溶于水的胶状沉淀，它是一种弱酸，酸性比碳酸还弱。从溶液中析出的胶状沉淀中含有大量的水，经加热脱去大部分水而变成一种白色稍透明的网状多孔物质，工业上称此固体为硅胶。硅胶有较强的吸附能力，所以常用做干燥剂、吸附剂及催化剂的载体。

各种硅酸所对应的盐，统称为硅酸盐。硅酸盐种类较多，结构、组成也较复杂，通常用二氧化硅和金属氧化物的形式表示硅酸盐的组成。例如

硅酸钠 $Na_2SiO_3 \longrightarrow [Na_2O\cdot SiO_2]$

石棉 $CaMg_3(SiO_3)_4 \longrightarrow [CaO\cdot 3MgO\cdot 4SiO_2]$

高岭土 $Al_2Si_2O_5(OH)_4 \longrightarrow [Al_2O_3\cdot 2SiO_2\cdot 2H_2O]$

除了碱金属的硅酸盐能溶于水外，其它硅酸盐都难溶于水。在可溶性的硅酸盐中，最常见的是硅酸钠，它的水溶液叫做水玻璃，俗称泡花碱。它是一种白色或灰白色的粘连剂，如用来粘连碎云母片做电热器中的耐热云母板等。它还具有防火、防腐的能力，浸过水玻璃的木材、织物既能防腐又不易着火。它也是制造硅胶和分子筛的原料。

4. 硅酸盐工业简介

以含硅物质为原料，经过加工制成硅酸盐产品的工业，如制造水泥、玻璃、陶瓷等产品的工业，叫做硅酸盐工业。在此简单介绍水泥和玻璃。

（1）水泥　制造水泥的主要原料是石灰石、黏土和其它辅助原料。普通硅酸盐水泥的主要成分如下

硅酸三钙 $3CaO\cdot SiO_2$

硅酸二钙 $2CaO\cdot SiO_2$

铝酸三钙 $3CaO\cdot Al_2O_3$

水泥实际上是硅酸三钙、硅酸二钙及铝酸三钙等成分组成的混合物。水泥的组成和结晶形态的不同直接影响到它的各种主要性能。

（2）玻璃　玻璃是一种透明的非晶体物质，称为玻璃态物质。它没有固定的熔点，只有软化的温度范围。玻璃的种类很多，有普通玻璃（钠玻璃）、钾玻璃、铅玻璃等。

制造普通玻璃的主要原料是纯碱（Na_2CO_3），石灰石（$CaCO_3$）和石英（SiO_2）。制造玻璃主要的化学反应如下

$$Na_2CO_3 + SiO_2 \xlongequal{\text{高温}} Na_2SiO_3 + CO_2\uparrow$$

$$CaCO_3 + SiO_2 \xlongequal{\text{高温}} CaSiO_3 + CO_2\uparrow$$

生成的 Na_2SiO_3、$CaSiO_3$ 和过量的 SiO_2 形成的共熔体是黏稠的液体，冷却后即得普通玻璃。

如果用 K_2CO_3 代替 Na_2CO_3，就可制得比较耐高温的钾玻璃，可用于制作普通化学仪

器，如分析用的烧杯、烧瓶等。

第二节 氮、磷及其化合物

一、氮及其化合物

氮是一种重要的非金属元素，以双原子分子存在于大气中，约占空气体积的78%。氮还以化合态存在于硝酸盐、土壤、蛋白质和有些矿石中。工业上所用的氮气，通常是以空气为原料，将空气液化后，利用液态空气中氮的沸点比液态氧低而加以分离制得。

1. 氮气

纯净的氮气是一种无色、无味的气体。在标准状态下，氮气的密度为1.2506g/L，比空气稍轻，难溶于水。

氮分子是以两个氮原子共用三对电子结合而成的。氮分子中有3个共价键，它的电子式是:N⋮⋮N:，结构式是 $N\equiv N$ 。由于氮原子之间结合得很牢固，这就决定氮在常温下化学性质不活泼，不易发生化学反应。但在高温、高压、放电、催化剂存在等条件下，氮分子获得足够的能量，也能跟氢、氧及一些活泼金属发生反应。例如工业上利用氮气和氢气在高温、高压并有催化剂存在的条件下，直接合成氨，反应式为

$$N_2 + 3H_2 \underset{\text{催化剂}}{\overset{\text{高温、高压}}{\rightleftharpoons}} 2NH_3$$

在放电条件下，氮气能跟氧直接化合，生成无色的一氧化氮，反应式为

$$N_2 + O_2 \overset{\text{放电}}{\rightleftharpoons} 2NO$$

一氧化氮不溶于水。在常温下容易和空气中的氧气化合，生成红棕色并有刺激性气味的二氧化氮，反应式为

$$2NO + O_2 = 2NO_2$$

因此，在雷雨时大气中常有少量的二氧化氮生成。

二氧化氮有毒，易溶于水，溶于水后生成硝酸和一氧化氮，反应式为

$$3NO_2 + H_2O = 2HNO_3 + NO$$

二氧化氮还可以互相化合生成无色的四氧化二氮气体，反应式为

$$\underset{\text{(红棕色)}}{2NO_2} \rightleftharpoons \underset{\text{(无色)}}{N_2O_4}$$

一氧化氮和二氧化氮是两种重要的氮的氧化物。除此之外，还有一氧化二氮、三氧化二氮、四氧化二氮、五氧化二氮等。

2. 氨及铵盐

氨是无色、具有刺激性气味的气体。在标准状态下，氨的密度为0.771g/L。在常压下，冷却到240K或常温下加压到$7\times10^5\sim8\times10^5$Pa，气态氨就凝聚成无色的液氨，同时放出大量的热。液氨汽化时，又要吸收大量的热。因此，氨常用作制冷剂。氨极易溶解于水，常温下，1体积水约能溶解700体积的氨。氨的水溶液俗称氨水，氨水呈弱碱性，具有碱的通性。

氨跟酸作用可生成铵盐，铵盐是由铵离子（NH_4^+）和酸根离子组成的化合物。例如浓氨水中挥发出来的NH_3和浓盐酸挥发出来的HCl直接化合生成微小的氯化铵晶体，在空气

中形成白烟，反应式为

$$NH_3+HCl \longequal NH_4Cl$$

铵盐都是晶体，易溶于水，受热分解时一般放出氨气（NH_4NO_3 除外）。例如

$$NH_4Cl \xlongequal{加热} NH_3\uparrow+HCl\uparrow$$

$$NH_4HCO_3 \xlongequal{加热} NH_3\uparrow+CO_2\uparrow+H_2O\uparrow$$

铵盐也能跟碱起反应放出氨气。例如

$$(NH_4)_2SO_4+2NaOH \longequal Na_2SO_4+2NH_3\uparrow+2H_2O$$

实验室就用这类反应来制取氨，同时也可以利用这个性质来检验铵离子的存在，这种方法在分析上叫气室法。

3. 硝酸及硝酸盐

(1) 硝酸的性质　硝酸是重要的"工业三酸"之一。它是制造炸药、染料、硝酸盐和许多其它化学药品的重要原料。纯硝酸是无色、易挥发、具有刺激性气味的液体。密度为 1.503g/cm^3，沸点为 356K，凝固点为 231K。它能以任意比例溶解于水。常用的浓硝酸的浓度大约是 69%。浓度为 86%以上的硝酸在空气里由于挥发而产生"发烟"现象，通常叫做发烟硝酸。这是因为硝酸里放出的硝酸蒸气遇到空气里的水蒸气生成了极微小的硝酸液滴的缘故。

硝酸是一种强酸。它除了具有酸的通性以外，还有它本身的特性。硝酸不稳定，容易分解。纯净的硝酸或浓硝酸在常温下见光就会分解，受热时分解更快，反应式为

$$4HNO_3 \xlongequal[或加热]{光照} 2H_2O+4NO_2\uparrow+O_2\uparrow$$

硝酸浓度越高，就越容易分解。分解放出的二氧化氮溶于硝酸而使硝酸呈黄色。为了防止硝酸分解，必须把它盛在棕色瓶中，贮放在黑暗而且温度低的地方。

硝酸是一种很强的氧化剂，无论稀硝酸或浓硝酸都有氧化性，几乎能跟所有的金属（除金、铂等少数金属外）或非金属发生氧化-还原反应。

【实验 7-1】　在两支放有铜片的试管里，分别加入少量浓硝酸和稀硝酸，观察现象。

可以看到，浓硝酸和稀硝酸都能与铜起反应。浓硝酸与铜的反应激烈，有红棕色的二氧化氮气体产生；稀硝酸反应较缓慢，有无色一氧化氮气体产生，在试管口变成红棕色。以上的反应用化学方程表示如下

$$Cu+4HNO_3(浓) \longequal Cu(NO_3)_2+2NO_2\uparrow+2H_2O$$

$$3Cu+8HNO_3(稀) \longequal 3Cu(NO_3)_2+2NO\uparrow+4H_2O$$

值得注意的是，铁、铝、铬等金属溶于稀硝酸，但不溶于冷的浓硝酸，这是因为浓硝酸能将它们的表面氧化成一层薄而致密的氧化物薄膜，阻止了内部金属与硝酸进一步反应的缘故，发生钝化现象。所以可用铝槽车装运浓硝酸。

硝酸还能使许多非金属（如碳、硫、磷等）及某些有机物（如松节油、锯末等）氧化。例如

$$4HNO_3(浓)+C \longequal CO_2\uparrow+4NO_2\uparrow+2H_2O$$

$$6HNO_3(浓)+S \longequal H_2SO_4+6NO_2\uparrow+2H_2O$$

浓硝酸与浓盐酸（1+3）的混合物叫做"王水"。它的氧化能力更强，能使一些不溶于硝酸的金属如金、铂等溶解。

由于硝酸具有强酸性和强氧化性，它分解试样的能力很强。又由于分解试样后生成的硝酸盐都易溶于水，所以硝酸是分析工作中常用的分解试样的良好试剂。

（2）硝酸的制法　硝酸属于挥发性酸，在实验室可以把硝酸盐跟浓硫酸共热来制取。

$$NaNO_3 + H_2SO_4(浓) \xlongequal{加热} NaHSO_4 + HNO_3\uparrow$$

现代工业生产硝酸，主要用氨的催化氧化法。这个方法的生产过程大致可分为两个阶段。

第一阶段为氨的氧化。把氨和净化后的空气以一定比例混合，通入氧化炉。混合气体在氧化炉内的催化剂（铂铑合金）和高温（1073K）作用下，氨与氧气进行反应，生成一氧化氮和水蒸气，同时放出大量的热。反应式为

$$4NH_3 + 5O_2 \xlongequal[加热]{催化剂} 4NO + 6H_2O$$

第二阶段为硝酸的生成。一氧化氮经过冷却，再被空气中的氧氧化成二氧化氮。

$$2NO + O_2 = 2NO_2$$

最后二氧化氮在吸收塔内被水吸收，就得到硝酸。

$$3NO_2 + H_2O = 2HNO_3 + NO$$

在吸收反应中常补充一些空气，使生成的一氧化氮再氧化成二氧化氮，二氧化氮溶于水又生成硝酸和一氧化氮。经过这样多次的氧化和吸收，二氧化氮可以比较完全地被吸收，能够尽可能多地转化为硝酸。

用上述方法制成的硝酸浓度一般为50%左右，如果要制取更浓的硝酸，可用硝酸镁（或浓硫酸）作为吸水剂，将稀硝酸蒸馏浓缩，就可以得到96%以上的浓硝酸。

从吸收塔排出的尾气中，还含有少量的一氧化氮和二氧化氮气体。它们都有毒，常用碱液吸收处理，以防止对大气的污染。

（3）硝酸盐　多数硝酸盐是无色晶体，所有的硝酸盐都极易溶于水。硝酸盐性质不稳定，加热容易分解放出氧气。所以，在高温时硝酸盐是强氧化剂。但分解产物除氧气外，还与成盐金属的活动顺序有关。在金属活动顺序表里，位于镁以前的活泼金属的硝酸盐分解时放出氧气，同时生成亚硝酸盐（有毒）。例如

$$2NaNO_3 \xlongequal{加热} 2NaNO_2 + O_2\uparrow$$

活泼性介于镁和铜之间的金属的硝酸盐，加热分解生成氧、二氧化氮和金属氧化物。例如

$$2Pb(NO_3)_2 \xlongequal{加热} 2PbO + 4NO_2\uparrow + O_2\uparrow$$

活泼性位于铜以后的金属硝酸盐，加热分解生成氧气、二氧化氮及金属单质。例如

$$2AgNO_3 \xlongequal{加热} 2Ag + 2NO_2\uparrow + O_2\uparrow$$

由于硝酸盐具有强的氧化性，如果与可燃性物质混合，一经点燃就会迅速燃烧、爆炸，故硝酸盐可用于制造烟火、炸药等，也用于染料、制药、玻璃、电镀等工业。

二、磷及其化合物

由于磷容易被氧化，所以在自然界中没有游离态的磷存在。磷主要以磷酸盐的形式存在于磷矿中。自然界中重要的磷矿石有磷灰石和纤核磷灰石，它们的主要成分是磷酸钙[$Ca_3(PO_4)_2$]，但在磷灰石中还含有 CaF_2 和 $CaCl_2$。此外，磷还存在于细胞、蛋白质、动物的骨骼及牙齿中。

1. 磷

（1）磷的性质　白磷和红磷都是磷元素的单质。一种元素形成几种单质的现象叫同素异形现象。由同一种元素形成的多种单质，叫做这种元素的同素异形体。白磷和红磷是磷的两种最重要的同素异形体。白磷和红磷的物理性质如表 7-1 所示。

表 7-1　白磷和红磷物理性质的比较

同素异形体	形状	毒性	溶解性	密度/(kg/m^3)	熔点/K	沸点/K	着火点/K	互相转化（在隔绝空气情况下）
白磷（黄磷）	无色蜡状固体	剧毒	不溶于水，易溶于 CS_2 中	1820	317	554	313	白磷 $\underset{689K}{\overset{533K}{\rightleftharpoons}}$ 红磷
红磷（赤磷）	暗红色粉末状固体	无毒	不溶于水和 CS_2	2340	—	689	513	

从表中可知，白磷与红磷的物理性质不同，这主要是由于它们的结构不同。磷的化学性质活泼，容易跟氧、卤素及许多金属直接化合。

【实验 7-2】 把一块铁片水平地夹在铁架上，把少量的白磷和红磷隔开相当的距离分别放在铁片上（见图 7-1），然后在红磷的下面加热，观察是红磷还是白磷先着火燃烧。

从实验看到，是白磷先着火燃烧。因为白磷的着火点是 313K，而红磷是 513K。白磷受到轻微的摩擦或被加热到 313K，就会发生燃烧。所以白磷必须保存在密闭容器中，少量的白磷可保存在水中。白磷和红磷的着火点虽然不同，但在空气中燃烧后都生成五氧化二磷。

$$4P+5O_2 \xlongequal{燃烧} 2P_2O_5$$

白磷在空气里，即使在常温下也会缓慢的氧化，氧化时会发光，在暗处可以看见“磷光”。白磷在空气中缓慢氧化，当表面上积聚的热量达到它的着火点时，便可发生自燃。白磷是危险药品，保存和使用时要注意安全，谨防着火和灼伤。

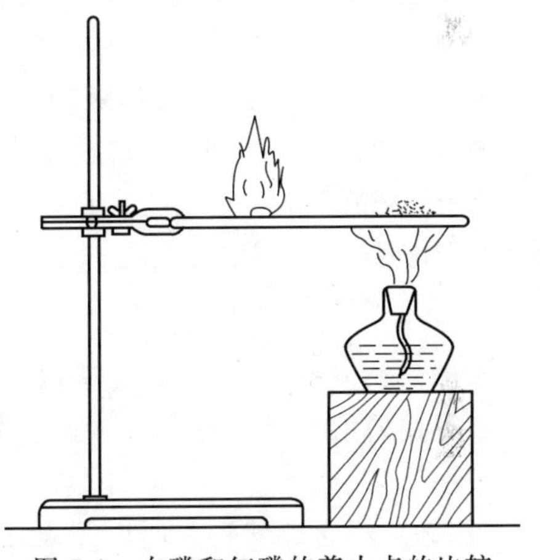

图 7-1　白磷和红磷的着火点的比较

磷还跟卤素及许多金属直接化合。磷能和一些金属反应，生成金属磷化物。例如

$$3Zn+2P \xlongequal{} Zn_3P_2$$

磷化锌是一种有效的杀鼠剂。

磷还能跟卤素等非金属反应，生成氧化值为 +3 和 +5 的化合物。例如，磷在不充足的氯气中燃烧生成三氯化磷；在过量的氯气中燃烧生成五氯化磷。

$$2P+3Cl_2 \xlongequal[氯气不足]{燃烧} 2PCl_3$$

$$2P+5Cl_2 \xlongequal[氯气充足]{点燃} 2PCl_5$$

（2）磷的用途　白磷用于制造高纯度的磷酸。红磷主要用于制农药、安全火柴等。此外在军事上还用磷来制造烟幕弹和燃烧弹等。

2. 磷酸和磷酸盐

五氧化二磷是白色雪花状晶体，极易与水化合发生剧烈反应，同时放出大量的热。有强烈的吸水性，极易吸收空气中的水分，所以五氧化二磷是一种很强的干燥剂和脱水剂。随着

反应条件的不同，可生成偏磷酸（HPO_3）或磷酸（H_3PO_4），反应式为

$$P_2O_5 + H_2O \xlongequal{冷水} 2HPO_3$$

$$P_2O_5 + 3H_2O \xlongequal{热水} 2H_3PO_4$$

纯磷酸是无色透明的晶体，熔点为 315K，具有吸湿性，与水可以任意比例混溶。通常用的磷酸是一种无色黏稠的浓溶液，含纯磷酸 83%～98%。磷酸没有毒，而偏磷酸有剧毒。磷酸比硝酸稳定，不易分解。

工业上用硫酸跟磷酸钙反应来制取磷酸，反应式为

$$Ca_3(PO_4)_2 + 3H_2SO_4 \xlongequal{加热} 2H_3PO_4 + 3CaSO_4\downarrow$$

滤去硫酸钙沉淀，所得溶液即为磷酸溶液。

磷酸是非挥发性的三元酸，属中等强度的酸，具有酸的通性，不显氧化性。它能形成三种类型的盐，一种正盐和两种酸式盐，例如

磷酸盐	Na_3PO_4	$Ca_3(PO_4)_2$	$(NH_4)_3PO_4$
磷酸氢盐	Na_2HPO_4	$CaHPO_4$	$(NH_4)_2HPO_4$
磷酸二氢盐	NaH_2PO_4	$Ca(H_2PO_4)_2$	$NH_4H_2PO_4$

所有的磷酸二氢盐都易溶于水，而磷酸氢盐和磷酸盐中除钾、钠和铵盐外，几乎都不溶于水。

磷酸和它的盐可配制各种缓冲溶液及作化学试剂。

磷酸盐大量用作磷肥。但自然界的磷矿石的主要成分是磷酸钙，它是难溶于水的矿物。化学工业制造磷肥的目的就是通过加工磷矿石，使它转化为较易溶于水（或弱酸）的酸式磷酸盐，以利于农作物吸收。常用的磷肥是过磷酸钙，它是由磷灰石和硫酸作用而制得。反应式为

$$Ca_3(PO_4)_2 + 2H_2SO_4 \xlongequal{加热} Ca(H_2PO_4)_2 + 2CaSO_4$$

过磷酸钙简称“普钙”，是磷酸二氢钙和硫酸钙的混合物，有效成分是磷酸二氢钙。

如果用磷酸代替硫酸，与磷矿石起反应，可制得重过磷酸钙，简称“重钙”，反应式为

$$Ca_3(PO_4)_2 + 4H_3PO_4 \xlongequal{} 3Ca(H_2PO_4)_2$$

“重钙”不含硫酸钙，所以肥效比“普钙”高。

在磷酸盐溶液中加入硝酸银溶液，有黄色沉淀产生。再加入稀硝酸，黄色沉淀溶解。用此法可以检验可溶性磷酸盐。例如

$$Na_3PO_4 + 3AgNO_3 \xlongequal{} 3NaNO_3 + Ag_3PO_4\downarrow$$

$$Ag_3PO_4 + 3HNO_3 \xlongequal{} 3AgNO_3 + H_3PO_4$$

磷酸与 Fe^{3+} 生成无色配合物 $[Fe(HPO_4)_2]^-$，利用此法掩蔽 Fe^{3+}，在比色分析中应用较多。

磷的重要性质之一是 PO_4^{3-} 与钼酸铵 $[(NH_4)_2MoO_4]$ 反应生成黄色的磷钼酸铵沉淀，反应式为

$$PO_4^{3-} + 12MoO_4^{2-} + 3NH_4^+ + 24H^+ \xlongequal{} (NH_4)_3PO_4 \cdot 12MoO_3 \cdot 12H_2O\downarrow$$

在磷的定性分析和容量分析中都用到这个反应。

第三节　硫及其化合物

一、单质硫

硫在自然界分布很广，约占地壳总质量的 0.048%。硫在自然界里有以游离态存在的，

也有以化合态存在的。游离态的天然硫（也叫自然硫）存在于火山喷口附近或地壳的岩层里。化合态的硫主要存在于金属硫化物和硫酸盐中。重要的硫化物有硫铁矿（也叫黄铁矿，FeS_2）、黄铜矿（$CuFeS_2$）等，硫酸盐有石膏（$CaSO_4 \cdot 2H_2O$）、芒硝（$Na_2SO_4 \cdot 10H_2O$）等。硫的化合物也常存在于火山喷出的气体中和矿泉水里。煤和石油里也含有少量硫。硫也是组成某些蛋白质分子的成分之一，因此它是动植物生长所需要的一种元素。

1. 硫的物理性质

单质态的硫（俗称硫黄）通常是一种淡黄色的晶体，质脆，容易研成粉末。硫的密度是 $2.07g/cm^3$，约是水的 2 倍。硫的熔点是 386K，沸点是 718K。它不溶于水，微溶于酒精，易溶于二硫化碳中。

2. 硫的化学性质

硫是一种化学性质比较活泼的非金属单质，它跟氧气相似，容易跟许多金属和非金属发生反应。

硫能跟金、铂、铱以外的各种金属发生反应，生成金属硫化物，并放出热量。

【实验 7-3】 将少许研细混合好的硫粉和铁粉堆在旧的石棉铁丝网上，把一根长约 0.3m 的玻璃棒的一端在酒精灯火焰上烧红后，立即插入硫、铁的混合物中。观察发生的现象。

可以看到，硫粉和铁粉的混合物加热后能发生反应，药品红热，放出的热能使反应继续进行。硫跟铁反应生成黑色的硫化亚铁。

$$Fe + S \overset{\triangle}{=\!=\!=} FeS$$

铜丝能在硫蒸气里燃烧，生成黑色的硫化亚铜。

$$2Cu + S \overset{\triangle}{=\!=\!=} Cu_2S$$

硫和汞可以直接反应，反应式为

$$Hg + S(粉) =\!=\!= HgS(黑)$$

为此，在工业生产和实验室中，通常在难以收集的撒落的微量汞上撒上一层硫黄粉，使有害的汞转变为无毒的硫化汞。

硫既有氧化性，又有还原性。硫还能跟许多非金属发生反应。例如，硫能在空气中燃烧生成二氧化硫（SO_2），硫的蒸气跟氢气直接化合生成硫化氢气体等。

$$S + O_2 \overset{点燃}{=\!=\!=} SO_2(S\text{ 的还原性})$$

$$S + H_2 \overset{\triangle}{=\!=\!=} H_2S(S\text{ 的氧化性})$$

3. 硫的用途

硫的用途很广。硫在工业上主要用来制造硫酸、黑色火药、火柴等。它在医疗上用来制硫黄软膏，医治某些皮肤病。硫也是生产橡胶和制造某些农药（如石灰硫黄合剂）的原料。常在含硫的温泉中洗浴，可医治皮肤病。

二、硫酸

1. 硫酸的物理性质

在初中化学里已经学习过硫酸，知道纯净的硫酸是一种无色、黏稠、油状的液体，98.3%的浓硫酸的沸点是 611K。常用浓硫酸的浓度是 98%，密度是 $1.84g/cm^3$。硫酸是一种难挥发（即高沸点）的强酸。

浓硫酸极易溶解于水，与水可以任意比例混溶，同时放出大量的热。因此，稀释浓硫酸时，千万不能把水倒入浓硫酸中。一定要把浓硫酸沿着器壁慢慢地注入水里，并不断搅拌，使产生的热量迅速地扩散。这样就可以避免因酸液受热溅出伤人的事故发生。

2. 硫酸的化学性质

硫酸具有酸的通性。浓硫酸有强烈的吸水性，它能吸收气体中的水蒸气，因此浓硫酸常用作某些贵重仪器、药品以及不与它反应的气体的干燥剂。浓硫酸有强烈的脱水性，能将纸张、木柴、衣服、皮肤等物质中的氢、氧元素按水的组成比（氢原子和氧原子的个数比为2∶1）脱去，使它们炭化而变黑。因此，浓硫酸能严重地破坏动植物组织，有强烈的腐蚀性，使用时要注意安全。

浓硫酸还有很强的氧化性。在常温下，浓硫酸跟某些较活泼的金属（如铁、铝等）接触，金属表面立刻被浓硫酸氧化，生成比较复杂的氧化物，这种氧化物不能溶解在浓硫酸里，在金属表面形成一层致密的氧化物保护膜，阻止内部金属继续跟酸反应，这种现象叫做金属的钝化。因此，工业上用铁或铝制容器贮存和运输冷的浓硫酸。但是，在受热的情况下，浓硫酸不仅能跟铁、铝等金属起反应，而且能跟绝大多数金属起反应。

【实验 7-4】 在试管里放一块铜片，注入约 2mL 浓硫酸，然后加热，观察发生的现象。用湿润的蓝色石蕊试纸置于试管口，观察试纸颜色的变化。稍冷后，将试管里的溶液倒入盛有约 3mL 水的另一支试管里，观察稀释后溶液的颜色。

可以看到，加热后铜片跟浓硫酸发生反应，有刺激性气味的气体放出，并使湿润的蓝色石蕊试纸变红色，这种气体是二氧化硫。稀释后溶液的颜色为蓝色，是因为有硫酸铜生成。浓硫酸跟铜起反应的化学方程式如下

$$2H_2SO_4(浓)+Cu \xlongequal{\triangle} CuSO_4+2H_2O+SO_2\uparrow$$

在上面的氧化还原反应中，浓硫酸氧化了铜（铜元素氧化值从 0 升高到 +2），而本身被还原成二氧化硫（硫元素氧化值从 +6 降到 +4）。浓硫酸是氧化剂，具有氧化性，铜是还原剂，具有还原性。

当加热时，浓硫酸还能跟碳、硫等一些非金属起氧化还原反应。在反应中，浓硫酸把这些非金属氧化，它本身被还原成二氧化硫。例如

$$2H_2SO_4(浓)+C \xlongequal{\triangle} CO_2\uparrow+2H_2O+2SO_2\uparrow$$

在上面的反应里，浓硫酸是氧化剂，碳是还原剂。

3. 硫酸的用途

硫酸是化学工业中最重要的产品之一，又是一种重要的化工原料。化学肥料工业用硫酸制造过磷酸钙等磷肥和硫酸铵。大量的硫酸用于精炼石油，制造炸药、染料、颜料、农药等。硫酸还用于制备许多有实用价值的硫酸盐（如硫酸亚铁、硫酸铜等）及各种挥发性酸（如盐酸、氢氟酸、硝酸等）。在电镀、搪瓷等工业中以及金属加工中用硫酸作清洗剂，以除去金属表面的氧化物。在工业上和实验室里常用浓硫酸作干燥剂，用来干燥氯气、二氧化碳等气体。在化学实验室里，硫酸也是一种重要的化学试剂。

4. 硫酸的工业制法——接触法

接触法是工业上制造硫酸的一种重要方法。

接触法制造硫酸的反应原理是：燃烧硫或黄铁矿制取二氧化硫，使二氧化硫在适当的温度和催化剂的作用下氧化成三氧化硫，再使三氧化硫跟水化合成硫酸。其中关键的反应是二

氧化硫跟氧气在催化剂的表面上接触起反应，二氧化硫被氧化成三氧化硫，故把此法称为接触法。

根据接触法制硫酸的反应原理，硫酸的生产过程可分为三个主要阶段。

第一阶段，二氧化硫的制取和净化。我国目前多采用燃烧硫铁矿（又称黄铁矿）的方法制取二氧化硫。

$$4FeS_2 + 11O_2 \xlongequal{\text{高温}} 2Fe_2O_3 + 8SO_2\uparrow$$

这个反应在沸腾炉里进行。工业上常把黄铁矿粉碎成细小的矿粒，放在一种特制的炉子里燃烧，从炉底通入强大的空气流，把燃烧的矿粒吹得在炉内一定空间里剧烈翻腾，好像“沸腾着的液体”一样，沸腾炉因此而得名。

从沸腾炉出来的气体叫做炉气。炉气中含有二氧化硫、氧气、氮气、水蒸气以及一些杂质（如砷、硒等的化合物）和矿尘（飞散的黄铁矿粉和炉渣等）等。杂质和矿尘都能使催化剂作用减弱或失去作用，这种现象叫做催化剂中毒。水蒸气对生产和设备也会产生不良影响。因此，在进行催化氧化反应以前，必须除去炉气中的有害杂质、矿尘和水蒸气，这个过程叫做净化。经过净化后的混合气体主要含有二氧化硫、氧气及无害的氮气。

第二阶段，二氧化硫催化氧化成三氧化硫。把二氧化硫和氧气的混合气体加热到一定温度（673～773K），在催化剂（五氧化二钒）的作用下，二氧化硫被氧气氧化，生成三氧化硫，同时放出大量的热。这一反应是在接触室（或转化器）里进行的，在适宜的温度下，使97％以上的二氧化硫转化为三氧化硫。反应的热化学方程式是

$$2SO_2(\text{气}) + O_2(\text{气}) \underset{\triangle}{\overset{V_2O_5}{=\!=\!=}} 2SO_3(\text{气}) + 196.6\text{kJ}$$

第三阶段，三氧化硫的吸收和硫酸的生成。从接触室出来的气体，主要是三氧化硫和氮气及剩余的未起反应的氧气和少量未反应的二氧化硫。第三阶段的主要设备是吸收塔，在吸收塔中三氧化硫跟水化合生成硫酸，同时放出大量热。

$$SO_3 + H_2O = H_2SO_4$$

在吸收塔里，并不用水或稀硫酸来吸收三氧化硫。因为直接用水或稀硫酸吸收三氧化硫，反应中放出的热量使水蒸发，所产生的水蒸气与三氧化硫结合，会形成大量酸雾，使吸收速度减慢，不利于三氧化硫的吸收。因此，工业上是用98.3％的浓硫酸来吸收三氧化硫。然后再用水或稀硫酸将吸收了三氧化硫的浓硫酸稀释，制得各种浓度的硫酸。未被浓硫酸吸收的气体从塔顶侧面管道排出。

从吸收塔顶排出的没有起反应的氧气和少量的二氧化硫以及氮气等气体，工业上叫做尾气。如果把尾气直接排入大气，就会造成环境污染。二氧化硫是大气污染的主要有害物质之一，所以在尾气排入大气之前，必须回收（常用氨水加以吸收）、净化处理，这样既防止了二氧化硫对大气的污染，保护了环境，又充分利用了原料。

5. 硫酸盐

硫酸盐一般都是晶体，绝大部分都溶解于水。硫酸钙、硫酸银和硫酸亚汞微溶于水。硫酸钡和硫酸铅难溶于水。在初中化学里已经学习过硫酸铜、硫酸铵等，现在再学习几种硫酸盐。

（1）硫酸锌（$ZnSO_4$）　一种白色粉末状物质。含7个分子结晶水的硫酸锌（$ZnSO_4 \cdot 7H_2O$）是无色晶体，俗称皓矾。用于制造白色颜色（即锌钡白，又名立德粉）。可作木材防腐剂，在铁路施工中，用它的溶液浸泡枕木。可作媒染剂，用于印染工业上使染料牢固附

着在纺织纤维上。在医疗上用作收敛剂，能使有机体组织收缩，减少腺体的分泌。

(2) 硫酸钡（$BaSO_4$） 一种白色粉末状物质，不溶于水也不溶于酸。利用这种性质及不易被X射线透过的性质，医疗上常用硫酸钡作X射线透视肠胃的内服药剂，俗称“钡餐”。硫酸钡还可作白色颜料。天然硫酸钡叫做重晶石，是制造其它钡盐的原料。

(3) 硫酸亚铁晶体（$FeSO_4 \cdot 7H_2O$） 淡绿色晶体，俗称绿矾。绿矾可作木材防腐剂、染料的媒染剂，可制造蓝黑墨水、普鲁士蓝（一种蓝色颜料，用于制造油漆）。在农药上也用来防治果园中的病虫害。

(4) 硫酸钠（Na_2SO_4） 大量用在玻璃工业上。硫酸钠晶体（$Na_2SO_4 \cdot 7H_2O$），俗名芒硝，在医药上用作泻药。

6. 硫酸和硫酸盐的检验

可利用硫酸钡的不溶性来检验硫酸或硫酸盐。

【实验 7-5】 在分别盛着硫酸、硫酸钠、碳酸钠溶液的三支试管中，各滴入少量氯化钡溶液，都有白色沉淀生成。等沉淀下沉后，倒去上面的溶液，再各滴入少量盐酸或稀硝酸，振荡试管，观察发生的现象。

可以看到，在硫酸和硫酸钠溶液中，加入氯化钡溶液，生成白色沉淀，这是硫酸钡沉淀。

$$BaCl_2 + H_2SO_4 = BaSO_4 \downarrow + 2HCl$$

$$BaCl_2 + Na_2SO_4 = BaSO_4 \downarrow + 2NaCl$$

在碳酸钠溶液中，加入氯化钡溶液，也生成白色沉淀，这是碳酸钡沉淀。

$$BaCl_2 + Na_2CO_3 = BaCO_3 \downarrow + 2NaCl$$

还可以看到，在三支盛有白色沉淀的试管中，分别加入盐酸或稀硝酸，硫酸钡沉淀不溶解，而碳酸钡沉淀溶解。

$$BaCO_3 + 2HCl = BaCl_2 + H_2O + CO_2 \uparrow$$

或 $$BaCO_3 + 2HNO_3 = Ba(NO_3)_2 + H_2O + CO_2 \uparrow$$

许多不溶于水的钡盐（亚硫酸钡、磷酸钡等）也跟碳酸钡一样，能溶于盐酸或稀硝酸。

由此可见，用可溶性钡盐（常用氯化钡）溶液和盐酸（或稀硝酸）可以检验硫酸或硫酸盐。因为硫酸和硫酸盐溶于水时都会产生硫酸根离子（SO_4^{2-}），所以，可利用硫酸钡的不溶性来检验硫酸根离子的存在。在被测的溶液中，加入可溶性钡盐溶液，有白色沉淀生成且不溶于盐酸（或稀硝酸），证明溶液中有SO_4^{2-}存在。

7. 关于多步反应的计算

化工生产往往要经过多步反应，才能得到产品。有关多步反应的计算，常为结合生产实际的计算。如果按生产过程中各步化学反应逐步进行计算，既繁琐又容易发生错误。因此，关于多步反应的计算问题，不必按照生产步骤逐步进行计算，应根据生产过程中所发生的化学反应，先写出化学方程式，然后找出第一步反应的反应物和最后一步反应的生成物之间量的关系，即原料和产品之间量的关系，列出关系式，根据关系式一步进行计算，这是最简便的计算。

【例 7-1】 某硫酸厂用接触法制造硫酸（假设在制备过程中无任何损耗），计算生产49t纯硫酸（H_2SO_4）需要多少吨FeS_2。

解 设需FeS_2 x(t)。

$$4FeS_2 + 11O_2 \xlongequal{\text{高温}} 2Fe_2O_3 + 8SO_2 \uparrow$$

$$2SO_2 + O_2 \xlongequal[\triangle]{催化剂} 2SO_3$$

$$SO_3 + H_2O = H_2SO_4$$

从化学方程式可知，硫铁矿的主要成分 FeS_2 中所含的硫，在反应后全部生成硫酸（理论上），按照 FeS_2 与 H_2SO_4 的关系列出关系式：$FeS_2 \rightarrow 2SO_2 \rightarrow 2SO_3 \rightarrow 2H_2SO_4$

根据关系式进行计算。

$$FeS_2 \longrightarrow 2H_2SO_4$$

$$120t \qquad 2\times98t$$

$$x(t) \qquad 49t$$

$$120 : x = (2\times98) : 49$$

$$x = 30t$$

答：需 FeS_2 30t。

8. 有关物质的纯度、原料利用率和产品产率的计算

化学方程式表示出了化学反应前后反应物和生成物的质和量的关系。因此，在化工生产和科学实验中，可以根据化学方程式来进行一系列的计算。化学方程式所表示的物质之间量的关系是纯物质之间量的关系。因此根据化学方程式所计算出的量是理论计算量。但是在实际生产中，原料或产品往往是不纯物质，或者在生产过程中原料或产品难免有损耗，或者由于种种原因原料并不是完全参加反应。由于各种因素的影响，造成了实际耗用原料量总是高于理论计算量，使产品量不能按理论计算量获得，产品的实际产量总是低于理论产量。因此，必须根据实际情况进行计算。在结合实际的计算中，需要搞清以下几个关系：

$$物质的纯度 = \frac{纯物质的质量}{不纯物质的质量} \times 100\%$$

$$原料利用率 = \frac{理论消耗量}{实际消耗量} \times 100\%$$

$$原料损耗率 = 1 - 原料利用率$$

$$产品产率 = \frac{实际产量}{理论产量} \times 100\%$$

【例 7-2】 某硫酸厂以硫铁矿为原料，用接触法制造硫酸。已知硫铁矿含 FeS_2 70%，硫铁矿的利用率为 90%，计算生产 49t 纯硫酸（理论量），需要硫铁矿多少吨？

解 根据接触法制硫酸的各步反应，可得出关系式：$FeS_2 \rightarrow 2H_2SO_4$

设制造 49t 纯硫酸需硫铁矿 x(t)，则有下列关系

$$FeS_2 \longrightarrow 2H_2SO_4$$

$$120t \qquad 2\times98t$$

$$x\times90\%\times70\%(t) \qquad 49t$$

$$120 : x\times90\%\times70\% = (2\times98) : 49$$

$$x = 47.6t$$

答：需要 47.61t 硫铁矿。

【例 7-3】 工业上煅烧石灰石生产生石灰，已知石灰石含 $CaCO_3$ 94%，生石灰的产率是 96.2%。计算煅烧 5t 石灰石（假如利用率为 100%），石灰厂能实际得到生石灰多少吨？

解 设石灰厂能得到生石灰的理论产量为 x(t)。

$$CaCO_3 \xrightarrow[\text{煅烧}]{\text{高温}} CaO + CO_2\uparrow$$

100t　　56t

5×94%t　　x(t)

$$100:(5\times94\%)=56:x$$

$$x=2.632\text{t}$$

因为　产品产率$=\dfrac{\text{实际产量}}{\text{理论产量}}\times100\%$

所以　实际得到的生石灰的质量＝理论产量×产品产率，即

$$2.632\text{t}\times96.2\%=2.53\text{t}$$

答：石灰厂能实际得到生石灰 2.53t。

三、含硫化合物

1. 硫化氢和氢硫酸

(1) 硫化氢的物理性质　硫化氢是一种无色有臭鸡蛋气味的气体，密度比空气略大。硫化氢能溶解于水，在常温、常压下，1 体积水能溶解 2.6 体积的硫化氢。硫化氢有剧毒，是一种大气污染物，空气中含有微量硫化氢时，就会使人感到头痛、头晕和恶心，吸入较多的硫化氢会使人中毒昏迷，甚至死亡。

(2) 硫化氢的化学性质　硫化氢在较高温度时能发生分解，生成氢气和硫。

$$H_2S \xlongequal{\triangle} H_2 + S$$

硫化氢是一种可燃性气体，在空气中燃烧时，产生淡蓝色火焰。空气充足时，硫化氢能完全燃烧，生成水和二氧化硫。空气不足时，硫化氢燃烧生成水和单质硫。

$$2H_2S + 3O_2 \xlongequal[\text{空气充足}]{\text{燃烧}} 2H_2O + 2SO_2$$

$$2H_2S + O_2 \xlongequal[\text{空气充足}]{\text{燃烧}} 2H_2O + 2S$$

硫化氢还能和二氧化硫发生反应。如果在一个集气瓶里，使硫化氢和二氧化硫两种气体充分混合，不久在瓶的内壁上会出现黄色粉末状的硫。

$$SO_2 + 2H_2S \xlongequal{} 2H_2O + 3S$$

由此可见，硫化氢具有还原性。硫化氢里的硫的氧化值为－2，它能够失去电子变成游离态的单质硫（硫的氧化值为 0）或高氧化值硫的化合物。

(3) 硫化氢的实验室制法　在实验室里，通常用硫化亚铁跟稀盐酸或稀硫酸起反应来制取硫化氢。

$$FeS + 2HCl(\text{稀}) \xlongequal{} FeCl_2 + H_2S\uparrow$$

或　$$FeS + H_2SO_4(\text{稀}) \xlongequal{} FeSO_4 + H_2S\uparrow$$

制备硫化氢气体时不能用浓盐酸、浓硫酸和硝酸。因为浓盐酸是挥发性的酸，会挥发出较多的氯化氢气体，使制得的硫化氢气体不纯。浓硫酸和浓硝酸、稀硝酸都有很强的氧化性，能跟具有还原性的硫化氢起反应。

制取硫化氢气体所用的试剂，一种是块状固体（硫化亚铁），另一种是液体（稀酸），反应时又不需要加热，因此，可以用启普发生器来制取硫化氢气体（图 7-2）。制取或使用硫化氢气体，必须在通风橱中进行。

(4) 氢硫酸　硫化氢的水溶液叫氢硫酸。它是一种挥发性的酸，受热时易挥发出硫化

氢。氢硫酸和硫化氢一样，有较强的还原性，很容易被氧化而析出单质硫。氢硫酸是一种弱酸，具有酸的通性。

2. 硫的氧化物

硫的重要氧化物有二氧化硫和三氧化硫

(1) 二氧化硫　二氧化硫是一种无色而具有刺激性气味的气体。它的密度比空气大。二氧化硫的沸点是 263K，熔点是 197.5K，容易液化。二氧化硫是极性分子，易溶解于水，在常温、常压下，1 体积水约能溶解 40 体积的二氧化硫。二氧化硫有毒，对黏膜有强烈的刺激作用，人吸入少量的二氧化硫，会使嗓子变哑，呼吸困难甚至失去知觉。SO_2 是一种大气污染物，工业上规定空气中二氧化硫含量不得超过 0.02mg/L。

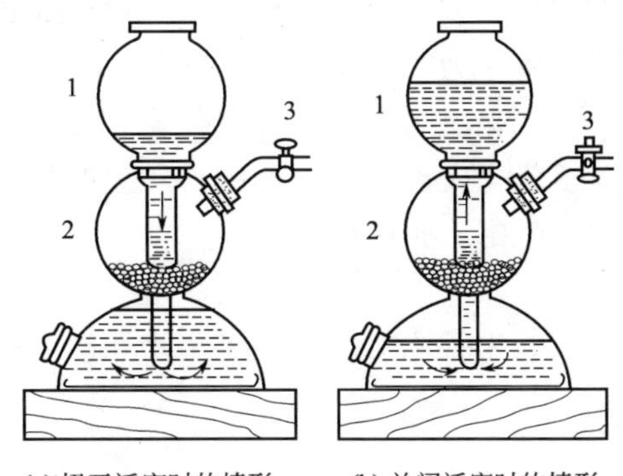

(a) 扭开活塞时的情形　(b) 关闭活塞时的情形

图 7-2　启普发生器

1—球形漏斗；2—葫芦状球形容器；3—导气管

二氧化硫是酸性氧化物，能跟水起反应生成亚硫酸（H_2SO_3），因此二氧化硫是亚硫酸的酸酐，叫做亚硫酐。

$$SO_2 + H_2O \longrightarrow H_2SO_3$$

亚硫酸很不稳定，同时又容易分解成水和二氧化硫。

$$H_2SO_3 \longrightarrow H_2O + SO_2\uparrow$$

所以二氧化硫和水的反应是一个可逆反应。

$$SO_2 + H_2O \rightleftharpoons H_2SO_3$$

二氧化硫在适当的温度并有催化剂存在的条件下，还可以被氧气氧化而生成三氧化硫。三氧化硫在同样条件下也可以分解成二氧化硫和氧，所以这也是一个可逆反应。

$$2SO_2 + O_2 \underset{\triangle}{\overset{\text{催化剂}}{\rightleftharpoons}} 2SO_3$$

二氧化硫中硫的氧化值为+4，是 S 元素的中间氧化值。二氧化硫若与氧化性比它强的物质反应时，所含硫元素的氧化值升高，二氧化硫呈现出还原性，如上述二氧化硫跟氧气的反应。二氧化硫若与还原性比它强的物质反应时，所含硫元素的氧化值降低，二氧化硫就呈现出氧化性，如二氧化硫跟硫化氢的反应。

【实验 7-6】 把二氧化硫气体通入盛有品红溶液的试管里，观察品红溶液颜色的变化。再把试管加热，观察品红溶液颜色的变化。

可以看到，品红溶液的颜色褪去。把试管加热，品红溶液的颜色复现。用这种方法可以检验二氧化硫。

二氧化硫能漂白某些有色物质，但漂白原理与氯气不同。二氧化硫的漂白作用，实质上是二氧化硫能跟某些有色物质化合生成无色物质，这种无色物质不稳定，受热或日光照射容易分解而使有色物质恢复原来的颜色。

二氧化硫主要用于制造硫酸和亚硫酸盐，工业上常用二氧化硫来漂白纸浆、毛、丝、草帽辫等。此外，它还用于杀菌、消毒等。

实验室常用亚硫酸盐跟稀硫酸起反应来制取二氧化硫。例如

$$Na_2SO_3 + H_2SO_4(\text{稀}) \longrightarrow Na_2SO_4 + H_2SO_3$$

$$\hookrightarrow H_2O + SO_2\uparrow$$

(2) 三氧化硫　三氧化硫是一种无色易挥发的晶体，熔点是290K，沸点是318K。三氧化硫的密度为$2.29g/cm^3$。

三氧化硫是一种酸性氧化物，具有酸性氧化物的通性。

三氧化硫溶于水立即跟水发生剧烈反应，生成硫酸同时放出大量的热。因此三氧化硫是硫酸的酸酐，叫硫酐。

$$SO_3 + H_2O = H_2SO_4$$

三氧化硫还能跟碱性氧化物和碱起反应生成硫酸盐。例如

$$SO_3 + Na_2O = Na_2SO_4$$

$$SO_3 + 2KOH = K_2SO_4 + H_2O$$

本章小结

一、基本知识

1. 碳及其化合物的性质、用途；

2. 硅及其化合物的性质、用途；

3. 氮气及氮的化合物性质、制法、用途，硝酸的性质、制法、用途，硝酸盐的性质及用途；

4. 磷及其化合物的性质、用途；

5. 硫的性质、用途；

6. 硫酸的性质、制法、用途，硫酸盐的用途，硫酸及硫酸盐的检验方法；

7. 含硫化合物的性质、制法、用途。

二、基本计算

1. 关于多步反应的计算

关于多步反应的计算问题，不必按照生产步骤逐步进行计算，应根据生产过程中所发生的化学反应，先写出化学方程式，然后找出第一步反应的反应物和最后一步反应的生成物之间量的关系，即原料和产品之间量的关系，列出关系式，根据关系式一步进行计算，这是最简便的计算。

2. 有关物质的纯度、原料利用率和产品产率的计算。

$$物质的纯度=\frac{纯物质的质量}{不纯物质的质量}\times 100\%$$

$$原料利用率=\frac{理论消耗量}{实际消耗量}\times 100\%$$

$$原料损耗率=1-原料利用率$$

$$产品产率=\frac{实际产量}{理论产量}\times 100\%$$

习　　题

1. 盛放石灰水的玻璃瓶在空气中放置一段时间后，为什么会呈污浊状？用水洗涤能否使其洁净透明？如何处理才能洗涤干净？写出有关的化学方程式。
2. 90g SiO_2 和 40g C 的混合物，在电炉中煅烧发生如下反应：$SiO_2 + 2C = Si + 2CO\uparrow$，计算生成硅多少

克。生成的 CO 在标准状态下体积为多少升。

3. 10.2g NH_3 和 19.6g H_3PO_4 完全反应后生成的盐是什么？
4. 一定量的 SO_2 跟 H_2S 相互混合后正好完全反应，把反应后的固体生成物溶解于 CS_2 中，CS_2 的质量增加了 0.96g。试计算原 SO_2 和 H_2S 各有几克。
5. 把 3.3g 含杂质的硫化亚铁加入过量的盐酸中，充分反应后产生气体 1.02g（杂质不反应）。试计算这种硫化亚铁的纯度是多少。
6. 有纯铜 12.7g 与 50mL 18mol/L 硫酸完全反应后，在标准状态下可生成 SO_2 多少升？
7. 有一部分变质的亚硫酸钠试样，经测定还含有 5.3%的碳酸钠。称取该试样 20g，加入过量的盐酸，在标准状态下生成 2.464L 的气体，计算试样中亚硫酸钠的质量分数。
8. 用 200t（吨）含 FeS_2 60%的硫铁矿，理论上可以制得 98%的硫酸多少吨？
9. 某硫酸厂每天用去含 FeS_2 45%的黄铁矿 400t，已知 H_2SO_4 的产率为 90%，问该厂每天实际能生产多少吨纯 H_2SO_4？能生产多少吨 96%的硫酸？
10. 使 2g 铜与 98%的浓硫酸完全反应，需密度为 1.84g/cm^3 的 98%的浓硫酸多少毫升？
11. 实验室只有铁、硫黄、盐酸三种试剂，怎样制取硫化氢？写出用两种方法制取硫化氢的反应方程式。
12. 21g 铁粉与 8g 硫粉混合后加热，能生成多少克硫化亚铁？往反应生成的混合物中加入足量的盐酸，共生成气体多少升（标准状态下）？

二氧化碳对大气的污染——温室效应

大气中某些痕量气体含量增加而引起的地球平均气温上升的现象称温室效应，这些痕量气体称温室气体，主要包括 CO_2、CH_4、O_3、N_2O、$CFCl_3$、CF_2Cl_2 等，其中以 CO_2 的温室效应最明显。这是因为 CO_2 对来自太阳的短波辐射具有高度的透过性，而对地面反射出来的长波辐射具有高度的吸收性能。由于 CO_2 在大气层中含量的增加，使地面反射的红外辐射大量截留在大气层内，导致大气层温度升高，气候变暖，形成“温室效应”。温室效应会使极地或高山上的冰川融化，导致海平面上升。经专家研究预测到 21 世纪末，地球平均气温上升 1～3.5K，海平面升高 15～95cm，沿海地区某些大城市将被淹没，还将导致人类食用水减少，传染病流行。其次是气候变化，亚热带可能会比现在更干，而热带则可能变得更湿。由此海洋产生更多的热量和水分，气流更强，台风和飓风将更加频繁。温室效应对生态环境的变化也不能忽略，它将使农业和自然生态发生难以预料的变化，有可能导致物种的灭绝和农作物减产。

因此，温室效应是当今世界环境问题的一个热点。人们呼吁：改变能源结构，开发清洁能源，控制和削减 CO_2 排放量，保护森林资源，防止地球变暖。

第八章 离子反应与离子平衡

第一节　离子反应及离子方程式

许多化学反应是在水溶液中进行的，参与反应的物质主要是酸、碱和盐类，它们都是电解质，在水溶液中都能发生不同程度的电离。酸、碱、盐之间的反应其实质是离子反应。本章主要应用化学平衡和平衡移动原理，讨论水溶液中弱电解质的电离平衡、盐的水解、难溶电解质的溶解-沉淀平衡等内容。

一、强弱电解质

凡是在水溶液里或熔融状态下能够导电的化合物叫做电解质，在上述情况下不能导电的化合物叫非电解质。

酸、碱、盐都是电解质，它们的水溶液都能导电。但是相同体积、相同浓度而不同种类的电解质溶液，在相同条件下，它们的导电能力是不同的。如将体积和浓度都相同的 HCl 溶液、NaCl 溶液、NaOH 溶液、HAc 溶液和氨水溶液在相同条件下进行导电实验，会发现，HCl 溶液、NaCl 溶液、NaOH 溶液的导电性比 HAc 溶液和氨水溶液要强。这是因为电解质在溶液中都能够电离出自由移动的离子，而溶液导电性的强弱跟溶液里能自由移动的离子的数目有关，而离子数目的多少又取决于电解质的电离程度。所以电解质溶液导电能力的差别，说明了不同种类电解质电离的程度是不同的。因此根据电离程度的大小可以把电解质分为强电解质和弱电解质。

盐酸溶液、氯化钠溶液、氢氧化钠溶液导电能力强，是由于 HCl、NaCl、NaOH 在水中，可以完全电离成离子。**在水溶液中或熔融状态下能完全电离的电解质称为强电解质。**

醋酸溶液、氨水溶液导电能力弱，是由于 HAc、$NH_3 \cdot H_2O$ 在水中，只有一小部分电离成离子，大部分仍以分子状态存在，**在水溶液中仅能部分电离的电解质称为弱电解质。**

电解质的强弱与其分子结构有关。离子化合物和具有强极性共价键的化合物在水溶液中能全部电离为离子，没有分子存在。强酸、强碱以及大多数无机盐都是强电解质。

离子化合物是由阴、阳离子构成的，没有中性原子。例如在氯化钠晶体中，就只存在着 Na^+ 和 Cl^-。当把氯化钠晶体放入水中时，由于受水分子的作用，两种离子逐渐脱离晶体表面而进入溶液，成为能够自由移动的水合钠离子和水合氯离子。在任何离子化合物的水溶液里，它们的阴、阳离子都如同 Cl^- 和 Na^+ 一样受水分子的作用，成为水合阴离子和水合阳离子。但为了简便起见，通常仍用普通离子的符号来表示水合离子。例如

$$NaCl = Na^+ + Cl^-$$

$$NaOH = Na^+ + OH^-$$

具有强极性键的共价化合物是以分子状态存在的。例如，在液态的氯化氢里只有氯化氢分子，没有离子存在。氯化氢分子中，氢原子跟氯原子相互形成的共价键是极性键，氢、氯原子之间的共用电子对偏向氯原子一方。当氯化氢分子溶解于水时，受水分子的作用，共用电子对进一步向氯原子靠近，最后共用电子对完全转移给氯原子，使它成为水合氯离子，而

氢原子则转变为水合氢离子，以致溶液里没有氯化氢分子存在。其它的强酸，如硫酸、硝酸等也跟氯化氢一样，它们的水溶液里只有水合氢离子和水合酸根离子存在。为了简便起见，也常把水合离子用普通离子的符号来表示。例如

$$HCl \longrightarrow H^+ + Cl^-$$

$$H_2SO_4 \longrightarrow 2H^+ + SO_4^{2-}$$

具有弱极性键的共价化合物，它们溶解于水时，虽然同样受水分子的作用，却只有部分的分子电离成离子，大部分仍以分子状态存在于溶液中。同时，在溶液中由电离生成的离子，由于它们的运动，又会互相碰撞并互相吸引，重新结合成分子。因此，这种具有弱极性键的共价化合物在水中的电离过程是可逆的。例如，醋酸溶液中只有小部分的 HAc 分子电离成氢离子和醋酸根离子，而大部分仍是以醋酸分子的状态存在。所以，这种溶液中能自由移动的离子数目很少，致使溶液的导电能力很弱。其它的弱酸（如碳酸、氢氟酸等）和弱碱（如氨水等）的水溶液也与醋酸溶液的电离过程一样，在它们的溶液中既有离子存在，又有分子存在，所以都是弱电解质。弱电解质的电离常用可逆的电离方程式表示。例如，醋酸和氨水的电离可以分别表示如下

$$HAc \rightleftharpoons H^+ + Ac^-$$

$$NH_3 \cdot H_2O \rightleftharpoons NH_4^+ + OH^-$$

二、离子反应

由于电解质在水溶液中全部或部分地电离为离子，因此，电解质在水溶液中的反应，实质上是离子之间的反应，这样的反应称为**离子反应**。

绝大部分离子反应是离子间的复分解反应。例如，在硫酸钠溶液中加入氯化钡溶液时，生成氯化钠和白色的硫酸钡沉淀。反应方程式为

$$BaCl_2 + Na_2SO_4 \longrightarrow 2NaCl + BaSO_4 \downarrow$$

如把易溶的、易电离的物质写成离子的形式，把难溶的物质、难电离的物质或气体用分子式来表示，上述反应方程式可改写成下式

$$Ba^{2+} + 2Cl^- + 2Na^+ + SO_4^{2-} \longrightarrow 2Na^+ + 2Cl^- + BaSO_4 \downarrow$$

从上式可以看出，反应前后 Na^+ 和 Cl^- 都没有发生变化，即没有参加反应，可以从方程式中消去，得到

$$Ba^{2+} + SO_4^{2-} \longrightarrow BaSO_4 \downarrow$$

三、离子方程式

1. 离子方程式

如上式所示，**用实际参加反应的离子的符号来表示离子反应的式子，叫做离子方程式。**

又如在硫酸钾溶液中加入硝酸钡溶液，生成硝酸钾和白色的硫酸钡沉淀。反应方程式为

$$Ba(NO_3)_2 + K_2SO_4 \longrightarrow 2KNO_3 + BaSO_4 \downarrow$$

将上式中硝酸钡、硫酸钾、硝酸钾写成离子形式，硫酸钡写成分子形式，并消去未参加反应的 K^+、NO_3^- 得

$$Ba^{2+} + 2NO_3^- + 2K^+ + SO_4^{2-} \longrightarrow 2K^+ + 2NO_3^- + BaSO_4 \downarrow$$

$$Ba^{2+} + SO_4^{2-} \longrightarrow BaSO_4 \downarrow$$

于是得到与前一反应相同的离子方程式。这就是说，只要是可溶性的钡盐跟可溶性的硫酸盐之间的反应，都可以用上述这个离子方程式来表示。因为在这种情况下，都会发生同样

的化学反应：Ba^{2+}跟SO_4^{2-}结合生成$BaSO_4$沉淀的反应。

由此可见，离子方程式跟一般化学方程式不同。离子方程式不仅表示一定物质间的某个反应，而且表示了所有同一类型的离子反应。所以，离子方程式更能说明化学反应的本质。

2. 书写离子方程式的步骤

下面以氯化钠溶液跟硝酸银溶液的反应为例，说明书写离子方程式的步骤。

第一步：写出反应的化学方程式

$$AgNO_3 + NaCl = AgCl\downarrow + NaNO_3$$

第二步：把易溶的、易电离的物质写成离子形式，难溶的物质或难电离的物质（例如水）以及气体等仍以分子式表示

$$Ag^+ + NO_3^- + Na^+ + Cl^- = AgCl\downarrow + Na^+ + NO_3^-$$

第三步：消去方程式两边不参加反应的离子

$$Ag^+ + Cl^- = AgCl\downarrow$$

第四步：检查方程式两边各元素的原子个数和离子电荷数是否相等。

书写离子方程式时，必须要熟知电解质的强弱和物质的溶解性。

3. 离子反应发生的条件

电解质在溶液中发生离子反应必须满足以下条件。

（1）生成难溶性物质　例如硫酸铜溶液跟氢硫酸的反应。

$$CuSO_4 + H_2S = CuS\downarrow + H_2SO_4$$

离子方程式是：$$Cu^{2+} + H_2S = CuS\downarrow + 2H^+$$

溶液中的Cu^{2+}和S^{2-}生成CuS沉淀，所以反应向右进行。

（2）生成难电离的物质（如水、弱电解质）　例如硫酸跟氢氧化钠溶液的反应。

$$H_2SO_4 + 2NaOH = Na_2SO_4 + 2H_2O$$

离子方程式是：$$H^+ + OH^- = H_2O$$

酸电离出的H^+跟碱电离出的OH^-结合生成难电离的水，使反应向右进行。这个离子方程式也说明了一切强碱和强酸反应的实质是H^+跟OH^-结合生成水的反应。

又如醋酸钠溶液和盐酸的反应。

$$NaAc + HCl = HAc + NaCl$$

离子方程式是：$$Ac^- + H^+ = HAc$$

醋酸钠里的Ac^-和酸里的H^+结合生成难电离的弱酸HAc，使反应向右进行。

（3）生成挥发性的物质　例如碳酸钠溶液跟盐酸的反应。

$$Na_2CO_3 + 2HCl = 2NaCl + H_2O + CO_2\uparrow$$

离子方程式是：$$CO_3^{2-} + 2H^+ = H_2O + CO_2\uparrow$$

溶液中的CO_3^{2-}跟H^+结合而生成H_2CO_3，H_2CO_3不稳定，分解成水和二氧化碳气体，使反应向右进行。

凡具备上述三个条件之一，这类离子反应就能发生，否则就不能发生。例如把氯化钠溶液跟硝酸溶液混合，溶液里存在的Na^+、Cl^-、K^+、NO_3^-四种离子，不能相互结合生成难溶的物质、难电离的物质或挥发性物质，所以不能发生离子反应。

离子反应除上面讲的以离子互换形式进行的复分解反应外，还有其它类型的反应，例如有离子参加的置换反应等。

【例 8-1】　锌和稀盐酸反应

$$Zn+2HCl \xlongequal{} ZnCl_2+H_2\uparrow$$

离子方程式是：
$$Zn+2H^+ \xlongequal{} Zn^{2+}+H_2\uparrow$$

【例 8-2】 氯水和碘化钾溶液的反应

$$Cl_2+2KI \xlongequal{} 2KCl+I_2$$

离子方程式是：
$$Cl_2+2I^- \xlongequal{} 2Cl^-+I_2$$

【例 8-3】 铁和硫酸铜溶液的反应

$$Fe+CuSO_4 \xlongequal{} FeSO_4+Cu\downarrow$$

离子方程式是：
$$Fe+Cu^{2+} \xlongequal{} Cu\downarrow+Fe^{2+}$$

第二节　强酸、强碱溶液的 pH 值

在前面已经学过，强酸、强碱都是强电解质，在水溶液中能够完全电离。例如

$$HCl \xlongequal{} H^++Cl^-$$
$$HNO_3 \xlongequal{} H^++NO_3^-$$
$$NaOH \xlongequal{} Na^++OH^-$$
$$KOH \xlongequal{} K^++OH^-$$

溶液中没有强酸、强碱的分子存在，它们完全电离成离子，而在电离过程中严格按照电离方程式的化学计量关系电离。

在忽略弱电解质水的电离时，强酸、强碱溶液中的 $[H^+]$ 和 $[OH^-]$ 可由电离方程式的化学计量关系计算出来，进一步即可计算溶液的 pH 值。

第三节　弱电解质溶液的 pH 值

水是最重要的溶剂，电解质溶液的酸、碱性跟水的电离有密切的关系，为了从本质上来认识溶液的酸碱性，必须研究水的电离。

一、水的电离平衡和 pH 值

1. 水的电离

用精密仪器可测出水有微弱导电能力，说明水是一种极弱的电解质，它只能极少地电离生成 H^+ 和 OH^-。

$$H_2O \rightleftharpoons H^++OH^-$$

一定温度下，电离达到平衡时：

$$K_i=\frac{[H^+][OH^-]}{[H_2O]}$$

或
$$[H^+][OH^-]=K_i[H_2O]$$

在 298K 时，由导电性实验测得，纯水中 H^+ 或 OH^- 的浓度各等于 10^{-7}mol/L。这说明水的电离度很小，在含有 55.5mol 水分子的 1L 水中，仅有 10^{-7}mol 的水分子电离，已电离的部分可以忽略不计，因此未电离的 $[H_2O]$ 可视为一个常数（55.5mol/L）。$[H_2O]\cdot K_i$ 也为常数，用 K_w 表示。即

$$[H^+][OH^-]=K_w$$

K_w 称为水的离子积常数，简称为水的离子积，即一定温度时，水溶液中 $[H^+]$ 和

$[OH^-]$ 之积为一常数。298K 时，水中 H^+ 和 OH^- 的浓度都是 1.0×10^{-7}mol/L。所以

$$K_w=[H^+][OH^-]=1.0\times10^{-7}\times1.0\times10^{-7}=1.0\times10^{-14}$$

因为水的电离过程是一个吸热过程。所以当温度升高时，水的电离度增加，离子积也必然随着增大。373K 时 K_w 的值是 7.4×10^{-13} 跟 1.0×10^{-14} 相比约增大 70 倍。但在常温范围内一般都以 $K_w=1.0\times10^{-14}$ 进行有关计算。

2. 溶液的酸碱性和 pH 值

水的电离平衡，不仅存在于纯水中，而且也存在于所有电解质溶液里。在常温下溶液中 H^+ 和 OH^- 浓度的乘积始终等于水的离子积 1.0×10^{-14}。水的离子积公式表明了 $[H^+]$ 和 $[OH^-]$ 相互依存、相互制约的关系。即在酸性溶液里并不是没有 OH^-，只是含有的 H^+ 多一些；在碱性溶液里也不是没有 H^+，只是含有的 OH^- 多一些。如已知溶液中 $[H^+]$，就可计算出 $[OH^-]$；已知溶液中的 $[OH^-]$，也可计算出 $[H^+]$。例如，在纯水中加入盐酸，使其 $[H^+]$ 达到 0.1mol/L，该溶液的 OH^- 浓度为

$$[OH^-]=\frac{K_w}{[H^+]}=\frac{10^{-14}}{0.1}\text{mol/L}=1.0\times10^{-13}\text{mol/L}$$

根据 $[H^+]$ 与 $[OH^-]$ 的相对大小，即可确定溶液的酸碱性。常温下，溶液的酸碱性跟 $[H^+]$ 和 $[OH^-]$ 的关系可表示如下

中性溶液　$[H^+]=[OH^-]=1.0\times10^{-7}$mol/L

酸性溶液　$[H^+]>[OH^-]$，$[H^+]>1.0\times10^{-7}$mol/L

碱性溶液　$[H^+]<[OH^-]$，$[H^+]<1.0\times10^{-7}$mol/L

$[H^+]$ 越大，溶液的酸性越强；$[H^+]$ 越小，溶液的酸性越弱。但常遇到一些 H^+ 浓度很小的溶液，如 $[H^+]$ 等于 1.33×10^{-3}mol/L，1.0×10^{-13}mol/L 等。这样的一些数值，在使用和计算时都很不方便。为此化学上常采用 pH 表示溶液的酸碱性。**溶液中 H^+ 浓度的负对数叫做 pH。**

$$pH=-\lg[H^+]$$

例如，纯水的 $[H^+]=1.0\times10^{-7}$mol/L，它的 pH 是

$$pH=-\lg10^{-7}=-(-7)=7$$

又如，$[H^+]=1.0\times10^{-4}$mol/L 的酸性溶液，它的 pH 是

$$pH=-\lg10^{-4}=4$$

$[H^+]=1.0\times10^{-10}$mol/L 的碱性溶液，它的 pH 是

$$pH=-\lg10^{-10}=10$$

所以，在中性溶液里 pH 等于 7；在酸性溶液里 pH 小于 7；在碱性溶液里 pH 大于 7。

pH 愈小，溶液酸性愈强；pH 愈大，溶液碱性愈强。

当 $[H^+]=1$mol/L 时，pH=0，若 $[H^+]>1$mol/L 时，pH<0。如 10mol/L 的 HCl 溶液，pH=−1；

当 $[OH^-]=1$mol/L 时，pH=14。若 $[OH^-]>1$mol/L 时，pH>14。如 10mol/L 的 NaOH 溶液，pH=15。

所以，当溶液中 $[H^+]$ 或 $[OH^-]$ 大于 1mol/L 时，溶液的酸碱性不用 pH 表示，而直接用 H^+ 或 OH^- 浓度来表示。一般 pH 的常用范围是 0～14。

同样，也可用 pOH 来表示溶液的酸碱性，pOH 是 OH^- 浓度的负对数，即

$$pOH=-\lg[OH^-]$$

常温下，水溶液中$[H^+][OH^-]=1.0\times10^{-14}$，若等式两边均取负对数，则

$$-\lg[H^+]+(-\lg[OH^-])=-\lg10^{-14}$$

即

$$pH+pOH=14$$

$$pH=14-pOH$$

3. 关于 pH 的计算

【例 8-4】 计算 0.01mol/L 盐酸溶液的 pH。

解 盐酸是强电解质，在水溶液中全部电离为 H^+ 和 Cl^-，因此溶液中 $[H^+]=0.01mol/L$。由水电离出的 H^+ 的量与 0.01mol/L 相比很少，可忽略不计。所以此溶液的 pH 为

$$pH=-\lg[H^+]=-\lg0.01$$

$$=-\lg10^{-2}=2$$

答： 0.01mol/L 盐酸溶液的 pH 为 2。

【例 8-5】 计算 0.1mol/L NaOH 溶液的 pH。

解 NaOH 是强电解质，在水溶液中全部电离为 Na^+ 和 OH^-，与【例 8-4】相似的理由，可忽略水电离出的 OH^-。

因为$[OH^-]=0.1mol/L=1.0\times10^{-1}mol/L$

所以

$$[H^+]=\frac{K_w}{[OH^-]}=\frac{1.0\times10^{-14}}{1.0\times10^{-1}}mol/L=1.0\times10^{-13}mol/L$$

$$pH=-\lg[H^+]=-\lg(1\times10^{-13})=13$$

另解

$$pOH=-\lg[OH^-]=-\lg0.1=1$$

因为

$$pH=14-pOH$$

所以

$$pH=14-1=13$$

答： 0.1mol/L NaOH 溶液的 pH 为 13。

【例 8-6】 已知某溶液的 pH 为 4.35，求 H^+ 浓度。

解 因为

$$pH=-\lg[H^+]=4.35$$

所以

$$\lg[H^+]=-4.35=-5+0.65$$

查反对数表，得

$$[H^+]=4.47\times10^{-5}mol/L$$

答： 该溶液的 H^+ 浓度为 $4.47\times10^{-5}mol/L$.

4. 酸碱指示剂

酸碱指示剂是一种借助自身颜色变化来指示溶液 pH 的物质。酸碱指示剂一般是弱有机酸或弱有机碱，它们在不同的 pH 溶液中能显示不同的颜色。因此可以根据它们在某溶液中显示的颜色来粗略判断溶液的 pH。指示剂发生颜色变化的 pH 范围叫做**指示剂的变色范围**。各种指示剂的变色范围是由实验测定的。常用酸碱指示剂的变色范围如表 8-1 所示。

在生产实践和科学研究中，测定和控制溶液的 pH 非常重要。通常用酸碱指示剂或 pH 试纸粗略地测定溶液的 pH。pH 试纸是由多种指示剂的混合溶液浸透试纸后，经晾干而制成的。使用时，将待测的溶液滴在 pH 试纸上，试纸上显示出的颜色与标准比色卡相比较，就可以知道该溶液的 pH。测定溶液 pH 最精确的方法是用 pH 计（酸度计）。

表 8-1 常用酸碱指示剂的变色范围

指示剂	变色范围 pH 值	颜色		pK_{HIn}	配制浓度	用量/(滴/10mL 试液)
		酸色	碱色			
百里酚蓝	1.2～2.8	红	黄	1.7	0.1%和 20%酒精溶液	1～2
甲基黄	2.9～4.0	红	黄	3.3	0.1%的 90%酒精溶液	1
甲基橙	3.1～4.4	红	黄	3.4	0.1%的水溶液	1
溴酚蓝	3.0～4.4	黄	紫	4.1	0.1%的 20%酒精溶液或其钠盐的水溶液	1
溴甲酚绿	3.8～5.4	黄	蓝	4.9	0.1%的 20%酒精溶液或其钠盐的水溶液	1～2
甲基红	4.4～6.2	红	黄	5.0	0.1%的 60%酒精溶液或其钠盐的水溶液	1
溴百里酚蓝	6.2～7.6	黄	蓝	7.3	0.1%的 20%酒精溶液或其钠盐的水溶液	1
中性红	6.8～8.0	红	黄橙	7.4	0.1%的 60%酒精溶液	1
苯酚红	6.8～8.4	黄	红	8.0	0.1%的 60%酒精溶液或其钠盐的水溶液	1
酚酞	8.0～9.8	无	红	9.1	0.1%的 90%酒精溶液	1～2
百里酚酞	9.4～10.6	无	蓝	10.0	0.1%的 90%酒精溶液	1～2

二、弱酸的电离

根据浓度影响化学反应速率的理论，可以进一步讨论醋酸的电离过程。醋酸的电离方程式为

$$HAc \rightleftharpoons H^+ + Ac^-$$

开始时，由于[HAc]相对较大，所以主要是醋酸分子的电离，正过程速率较大。随着电离的进行，[HAc]不断减少，电离的速率随之减小，而[H^+]和[Ac^-]不断增大，由 H^+ 和 Ac^- 结合成 HAc 分子的速率随之逐渐增大；当正、逆两个过程速率相等时，HAc 因电离而减少的数目等于因 H^+ 和 Ac^- 结合生成 HAc 分子而增加的数目，所以，[HAc]、[H^+]、[Ac^-]都不再改变，即达到电离平衡状态。

在一定的条件下（如温度、浓度），**当弱电解质的分子电离成离子的速率与离子重新结合成电解质分子的速率相等时，电离过程就达到了平衡状态，称为电离平衡。**

电离平衡跟化学平衡一样，也是动态平衡。平衡时两个相反过程的速率相等，溶液里离子的浓度和分子的浓度保持不变。根据平衡移动原理，当外界条件（浓度、温度）发生变化时，平衡就向能够使这种变化减弱的方向移动。

1. 电离度

不同的弱电解质在水溶液里的电离程度是不同的。有的电离程度大，有的电离程度小，这种电离程度的大小，可用电离度来表示。

当弱电解质在溶液里达到电离平衡时，已经电离的电解质分子数占原来总分子数（包括已电离的和未电离的）**的百分数，称为电离度**。电离度用符号 α 来表示。

$$\alpha=\frac{\text{已电离的电解质分子数}}{\text{溶液中原有电解质的分子总数}}\times 100\%$$

例如，298K 时，0.1mol/L 的醋酸溶液里，每 10000 个醋酸分子里有 134 个电离成离子。它的电离度是

$$\alpha=\frac{134}{10000}\times 100\%=1.34\%$$

不同的弱电解质，其电离度不同（表 8-2），因此电离度可以定量地表示弱电解质的相对强弱。在温度相同、溶液浓度相同时，电解质的电离度愈小，该电解质愈弱；反之，电解质愈强。

表 8-2　某些弱电解质的电离度（298K，0.1mol/L）

电解质	分子式	电离度/%	电解质	分子式	电离度/%
氢氟酸	HF	8.5	氢硫酸	H_2S	0.07①
醋　酸	CH_3COOH	1.34	氢氰酸	HCN	0.01
碳　酸	H_2CO_3	0.17①	氨水	$NH_3 \cdot H_2O$	1.34

① 由于多元弱酸是分步电离的，各步电离的电离度并不相同，多元弱酸的电离程度主要决定于一级电离的电离度，表中二元弱酸的电离度皆指一级电离度。

电解质电离度的大小，主要取决于电解质的本性。同时也与电解质溶液的浓度和温度有关。

表 8-3 列出了不同浓度的醋酸溶液的电离度。实验证明，在相同的温度下，溶液愈稀，电离度愈大，所以弱电解质的电离度随溶液的浓度降低而增大。这是因为溶液浓度愈低，单位体积内离子数目就愈少，离子相互碰撞结合为分子的机会也就愈少，电离度也就愈大。因此在提到某电解质的电离度时，必须指明溶液的浓度。

表 8-3　不同浓度醋酸溶液的电离度（298K）

溶液浓度/(mol/L)	0.2	0.1	0.01	0.005	0.001
电离度/%	0.934	1.34	4.19	5.85	12.4

温度对电解质的电离度也有影响，这是因为当电解质分子电离成离子时，一般需要吸收热量，所以温度升高，平衡一般就向电离的方向移动，从而使电解质电离度增大。因此，讲一种弱电解质的电离度时，还应当指出该电解质溶液的温度。如不注明温度，通常指 298K。

2. 电离常数

前面已经谈到弱电解质在水溶液中，存在着分子与离子之间的电离平衡。且电离平衡服从化学平衡的一般规律。

在一定的温度下，当电离达到平衡时，各种离子浓度的乘积，跟溶液中未电离分子浓度的比值是一个常数。这个常数叫做电离平衡常数，简称为电离常数。用 K_i 表示。以醋酸为例，醋酸在水溶液里的电离方程式是：

$$HAc \rightleftharpoons H^+ + Ac^-$$

平衡时，溶液里各离子浓度的乘积，跟未电离分子的浓度的比值关系，可用下式表示：

$$K_i = \frac{[Ac^-][H^+]}{[HAc]}$$

式中，$[H^+]$、$[Ac^-]$、$[HAc]$ 分别表示平衡时，溶液中氢离子、醋酸根离子和未电离的醋酸分子的物质的量浓度。

习惯上，弱酸的电离常数又常用 K_a 表示。

以上所讨论的是一元弱酸的电离常数，下面讨论多元弱酸的电离常数。

多元弱酸是指弱酸的一个分子能电离出一个以上的 H^+ 的酸，如 H_2S、H_2CO_3、H_3PO_4 等，多元弱酸的电离情况和一元弱酸的电离一样，只不过是酸中的氢离子是一个一个逐步地电离出来的，也就是它的电离是分步进行的。每一步电离都建立这一步的电离平衡，也有相应的电离常数。例如氢硫酸在水中分两步电离。

第一步　　$H_2S \rightleftharpoons H^+ + HS^-$

$$K_1 = \frac{[H^+][HS^-]}{[H_2S]} \qquad K_1 = 5.7 \times 10^{-8}\,(298K)$$

第二步 $$HS^- \rightleftharpoons H^+ + S^{2-}$$

$$K_2 = \frac{[H^+][S^{2-}]}{[HS^-]} \qquad K_2 = 7.1 \times 10^{-15} \quad (298K)$$

K_1、K_2 分别是第一步和第二步的电离常数，由于 $K_1 \gg K_2$，说明第二步电离比第一步电离要困难得多。磷酸在水中的电离，也有类似的情况。

第一步 $H_3PO_4 \rightleftharpoons H^+ + H_2PO_4^-$ $K_1 = 7.6 \times 10^{-3}$

第二步 $H_2PO_4^- \rightleftharpoons H^+ + HPO_4^{2-}$ $K_2 = 6.3 \times 10^{-8}$

第三步 $HPO_4^{2-} \rightleftharpoons H^+ + PO_4^{3-}$ $K_3 = 4.35 \times 10^{-13}$

同样可以看出，$K_1 > K_2 > K_3$。K_1 比 K_2 约大 10^5 倍，K_2 比 K_3 约大 10^5 倍。说明第二步电离比第一步电离困难，第三步电离比第二步电离困难。可见多元酸溶液中 $[H^+]$ 主要由第一步电离所决定。

常见弱电解质的电离常数见表 8-4。

表 8-4 常见的几种弱电解质的电离常数（298K）

电 解 质	分 子 式	电 离 常 数
甲酸	HCOOH	1.77×10^{-4}
醋酸	CH_3COOH	1.8×10^{-5}
碳酸	H_2CO_3	$K_1 = 4.2 \times 10^{-7}, K_2 = 5.6 \times 10^{-11}$
氢氰酸	HCN	6.2×10^{-10}
氢氟酸	HF	6.6×10^{-4}
亚硝酸	HNO_2	5.1×10^{-4}
磷酸	H_3PO_4	$K_1 = 7.6 \times 10^{-3}, K_2 = 6.30 \times 10^{-8}, K_3 = 4.35 \times 10^{-13}$
氢硫酸	H_2S	$K_1 = 5.7 \times 10^{-8}, K_2 = 7.10 \times 10^{-15}$
亚硫酸	H_2SO_3	$K_1 = 1.26 \times 10^{-2}, K_2 = 6.3 \times 10^{-8}$
氨水	$NH_3 \cdot H_2O$	1.8×10^{-5}

在一定温度下，各种弱电解质都有确定的电离常数。电离常数值愈大，表明离子浓度愈大，弱电解质的电离能力也愈强。所以从电离常数值的大小可以看出弱电解质的相对强弱。例如，醋酸和氢氰酸都是弱酸，已知 298K 时 0.1mol/L 醋酸溶液中醋酸的 K_a 值是 1.8×10^{-5}，而 0.1mol/L 氢氰酸溶液中氢氰酸的 K_a 值是 6.2×10^{-10}，所以氢氰酸是比醋酸更弱的酸。

由于电离常数基本不随浓度改变，电离度的大小则与浓度有关，因此，用电离常数比用电离度更能方便地表示弱电解质的相对强弱，无需在指定浓度下进行比较。

电离常数随温度的变化而变化。但温度对电离常数的影响并不显著，一般不影响到数量级的改变。因此，在室温范围内，可以不考虑温度对电离常数的影响。

3. 电离度和电离常数的关系及计算

电离度与电离常数既有联系又有区别。它们的相同点是都能表示弱电解质电离程度的大小，都可以比较弱电解质的相对强弱程度。它们的区别在于电离常数是化学平衡常数的一种具体形式，电离常数基本不受浓度的影响，是弱电解质的特征常数；电离度是转化率的一种具体形式，电离度随浓度的减少而增大。将电离度引入到电离平衡式中，则可导出电离常数和电离度的定量关系。以醋酸电离为例做如下推导。

设醋酸的起始浓度为 c(mol/L)，醋酸的电离度为 α，那么溶液中每有 $c\alpha$(mol/L) 的醋酸电离，就有 $c\alpha$(mol/L)H^+ 和 $c\alpha$(mol/L)Ac^- 生成，即$[H^+] = [Ac^-] = c\alpha$。醋酸的电离方

程式是

$$HAc \rightleftharpoons H^+ + Ac^-$$

起始浓度/(mol/L) c 0 0

平衡浓度/(mol/L) $c-c\alpha$ $c\alpha$ $c\alpha$

$$K_a = \frac{[H^+][Ac^-]}{[HAc]} = \frac{c\alpha \cdot c\alpha}{c - c\alpha} = \frac{c\alpha^2}{1-\alpha}$$

当 K_a 很小（$K_a < 10^{-4}$）时，α 值也很小，可近似地认为 $1-\alpha \approx 1$。于是

$$K_a = \frac{c\alpha^2}{1-\alpha} \approx c\alpha^2 \qquad 或\ \alpha = \sqrt{\frac{K_a}{c}}$$

这个公式表明了弱电解质溶液的起始浓度、电离度和电离常数三者之间的关系，称为稀释定律。它的意义是：**在一定的温度下，同一弱电解质的电离度与其溶液浓度的平方根成反比，与电离常数的平方根成正比**。也就是说，溶液愈稀，电离度愈大；电离常数愈大，电离度也愈大。

上面已经知道电离度跟电离常数的关系，下面进行一些简单的计算。

【例 8-7】 298K 时 HAc 的电离常数为 1.76×10^{-5}，计算 0.10mol/L 的 HAc 溶液的 H^+ 浓度和解离度。

解 设 HAc 在电离平衡时 $[H^+]$ 为 x(mol/L)。

$$HAc \rightleftharpoons H^+ + Ac^-$$

起始浓度/(mol/L) 0.1 0 0

平衡浓度/(mol/L) $0.1-x$ x x

$$K_{HAc} = \frac{[H^+][Ac^-]}{[HAc]} = \frac{x^2}{0.1-x} = 1.76 \times 10^{-5}$$

由于 x 值很小，则 $0.1-x \approx 0.1$

$$x^2 = 1.76 \times 10^{-6}$$

$$[H^+] = 1.33 \times 10^{-3}\,mol/L$$

$$\alpha = [H^+]/c_{酸} = 1.33 \times 10^{-3}/0.10 = 1.33\%$$

答： 0.10mol/L 的 HAc 溶液的 H^+ 浓度为 1.33×10^{-3}mol/L，解离度为 1.33%。

把以上结果推广到浓度为 $c_{酸}$ 的一元弱酸溶液中，有

$$[H^+] = \sqrt{K_a c_{酸}}$$

$$\alpha = \sqrt{K_a / c_{酸}}$$

值得注意的是：由于上式采用了近似值 $c_{酸} = [酸]$。所以只有在解离度较小时才能成立，即 $c_{酸}/K_a \geqslant 500$ 时，上式公式才适用，否则必须通过解一元二次方程求 $[H^+]$。

【例 8-8】 已知 $K_{HAc} = 1.8 \times 10^{-5}$，计算 0.1mol/L HAc 溶液的 pH。

解 HAc 是弱电解质，需根据 $[H^+] = \sqrt{K_a c_{酸}}$ 先计算 0.1mol/L 醋酸溶液的 $[H^+]$。

$$[H^+] = 1.34 \times 10^{-3}\,mol/L$$

然后计算 pH 得

$$pH = -\lg[H^+] = -\lg(1.34 \times 10^{-3}) = 2.87$$

答：0.1mol/L 醋酸溶液的 pH 为 2.87。

三、弱碱的电离

在前面已经学过，弱碱是一种弱电解质，在水溶液中只能部分电离。例如氨水的电离方程式是

$$NH_3 \cdot H_2O \rightleftharpoons NH_4^+ + OH^-$$

它的电离常数为

$$K_i = \frac{[NH_4^+][OH^-]}{[NH_3 \cdot H_2O]}$$

习惯上，弱碱的电离常数又常用 K_b 表示。

以上所讨论的是一元弱碱的电离常数。而多元弱碱的电离跟多元弱酸的电离情况相似，溶液中 $[OH^-]$ 主要由第一步电离所决定。

【例 8-9】 求在 298K 时，0.2mol/L $NH_3 \cdot H_2O$ 溶液中 OH^- 浓度。

解 已知 $c_{碱}=0.2$mol/L，$K_b=1.8\times10^{-5}$

$$\alpha=\sqrt{\frac{K_b}{c_{酸}}}=\sqrt{\frac{1.8\times10^{-5}}{0.2}}=9.5\times10^{-3}$$

$$[OH^-]=c_{碱}\,\alpha=0.2\text{mol/L}\times9.5\times10^{-3}=1.9\times10^{-3}\text{mol/L}$$

答：0.2mol/L$NH_3 \cdot H_2O$ 溶液中氢氧根离子浓度为 1.9×10^{-3}mol/L。

用与推算一元弱酸中 $[H^+]$ 相似的方法可以推导出一元弱碱溶液中 $[OH^-]$ 的近似计算公式。即

$$[OH^-]=\sqrt{K_b c_{碱}}$$

$$\alpha=\sqrt{\frac{K_b}{c_{碱}}}$$

同样，这个公式也只有在离解度较小时才能成立，即 $c_{碱}/K_b\geqslant500$ 时，上述公式才适用。

【例 8-10】 在 298K 时，0.01mol/L 氨水的电离度是 4.19%，求氨水的电离常数。

解 已知 $c_{碱}=0.01$mol/L，$\alpha=4.19\%$

$$K_b=c_{碱}\,\alpha^2$$

$$K_b=0.01\times0.0419^2=1.76\times10^{-5}$$

答：氨水的电离常数是 1.76×10^{-5}。

【例 8-11】 已知 $K_{NH_3 \cdot H_2O}=1.8\times10^{-5}$，计算 0.1mol/L 氨水溶液的 pH。

解 同【例 8-8】，需根据$[OH^-]=\sqrt{K_b c_{碱}}$先计算 0.1mol/L 氨水溶液的 $[OH^-]$。

$$[OH^-]=1.34\times10^{-3}\text{mol/L}$$

$$[H^+]=\frac{K_w}{[OH^-]}=7.46\times10^{-12}\text{mol/L}$$

$$pH=-\lg(7.46\times10^{-12})=11.13$$

答：0.1mol/L 氨水溶液的 pH 为 11.13。

第四节 盐类的水解

当盐溶于水中时，盐的阳离子或阴离子与水电离出来的 OH^- 或 H^+ 结合生成了弱碱或

弱酸，导致水的电离平衡发生移动，从而使溶液中的 H^+ 和 OH^- 浓度不等，使溶液表现出酸性或碱性，可见盐和水发生了反应。这种盐的离子和水电离出的 H^+ 和 OH^- 结合生成弱电解质的反应，称为盐类的水解反应，简称盐的水解。盐类的水解反应是酸碱中和反应的逆反应。

一、盐的水解常数和水解度

前面已学过水溶液的酸碱性，主要取决于溶液中 $[H^+]$ 和 $[OH^-]$ 的相对大小。但是，NaCl、NaAc 和 NH_4Cl 这类正盐的分子组成上既不含 H^+，也不含 OH^-，在溶液中只能电离出组成它们的阴离子和阳离子，那么，它们的水溶液是否一定都显中性呢？

【实验 8-1】 在三支盛有纯水的试管中，分别放入少量 NaCl、NaAc、NH_4Cl 的晶体，振荡试管使之溶解。然后各滴入石蕊试液 2～3 滴（也可以用 pH 试纸检验溶液的酸碱性），观察溶液的颜色。

实验结果表明：NaCl 的水溶液显中性，NaAc 的水溶液显碱性，NH_4Cl 的水溶液显酸性，这就是说正盐溶液并不都是中性的。

水能微弱地电离出 H^+ 和 OH^-，二者的浓度相等，并且处于动态平衡状态。

现以【实验 8-1】中所用的醋酸钠为例，分析盐类在水溶液中发生的变化。

醋酸钠是易溶的强电解质，在水溶液中能全部电离为 Na^+ 和 Ac^-。在它的水溶液里，并存在着下列几种电离

$$
\begin{array}{ccc}
NaAc & = & Ac^- + Na^+ \\
 & & + \\
H_2O & \rightleftharpoons & H^+ + OH^- \\
 & & \Updownarrow \\
 & & HAc
\end{array}
$$

当 4 种离子相遇时，Na^+ 和 OH^- 不能结合成 NaOH，因为它是强碱，而 H^+ 和 Ac^- 却容易结合，生成难电离的 HAc，使 $[H^+]$ 减少，从而破坏了水的电离平衡。随着 $[H^+]$ 的减少，水的电离平衡向右移动，溶液中 $[OH^-]$ 不断增大，直至建立新的平衡。结果，溶液里 $[OH^-]>[H^+]$，从而使溶液显出碱性。NaAc 的水解离子方程式为

$$Ac^- + H_2O \rightleftharpoons HAc + OH^-$$

其水解的平衡状况可表达为

$$K_h = \frac{[HAc][OH^-]}{[Ac^-]}$$

K_h 称为水解常数。在上式右边分子、分母项同乘以 $[H^+]$ 得

$$K_h = \frac{[HAc]}{[Ac^-][H^+]} \times [OH^-][H^+] = \frac{K_w}{K_a}$$

由上式可以看出，K_a 越小（即组成盐的酸越弱），则 K_h 越大，盐的水解程度越大。

盐的水解程度的大小除用 K_h 表示外，还可以用水解度 h 来表示。

$$h = \frac{\text{已水解盐的浓度}}{\text{盐的起始浓度}} \times 100\%$$

仍以 NaAc 为例讨论浓度 c 与水解常数 K_h、水解度 h 之间的关系。

$$Ac^- + H_2O \rightleftharpoons HAc + OH^-$$

起始浓度/(mol/L)　　c　　　0　　0

平衡浓度/(mol/L)　　$c(1-h)$　　ch　　ch

$$K_h = \frac{[HAc][OH^-]}{[Ac^-]} = \frac{ch^2}{1-h}$$

当$\frac{c}{K_h} \geqslant 500$时，$1-h \approx 1$，则

$$K_h = ch^2$$

$$h = \sqrt{\frac{K_h}{c}} = \sqrt{\frac{K_w}{K_a c}}$$

这就是一元弱酸盐的水解度和水解常数之间的关系式。

二、盐类的水解和溶液 pH 值的计算

盐类的水解跟生成这种盐的酸和碱的强弱有着密切的关系。下面依照形成盐的酸和碱的强弱不同，分别讨论它们的水解情况。

1. 强碱和弱酸所生成盐的水解

上面所讨论的醋酸钠就是由强碱（氢氧化钠）和弱酸（醋酸）所生成的盐，这种盐水解后使溶液显碱性。

碳酸钠也是由强碱（氢氧化钠）和弱酸（碳酸）所生成的盐，它水解后，溶液也显碱性。由于碳酸是二元酸，所以碳酸钠的水解要分两步进行。

第一步是 CO_3^{2-} 进行水解。

$$\begin{array}{rcl} Na_2CO_3 & = & 2Na^+ + CO_3^{2-} \\ & & \qquad\quad + \\ H_2O & \rightleftharpoons & OH^- + H^+ \\ & & \qquad\quad \Updownarrow \\ & & \qquad\quad HCO_3^- \end{array}$$

离子方程式是：$CO_3^{2-} + H_2O \rightleftharpoons HCO_3^- + OH^-$

第二步是生成的 HCO_3^- 进一步进行水解。

离子方程式是：$HCO_3^- + H_2O \rightleftharpoons H_2CO_3 + OH^-$

由此可见，溶液里的 CO_3^{2-} 和由水分子电离出来的 H^+ 结合生成 HCO_3^-，HCO_3^- 又与 H^+ 结合生成 H_2CO_3，使水的电离平衡被破坏，平衡向生成 H^+ 和 OH^- 的方向移动。当达到新的平衡时，$[OH^-] > [H^+]$，所以溶液显碱性。

但是，Na_2CO_3 第二步水解的程度很小，平衡时溶液中 H_2CO_3 分子浓度很小，不会分解出 CO_2 气体。

强碱弱酸盐的水解，从实质上看是弱酸根阴离子和水作用生成弱酸，破坏了水的电离平衡，从而使溶液显碱性。

其它如碳酸钾、硫化钠、磷酸钠等盐的水解都属于这种类型。

【例 8-12】 计算 0.1mol/L NaCN 溶液的 pH 及水解度。

解　NaCN 为强碱弱酸盐，溶液呈碱性。设溶液中 $[OH^-]$ 为 x(mol/L)。

$$CN^- + H_2O \rightleftharpoons HCN + OH^-$$

起始浓度/(mol/L)　　0.1　　0　　0

平衡浓度/(mol/L)　　$0.1-x$　　x　　x

$$K_h = \frac{[HCN][OH^-]}{[CN^-]} = \frac{x^2}{0.1-x} = \frac{K_w}{K_a}$$

$$\frac{x^2}{0.1-x} = \frac{1.0\times10^{-14}}{1.8\times10^{-5}}$$

K_h很小，可以认为 $0.1-x\approx0.1$

$$x = 7.5\times10^{-6}\text{mol/L}$$

$$[OH^-] = 7.5\times10^{-6}\text{mol/L}$$

$$pH = 14 - pOH = 14 + \lg(7.5\times10^{-6}) = 8.88$$

$$h = \frac{7.5\times10^{-6}}{0.1}\times100\% = 0.0075\%$$

答：0.1mol/L NaCN 溶液的 pH 为 8.88，水解度为 0.0075%。

2. 强酸和弱碱所生成盐的水解

在【**实验 8-1**】中所用的氯化铵就是由强酸（盐酸）和弱碱（氨水）所生成的盐。水解过程如下

$$\begin{array}{ccc} NH_4Cl = & NH_4^+ & + Cl^- \\ & + & \\ H_2O \rightleftharpoons & OH^- & + H^+ \\ & \Updownarrow & \\ & NH_3\cdot H_2O & \end{array}$$

因为溶液中的 Cl^- 不能与水中的 H^+ 结合成 HCl(强酸)，而 NH_4^+ 能跟水电离出的 OH^- 结合成难电离的 $NH_3\cdot H_2O$，使 $[OH^-]$ 减小，打破了水的电离平衡。随着 $[OH^-]$ 的减小，水的电离平衡向右移动，溶液中 $[H^+]$ 不断增大，直至建立新的平衡。结果 $[H^+]>[OH^-]$，从而使溶液显酸性。这一反应也可以用离子方程式来表示。

$$NH_4^+ + H_2O \rightleftharpoons NH_3\cdot H_2O + H^+$$

由此可见，强酸弱碱盐的水解，实质上是强酸弱碱盐中阳离子和水作用生成弱碱，破坏了水的电离平衡，从而使溶液显酸性。

其它如硝酸铜、硫酸铵、氯化锌等盐的水解都属于这种类型。

【**例 8-13**】 计算 0.1mol/L NH_4Cl 溶液的 pH 及水解度。

解　NH_4Cl 为强酸弱碱盐，溶液呈酸性。设溶液中 $[H^+]$ 为 x(mol/L)。

$$NH_4^+ + H_2O \rightleftharpoons NH_3\cdot H_2O + H^+$$

起始浓度/(mol/L)　　0.1　　0　　0

平衡浓度/(mol/L)　　$0.1-x$　　x　　x

$$K_h = \frac{[NH_3\cdot H_2O][H^+]}{[NH_4^+]} = \frac{x^2}{0.1-x} = \frac{K_w}{K_b}$$

$$\frac{x^2}{0.1-x} = \frac{1.0\times10^{-14}}{1.8\times10^{-5}}$$

K_h很小，可以认为 $0.1-x\approx0.1$

$$x=7.5\times10^{-6}\text{mol/L}$$
$$[H^+]=7.5\times10^{-6}\text{mol/L}$$
$$pH=5.13$$
$$h=\frac{7.5\times10^{-6}}{0.1}\times100\%=0.0075\%$$

答： 0.1mol/L NH_4Cl 溶液的 pH 为 5.13，水解度为 0.0075%。

3. 弱酸和弱碱所生成盐的水解

醋酸铵是弱酸（醋酸）和弱碱（氨水）所生成的盐，在水溶液中也会起水解反应。其水解过程如下。

$$\begin{array}{ccccc} NH_4Ac & \rightleftharpoons\!\!= & NH_4^+ & + & Ac^- \\ & & + & & + \\ H_2O & \rightleftharpoons & OH^- & + & H^+ \\ & & \updownarrow & & \updownarrow \\ & & NH_3\cdot H_2O & & HAc \end{array}$$

由于醋酸铵电离出的 NH_4^+ 和 Ac^- 能分别跟水电离出的 OH^- 和 H^+ 结合成难电离的 $NH_3\cdot H_2O$ 和 HAc，破坏了水的电离平衡，从而使水的电离强烈地向右移动。水溶液的酸碱性取决于水解生成的弱酸和弱碱的电离常数的相对大小。如果 $K_a>K_b$，那么溶液显酸性；如果是 $K_a<K_b$，那么溶液显碱性；如果 $K_a=K_b$，那么溶液显中性。例如醋酸和氨水的电离常数基本相等，所以醋酸铵的水溶液显中性。这一水解反应的离子方程式表示如下。

$$Ac^-+NH_4^++H_2O \rightleftharpoons HAc+NH_3\cdot H_2O$$

又如 NH_4CN 是弱碱（氨水）跟弱酸（氢氰酸）所生成的盐。由于氨水的电离常数（298K 时为 1.8×10^{-5}）大于氢氰酸的电离常数（298K 时为 6.2×10^{-10}），所以当 NH_4CN 水解时溶液显碱性。

再如 $HCOONH_4$ 是弱酸（甲酸）跟弱碱（氨水）所生成的盐，由于甲酸的电离常数（298K 时为 1.77×10^{-4}）大于氨水的电离常数（298K 时为 1.8×10^{-5}），所以当 $HCOONH_4$ 水解时溶液显酸性。

综上所述，弱酸弱碱盐的水解，实质上是弱酸的阴离子和弱碱的阳离子分别和水作用生成弱酸和弱碱。水溶液的酸碱性由生成的弱酸和弱碱的相对强弱决定。

4. 强酸和强碱所生成盐不水解

在**【实验 8-1】**中的氯化钠是由强酸（盐酸）和强碱（氢氧化钠）所生成的盐，它溶于水时，无论是 Na^+ 或 Cl^- 均不能与水电离出的 OH^- 或 H^+ 结合成弱电解质，$[H^+]$ 和 $[OH^-]$ 不发生变化，水的电离平衡不受影响，所以氯化钠不发生水解，水溶液仍为中性。

其它强酸强碱盐如氯化钾、硫酸钠、硝酸钠等都属于这种类型。

从盐类的水解产物可以看出，水解后生成的酸和碱，正好是中和反应生成盐时的酸和碱。因此，水解反应是中和反应的逆反应。

$$盐+H_2O \underset{中和}{\overset{水解}{\rightleftharpoons}} 酸+碱$$

三、盐类水解的影响因素

盐类水解程度的大小首先与盐的组成有关。生成盐的弱酸或弱碱愈弱，盐的水解程度愈大。其次，也受温度、浓度等外界因素的影响。

中和反应和水解反应互为可逆反应，而中和反应是放热反应，所以水解必然是吸热反应。因此，升高温度能促进盐类的水解。

由于水解的结果将生成 H^+ 或 OH^-，所以当增大或减小生成物（H^+ 或 OH^-）的浓度时，可使平衡向左或向右移动，可以抑制或促进水解反应的进行。

稀释溶液时相当于加入了水解反应物 H_2O 而使平衡向水解的方向进行。

在化工生产和科学实验中，有时需要防止水解的产生，而有时则要利用水解。

例如，在实验室配制 $SnCl_2$ 溶液时，为了防止水解反应，常用盐酸溶液而不用蒸馏水配制。这是因为

$$SnCl_2 + H_2O \rightleftharpoons Sn(OH)Cl\downarrow + HCl$$

使用盐酸，可使水解平衡向左移动，减少 $SnCl_2$ 的水解不致有 Sn(OH)Cl 沉淀析出。

又如配制 Na_2S 溶液时，由于 Na_2S 能发生下列水解反应：

$$S^{2-} + H_2O \rightleftharpoons HS^- + OH^-$$

$$HS^- + H_2O \rightleftharpoons H_2S\uparrow + OH^-$$

水解中生成的 H_2S 会逐渐挥发，使溶液失效。为防止水解，可加入强碱，从而起到抑制水解的作用。

水解反应也有对生产、生活有利的一面。例如应用明矾 $KAl(SO_4)_2 \cdot 12H_2O$ 作净水剂。明矾在水中水解生成的 $Al(OH)_3$ 溶胶能吸附水中的悬浮杂质，从而使水澄清。

又如泡沫灭火器的原理就是利用 $Al_2(SO_4)_3$ 和 $NaHCO_3$ 的水解反应。泡沫灭火器分别装有上述两种物质的饱和溶液（加有少量发泡剂），它们的水解反应如下。

$$Al^{3+} + 3H_2O \rightleftharpoons Al(OH)_3 + 3H^+$$

$$HCO_3^- + H_2O \rightleftharpoons H_2CO_3 + OH^-$$

H^+ 与 OH^- → H_2O；H_2CO_3 → $H_2O + CO_2\uparrow$

灭火时，两种溶液混合，H^+ 和 OH^- 结合成弱电解质 H_2O，从而使两种盐的水解反应不断向右进行，产生的大量 CO_2 气体同发泡剂形成泡沫，从灭火器中喷射出来覆盖在燃烧物表面，在隔绝空气的条件下把火熄灭。

无机盐提纯时为了除去少量混入的铁盐杂质，常用升高温度的方法，促进 Fe^{3+} 水解，在沸水中甚至能生成 $Fe(OH)_3$ 沉淀。

$$Fe^{3+} + 3H_2O \xrightleftharpoons{\triangle} Fe(OH)_3\downarrow + 3H^+$$

经过滤，则可除去产品中的 Fe^{3+}。

总之，利用平衡移动原理，控制水解的条件，则可达到防止或是利用水解的目的。

第五节　沉淀反应

许多化学反应都是在水溶液中进行的，有的生成物在水溶液中以沉淀形式析出，把有沉淀生成的反应叫沉淀反应。

在科学研究和生产实际中，经常要利用沉淀反应来制备、分离和提纯物质。而在很多情况下，又需要防止沉淀的生成或促使沉淀溶解。本节就这方面的基本原理及规律作简要讨论。

一、溶解与沉淀平衡

任何难溶物质，在水中或多或少总是要溶解的，绝对不溶的物质是不存在的。因此，任何难溶物质在水中都有一个溶解与沉淀之间的平衡关系。以固体 AgCl 在水中的溶解为例。

$$AgCl(s) \underset{沉淀}{\overset{溶解}{\rightleftharpoons}} Ag^+ + Cl^-$$

在水分子作用下，AgCl 电离生成的极少量 Ag^+ 和 Cl^- 形成水合离子，离开固体表面扩散到水溶液里，这个过程叫溶解。与此同时，已溶解的 Ag^+ 和 Cl^- 在溶液中不断运动，若碰到未溶解的 AgCl 固体时，会重新回到固体表面上去，这个过程叫沉淀。在一定温度下，当溶解速率等于沉淀速率时，未溶解的固体和溶液中的离子之间，便建立了难溶电解质的溶解-沉淀平衡，简称沉淀平衡。

沉淀平衡也是一个动态平衡，与化学平衡一样，也服从化学平衡规律。平衡时的溶液是饱和溶液。由于沉淀平衡是固体与溶液中离子之间建立的一种平衡，所以浓度和压力对沉淀平衡没什么影响，影响沉淀平衡的主要因素是温度。

二、溶度积规则及其运用

1. 溶度积常数

$$AgCl(s) \rightleftharpoons Ag^+ + Cl^-$$

在一定温度下，当上述反应达到平衡时，其平衡常数表达式为

$$K = \frac{[Ag^+][Cl^-]}{[AgCl]}$$

温度一定，K 一定，固体 AgCl 的浓度也看作常数，这两项的乘积可以用 K_{sp} 表示，则

$$K_{sp} = [Ag^+][Cl^-]$$

式中，$[Ag^+]$、$[Cl^-]$ 为饱和溶液中的 Ag^+ 和 Cl^- 浓度，mol/L；K_{sp} 叫做难溶电解质的溶度积常数，简称溶度积。对于任一难溶电解质 A_mB_n，溶度积的一般关系式为

$$A_mB_n(s) = mA^{n+} + nB^{m-}$$

$$K_{sp} = [A^{n+}]^m[B^{m-}]^n$$

一定温度下，在难溶电解质的饱和溶液中，相应离子浓度的系数次方之积为一常数，叫溶度积常数。溶度积常数的大小与难溶物质的溶解性有关。它反映了难溶电解质的溶解能力。常见难溶物质的溶度积常数列于附录中。

2. 溶度积与溶解度的关系

溶解度和溶度积都是表示物质溶解能力大小的数值。但是，一般用溶解度表示易溶物质的溶解能力，溶度积表示难溶物质的溶解能力。二者既有区别又有联系，并可以互相进行换算。

【例 8-14】 298K 时，AgCl 的 $K_{sp} = 1.8 \times 10^{-10}$，计算该温度下 AgCl 的溶解度。

解 设 AgCl 的溶解度为 x(mol/L)。

在 AgCl 饱和溶液中 $[Ag^+] = [Cl^-] = x$(mol/L)

$$AgCl(s) \rightleftharpoons Ag^+ + Cl^-$$

$$K_{sp(AgCl)} = [Ag^+][Cl^-] = x^2 = 1.8 \times 10^{-10}$$

$$x = 1.34 \times 10^{-5}(mol/L)$$

答：298K 时，AgCl 在水中的溶解度为 1.34×10^{-5} mol/L。

【例 8-15】 298K 时，$BaSO_4$ 的溶解度为 1.04×10^{-5} mol/L，求 $BaSO_4$ 的 K_{sp}。

解　在 $BaSO_4$ 饱和溶液中有以下平衡

$$BaSO_4(s) \rightleftharpoons Ba^{2+} + SO_4^{2-}$$

即每溶解 1mol/L 的 $BaSO_4$，就能电离出 1mol/L 的 Ba^{2+} 和 SO_4^{2-} 。

则 $[Ba^{+}]=[SO_4^{2-}]=1.04\times10^{-5}$ mol/L

$$K_{sp(BaSO_4)}=[Ba^{2+}][SO_4^{2-}]=(1.04\times10^{-5})^2=1.08\times10^{-10}$$

答：298K 时，$BaSO_4$ 的溶度积为 1.08×10^{-10}。

【例 8-16】　298K 时，Ag_2CrO_4 的 $K_{sp}=1.1\times10^{-12}$，计算该温度下 Ag_2CrO_4 的溶解度。

解　设 Ag_2CrO_4 的溶解度为 x(mol/L)。在 Ag_2CrO_4 的饱和溶液中，有如下平衡：

$$Ag_2CrO_4(s) \rightleftharpoons 2Ag^{+} + CrO_4^{2-}$$

故在 Ag_2CrO_4 饱和溶液中 $[Ag^{+}]=2x$(mol/L)　$[CrO_4^{2-}]=x$(mol/L)

$$K_{sp(Ag_2CrO_4)}=[Ag^{+}]^2[CrO_4^{2-}]=(2x)^2x=4x^3=1.1\times10^{-12}$$

$$x=6.5\times10^{-5}\text{(mol/L)}$$

答：298K 时，Ag_2CrO_4 的溶解度为 6.5×10^{-5} mol/L。

【例 8-17】　298K 时，$Mg(OH)_2$ 的溶解度为 1.44×10^{-4} mol/L，求 $Mg(OH)_2$ 的 K_{sp}。

解　在 $Mg(OH)_2$ 饱和溶液中，有如下平衡：

$$Mg(OH)_2 \rightleftharpoons Mg^{2+} + 2OH^{-}$$

故　　$[Mg^{2+}]=1.44\times10^{-4}$ mol/L，$[OH^{-}]=2\times1.44\times10^{-4}$ mol/L

$$K_{sp[Mg(OH)_2]}=[Mg^{2+}][OH^{-}]^2=1.44\times10^{-4}\times(2\times1.44\times10^{-4})^2=1.2\times10^{-11}$$

答：298K 时，$Mg(OH)_2$ 的溶度积为 1.2×10^{-11}。

通过上面计算可以看出，溶度积的大小与溶解度有关。对于同一类型的（如 AB 型、A_2B 型或 AB_2 型）难溶电解质，如 AgCl、AgBr 可以由溶度积的大小直接比较其溶解度的大小。溶度积越大，溶解度也越大。但对不同类型的电解质，则不能直接由它们的溶度积来比较溶解度的大小，必须通过具体的计算确定。

3. 溶度积规则

根据溶度积常数可以判断沉淀、溶解进行的方向。

任一难溶电解质溶液中，其离子浓度系数次方之积称为离子积，用 Q_i 表示。如对于 AgCl，$Q_i=c_{Ag^+}c_{Cl^-}$。

对于某一给定的溶液，溶度积 K_{sp} 与离子积 Q_i 之间的关系可能有以下三种情况。

① $Q_i=K_{sp}$ 是饱和溶液，达到动态平衡；

② $Q_i<K_{sp}$ 是不饱和溶液，无沉淀析出，若体系中有固体存在，反应向沉淀溶解的方向进行，直至饱和；

③ $Q_i>K_{sp}$ 是过饱和溶液，此时反应向生成沉淀的方向进行，直至饱和。

以上规则称为溶度积规则，它是难溶电解质多相离子平衡移动规律的总结。

溶度积规则的使用也是有一定条件的，下列几种情况就不适用：

① 从原理上讲，只要 $Q_i>K_{sp}$ 便应该有沉淀生成，但是只有当每毫升含约 10^{-5} g 固体时，肉眼才能观察到沉淀的浑浊现象；

② 有时由于生成了过饱和溶液，虽然 Q_i 已经超过 K_{sp}，仍然观察不到沉淀的生成；

③ 有时由于加入过量的沉淀剂而生成配离子，沉淀也不会产生；

④ 由于副反应的发生，致使按理论计算所需沉淀剂的浓度与被沉淀离子浓度之积不能超过 K_{sp}。

【例 8-18】 在 2.0×10^{-3}mol/L 的 $BaCl_2$ 溶液中，加入等体积的 2.0×10^{-3}mol/L 的 Na_2SO_4 溶液，有无 $BaSO_4$ 沉淀生成？已知 $K_{sp(BaSO_4)}=1.1\times10^{-10}$。

解 两种溶液等体积混合，体积增加一倍，浓度降低一半。即

$$[Ba^{2+}]=2.0\times10^{-3}/2=1.0\times10^{-3}(mol/L)$$

$$[SO_4^{2-}]=2.0\times10^{-3}/2=1.0\times10^{-3}(mol/L)$$

$$Q_i=[Ba^{2+}][SO_4^{2-}]=1.0\times10^{-3}\times1.0\times10^{-3}=1.0\times10^{-6}>K_{sp}=1.0\times10^{-10}$$

答：由于 $Q_i>K_{sp}$，所以有 $BaSO_4$ 沉淀生成。

【例 8-19】 在 2.0×10^{-3}mol/L 的 $AgNO_3$ 溶液中，加入等体积的 2.0×10^{-3}mol/L 的 Na_2SO_4 溶液，有无 Ag_2SO_4 沉淀生成？[$K_{sp(Ag_2SO_4)}=1.4\times10^{-5}$]

解 与【例 8-18】同理 $[Ag^+]=2.0\times10^{-3}/2=1.0\times10^{-3}(mol/L)$

$$[SO_4^{2-}]=2.0\times10^{-3}/2=1.0\times10^{-3}(mol/L)$$

$$Q_i=[Ag^+][SO_4^{2-}]=(1.0\times10^{-3})^2\times1.0\times10^{-3}$$

$$=1.0\times10^{-9}<K_{sp}=1.4\times10^{-5}$$

答：由于 $Q_i<K_{sp}$，所以不能生成 Ag_2SO_4 沉淀。

4. 溶度积规则的应用

(1) 沉淀的生成

① 加入沉淀剂　在 $AgNO_3$ 溶液中加入 KCl，当 $[Ag^+][Cl^-]>K_{sp(AgCl)}$ 时，即有沉淀生成，KCl 溶液就是沉淀剂。

【例 8-20】 为使浓度为 0.0010mol/L 的 CrO_4^{2-} 完全沉淀，需要加入沉淀剂 $AgNO_3$ 晶体，问 Ag^+ 必须达到多大浓度时才能使 CrO_4^{2-} 完全沉淀？已知 $K_{sp(Ag_2CrO_4)}=9\times10^{-12}$。

解

$$Ag_2CrO_4 \rightleftharpoons 2Ag^+ + CrO_4^{2-}$$

$$K_{sp}=[Ag^+]^2[CrO_4^{2-}]$$

所谓完全沉淀是指溶液中剩下的被沉淀的离子浓度不超过 10^{-5}mol/L，则

$$K_{sp}=[Ag^+]^2\times10^{-5}=9\times10^{-12}$$

$$[Ag^+]=9.5\times10^{-4}mol/L$$

答：$[Ag^+]$ 必须大于 9.5×10^{-4}mol/L 才能使 CrO_4^{2-} 完全沉淀。

② 控制溶液的 pH　某些难溶的弱酸盐和难溶的氢氧化物，通过控制溶液的 pH 可以使其沉淀或溶解。

【例 8-21】 计算欲使 0.010mol/L Fe^{3+} 开始沉淀和完全沉淀时溶液的 pH。已知 $K_{sp[Fe(OH)_3]}=1.1\times10^{-36}$。

解 开始沉淀时溶液的 pH

$$Fe(OH)_3(s) \rightleftharpoons Fe^{3+} + 3OH^-$$

$$K_{sp}=[Fe^{3+}][OH^-]^3=1.1\times10^{-36}$$

$$[OH^-]=\sqrt[3]{1.1\times10^{-36}/[Fe^{3+}]}=4.79\times10^{-12}mol/L$$

$$pH=14-pOH=14-lg(4.79\times10^{-12})=2.68$$

沉淀完全时溶液的 pH

Fe^{3+} 沉淀完全时，即 $[Fe^{3+}]=1.0\times10^{-5}$mol/L。

$$[OH^-]=4.79\times10^{-11}mol/L$$

$$pH=14-pOH=14-lg(4.79\times10^{-11})=3.68$$

答：使 0.010mol/L Fe^{3+} 开始沉淀时溶液的 pH 为 2.68，完全沉淀时的 pH 为 3.68。

③ 分步沉淀 当溶液里同时含有几种离子，而加入某种试剂时该试剂又可以和多种离子生成难溶化合物的沉淀。在这种情况下，离子的沉淀是分步进行？还是同时进行？如在含有 Cl^-、Br^-、I^- 的 0.1mol/L 的溶液中，逐滴加入 $AgNO_3$ 试液，此时 Cl^-、Br^-、I^- 是分步沉淀，还是同时沉淀？可以通过计算三种离子开始沉淀时所需要［Ag^+］来回答此问题。

Cl^- 开始沉淀时需要［Ag^+］为

$$[Ag^+]=\frac{K_{sp(AgCl)}}{[Cl^-]}=1.8\times10^{-9}mol/L$$

Br^- 开始沉淀时需要［Ag^+］为

$$[Ag^+]=\frac{K_{sp(AgBr)}}{[Br^-]}=5.0\times10^{-12}mol/L$$

I^- 开始沉淀时需要［Ag^+］为

$$[Ag^+]=\frac{K_{sp(AgI)}}{[I^-]}=9.3\times10^{-16}mol/L$$

从计算结果可知，I^- 开始沉淀时需要的 Ag^+ 浓度最小，Br^- 次之，Cl^- 最大。显然，首先生成 AgI 沉淀，其次是 AgBr，最后是 AgCl，这种先后产生沉淀的现象称为分步沉淀。利用分步沉淀原理，可分离两种离子。两种沉淀的溶度积相差越大，分离越完全。

（2）沉淀的溶解 根据溶度积规则，要使沉淀溶解，必须减小该饱和溶液中某一离子的浓度，以使 $Q_i<K_{sp}$，常用的方法有以下几种。

① 生成弱电解质 难溶于水的氢氧化物都溶于酸。以盐酸溶解 $Mg(OH)_2$ 为例加以说明。

$$Mg(OH)_2 \rightleftharpoons Mg^{2+}+2OH^-$$

$$+$$

$$2HCl = 2Cl^- + 2H^+$$

$$\updownarrow$$

$$2H_2O$$

由于 $Mg(OH)_2$ 固体电离出的 OH^- 与酸电离出的 H^+ 结合生成了弱电解质水，降低了 OH^- 浓度，$Q_i<K_{sp}$，平衡向沉淀溶解的方向移动。只要加入足量的酸，$Mg(OH)_2$ 将全部溶解。

② 氧化还原反应 加入氧化剂或还原剂，使某一离子发生氧化还原反应而降低其浓度，进一步使难溶物溶解。如

$$3CuS+8HNO_3 = 3Cu(NO_3)_2+3S\downarrow+2NO\uparrow+4H_2O$$

由于 HNO_3 使 CuS 电离出的 S^{2-} 氧化生成了 S，降低了溶液中的［S^{2-}］，使 CuS 的电离平衡向生成 Cu^{2+} 和 S^{2-} 的方向移动，进一步使 CuS 溶解。

③ 生成配合物

$$AgCl(s)+2NH_3 = [Ag(NH_3)_2]^+ + Cl^-$$

由于$[Ag(NH_3)_2]^+$配离子的生成，降低了 Ag^+ 浓度，破坏了 AgCl 的溶解-沉淀平衡，并使

之向溶解的方向移动，从而使 AgCl 溶解。

④ 沉淀的转化　在含有沉淀的溶液中加入适当试剂，使之与某一离子结合生成更难溶的物质的过程叫沉淀转化。如在 $PbCl_2$ 的沉淀中加入 Na_2CO_3 溶液后，生成更难溶的沉淀 $PbCO_3$。

$$PbCl_2(s)+CO_3^{2-} \xlongequal{} PbCO_3(s)+2Cl^-$$

这一反应之所以能发生，是由于生成了溶解度更小的 $PbCO_3$ 沉淀，$PbCO_3$ 沉淀的生成，降低了溶液中的 $[Pb^{2+}]$，破坏了 $PbCl_2$ 的溶解-沉淀平衡，使 $PbCl_2$ 溶解，最后可全部转化为 $PbCO_3$ 沉淀。

本章小结

一、基本知识

1. 电解质的概念及分类；
2. 离子方程式的书写方法及离子反应发生的条件；
3. 水的电离平衡，溶液的酸碱性和 pH；
4. 酸碱指示剂的概念及用途；
5. 弱电解质的电离平衡，电离度和电离常数的关系；
6. 盐类水解的概念、实质、用途，影响盐类水解的因素；
7. 溶度积规则及应用。

二、基本计算

1. 溶液 pH 的计算；
2. 电离度和电离常数的计算；
3. 盐类水解的计算；
4. 溶度积规则的计算。

习　　题

1. 现有氯化钠、碳酸钠、硫酸钠、稀盐酸和稀硫酸 5 种无色溶液，都没有标签。试用化学方法把它们检验出来，并写出反应的化学方程式和离子方程式。
2. 在 HAc 溶液中分别加入少量 NaAc、HCl、NaOH 后，HAc 的电离度如何变化？加水稀释又如何？说明原因。
3. 影响盐类水解的因素有哪些？请分别举例说明影响结果。
4. 举例说明强电解质和弱电解质的区别。
5. 若将弱电解质溶液稀释，则该弱电解质的电离常数、电离度及溶液 pH 如何变化？
6. 在含有 0.01mol/L 的 Cl^- 和 0.01mol/L 的 I^- 溶液中，逐滴加入 $AgNO_3$，通过计算判断哪个离子先沉淀？
7. 在 1L 溶液里含有 4g NaOH，求该溶液的 pH。
8. 在 1mL 0.1mol/L 的硫酸溶液中，加水到 100mL 时，所得溶液的 pH 是多少？
9. 将 pH＝5 的盐酸溶液和 pH＝12 的氢氧化钠溶液等体积混合，计算混合后溶液的 pH。
10. 溶液中含有离子浓度均是 0.05mol/L 的 Fe^{2+} 和 Fe^{3+}，要求 Fe^{3+} 完全生成 $Fe(OH)_3$ 沉淀而不让 Fe^{2+} 生成 $Fe(OH)_2$ 沉淀，计算溶液 pH 的范围。

11. 将 0.1mol/L $MgCl_2$ 溶液与 0.01mol/L 氨水等体积混合，是否有 $Mg(OH)_2$ 沉淀生成？

12. 已知 298K 时，0.01mol/L 一元弱酸的 pH 为 4.00，计算该弱酸的电离常数及电离度。

酸碱质子理论简介

1. 质子理论

凡是能给出质子（H^+）的物质是酸，凡是能接受质子的物质都是碱。如 HCl、NH_4^+、HSO_4^- 等都是酸，因为它们都能给出质子；Cl^-、NH_3、HSO_4^-、NaOH 等都是碱，因为它们都能接受质子。质子理论中，酸和碱不局限于分子，还可以是阴、阳离子。根据质子理论，酸和碱是可以相互转化的。酸给出质子后生成碱，碱接受质子后就变成酸。

$$\text{酸} \rightleftharpoons \text{质子} + \text{碱}$$

$$HCl \rightleftharpoons H^+ + Cl^-$$

$$NH_4^+ \rightleftharpoons H^+ + NH_3$$

这种对应关系叫酸和碱的共轭关系。右边的碱是左边酸的共轭碱；左边的酸又是右边碱的共轭酸。酸越强，它的共轭碱越弱；酸越弱，它的共轭碱越强。由此可以得出，质子理论中没有盐的概念，如 NH_4Cl 中的 NH_4^+ 是酸，Cl^- 是碱。

2. 酸碱反应

根据质子理论，酸碱反应的实质就是两个共轭酸碱对之间质子传递的反应。如

$$\underset{\text{酸 1}}{HCl} + \underset{\text{碱 2}}{NH_3} \xrightarrow{} \underset{\text{酸 2}}{NH_4^+} + \underset{\text{碱 1}}{Cl^-} \quad (H^+ \text{ 由 } HCl \text{ 传递给 } NH_3)$$

酸碱质子理论不仅扩大了酸和碱的范围，还可以把电离理论中的电离作用、中和作用、水解作用统统包含在酸碱反应的范围之内，即都可以看成是质子传递的酸碱反应。但是，质子理论只限于质子的放出和接受，所以必须含有氢，这就不能解释不含氢的化合物的反应。

第九章 几种金属及其化合物

第一节 钙、镁、铝及其化合物

一、钙、镁及其化合物

1. 钙

钙是银白色的轻金属。在自然界中，钙元素主要存在于大理石、石灰石、方解石（主要成分均为$CaCO_3$）中。钙的密度为1.55g/cm^3，熔点为1123K，沸点为1757K。

钙的化学性质很活泼，是强还原剂。它能和许多非金属（如氧、氢、氮、硫和卤素等），水，酸起反应，生成相应的化合物。

例如

$$Ca+s \xlongequal{\triangle} Cas$$

钙在空气中燃烧生成氧化物的同时，还可生成少量的氮化钙。

$$3Ca+N_2 \xlongequal{高温} Ca_3N_2$$

钙在冷水中能迅速起反应。

$$Ca+2H_2O \xlongequal{} Ca(OH)_2+H_2\uparrow$$

钙能与稀酸反应放出氢气，并生成相应的盐。

$$Ca+2HCl \xlongequal{} CaCl_2+H_2\uparrow$$

钙在加热时，能和绝大多数的金属氧化物起反应，将其还原为单质，因此钙主要用于高纯度金属的冶炼。钙与铅的合金可作轴承材料。实验室也常用钙作还原剂。钙还是动植物生长的营养素之一。

钙在空气中迅速氧化，在表面形成一层疏松的氧化钙，对内层的钙没有保护作用，因此钙必须密闭保存。

2. 钙的重要化合物

（1）氧化钙　氧化钙是一种碱性氧化物，俗名生石灰，是白色块状或粉末状固体。在高温时，它能与二氧化硅、五氧化二磷等酸性氧化物反应，生成相应的含氧酸盐。例如

$$CaO+SiO_2 \xlongequal{高温} CaSiO_3$$

$$3CaO+P_2O_3 \xlongequal{高温} Ca_3(PO_4)_2$$

冶金工业中利用这两个反应，在炼钢、炼铁的过程中加入生石灰除去杂质SiO_2和P_2O_5。

工业上主要采用煅烧石灰石（$CaCO_3$）制取氧化钙，反应式为

$$CaCO_3 \xlongequal[煅烧]{高温} CaO+CO_2\uparrow$$

氧化钙主要用于制造氢氧化钙，在建筑工业上它作为一种重要的建筑材料。因其熔点很高（2843K），也作耐火材料用。

（2）氢氧化钙　氢氧化钙俗名熟石灰，也叫消石灰，是一种白色固体。微溶于水，其溶

解度随温度升高而减小，它的饱和水溶液叫石灰水，是一种最便宜的强碱。实验室常用来检验二氧化碳气体，反应式为

$$Ca(OH)_2+CO_2 = CaCO_3\downarrow+H_2O$$

氢氧化钙主要用于建筑工程上，在化学工业上用于制取漂白粉、烧碱等。

(3) 氯化钙　氯化钙常带有结晶水，六水合氯化钙（$CaCl_2\cdot6H_2O$）是白色晶体，加热至 473K 时先失去 4 个分子结晶水，生成二水合氯化钙（$CaCl_2\cdot2H_2O$），温度再高时能将全部结晶水失去，成为白色的无水氯化钙。

无水氯化钙的吸水性很强，实验室常用它作干燥剂，但不能用它干燥酒精和氨，因为它能与酒精和氨发生化学反应，反应式为

$$CaCl_2+4C_2H_5OH = CaCl_2\cdot4C_2H_5OH$$

$$CaCl_2+8NH_3 = CaCl_2\cdot8NH_3$$

$CaCl_2\cdot6H_2O$ 与冰按 1.44∶1 比例混合，可获得 218K 的低温，故可用作制冷剂。在建筑工程上它可用作水泥的防冻剂。在化工生产上电解无水氯化钙可以制取金属钙，反应式为

$$CaCl_2 \xrightarrow[熔融]{电解} Ca+Cl_2\uparrow$$

(4) 硫酸钙　天然的硫酸钙有两种，即 $CaSO_4$ 和 $CaSO_4\cdot2H_2O$，前者叫硬石膏，后者叫石膏，石膏是一种无色晶体，微溶于水。当加热至 423K 时，2 分子石膏会失去 3 分子的结晶水，而转变成熟石膏 $(CaSO_4)_2\cdot H_2O$。

$$2CaSO_4\cdot2H_2O \xrightleftharpoons{423K} (CaSO_4)_2\cdot H_2O+3H_2O$$

此反应是可逆的，因此，把熟石膏跟水调成糊状后，它又会转变为石膏并凝固成硬块，在硬化过程中体积会稍稍膨胀。因而可利用熟石膏制造模型、塑像、粉笔和医疗用的石膏绷带。

3. 镁

镁是一种银白色的轻金属。在自然界中含镁的矿石种类很多，在天然水和海水中也都含有镁盐。镁的熔点为 923K，沸点为 1363K，密度为 $1.74g/cm^3$。

镁的化学性质很活泼。但在空气中却很稳定，这是因为在常温下，镁在空气里能跟氧气反应，但氧化缓慢，在表面生成一层既薄而又十分致密的氧化膜，能保护内层镁不再继续受到空气的氧化作用，所以镁无需密闭保存，在工业上有广泛的用途。

镁在一定温度下是一种强还原剂，能跟许多非金属如氧、氮、硫和卤素起反应，生成相应的化合物。例如镁在空气中燃烧时，反应十分剧烈，在生成白色粉末状氧化镁的同时，还放出耀眼的强光，这种光富有紫外线，可在摄影时用作照明，镁也可用在烟火的制造上。

镁在高温下能直接跟氮化合，生成灰绿色的氮化镁粉末，反应式为

$$3Mg+N_2 \xlongequal{高温} Mg_3N_2$$

所以当镁在空气中燃烧时，在生成的氧化镁粉末中总含有少量的氮化镁。

镁不仅可以与空气中的氧气起反应，而且还能够夺取氧化物中的氧。如将燃烧着的镁条放进二氧化碳气体中，镁条可以继续燃烧，生成氧化镁，析出游离态的碳。

$$2Mg+CO_2 \xlongequal{燃烧} 2MgO+C$$

镁能与沸水反应，置换出沸水中的氢，反应式为

$$Mg+2H_2O(沸) = Mg(OH)_2\downarrow+H_2\uparrow$$

镁易溶于稀酸（HCl 或 H_2SO_4）中，生成相应的盐并放出氢气。用离子反应式表示如下

$$Mg+2H^{+} \longequal Mg^{2+}+H_2\uparrow$$

金属镁主要用于制造各种轻合金，这些合金有很大的硬度、韧性强和耐腐蚀，并且相对密度小，所以广泛用于飞机和汽车的制造上。在有机合成和稀有金属的冶炼上，常用作还原剂，制造照明弹，镁也是叶绿素中不可缺少的元素。

4. 镁的重要化合物

(1) 氧化镁　氧化镁是一种很轻的白色粉末状固状，俗名苦土，不溶于水。熔点3073K，工业上常用它作为耐火材料。如制造坩埚、耐火砖、高温炉的内壁等。工业生产上氧化镁是由煅烧菱镁矿（$MgCO_3$）制成的。

$$MgCO_3 \xlongequal{煅烧} MgO+CO_2\uparrow$$

(2) 氢氧化镁　氢氧化镁是一种微溶于水的白色粉末，是中等强度的碱。通常用易溶性镁盐和石灰水作用来制取。例如

$$MgCl_2+Ca(OH)_2 \longequal Mg(OH)_2\downarrow+CaCl_2$$

氢氧化镁是造纸工业中填充材料及制造牙膏和牙粉的原料。医药上将氢氧化镁配成乳剂，用作轻泻剂。

(3) 氯化镁　氯化镁常常带有结晶水。六水合氯化镁（$MgCl_2 \cdot 6H_2O$）是无色晶体，味苦，易溶于水，也极易吸收空气中的水分而潮解。粗制食盐在空气中容易吸湿受潮，就是因为含有少量氯化镁杂质的缘故。六水合氯化镁主要从光卤石（$KCl \cdot MgCl_2 \cdot 6H_2O$）和海水晒盐的母液中提取。六水合氯化镁受热至800K以上，分解成氧化镁和氯化氢气体。

$$MgCl_2 \cdot 6H_2O \xlongequal{800K} MgO+2HCl\uparrow+5H_2O$$

所以仅用加热的方法得不到无水氯化镁，要得到无水氯化镁，必须在干燥的氯化氢气流中加热 $MgCl_2 \cdot 6H_2O$ 使其脱水。

工业生产上用电解无水氯化镁来制取金属镁，反应式为

$$MgCl_2 \xlongequal[熔融]{电解} Mg+Cl_2$$

(4) 硫酸镁　硫酸镁常常带有7个结晶水。$MgSO_4 \cdot 7H_2O$ 是一种无色晶体，易溶于水，有苦味。在医药上常用作泻药，故俗称为泻盐。$MgSO_4 \cdot 7H_2O$ 极易脱水，当加热至473K时就可制得无水硫酸镁。

二、铝及其化合物

1. 铝

铝为银白色轻金属，密度为 $2.7g/cm^3$，熔点为933K，沸点为2333K。它是电和热的良导体，并有良好的延展性。它的导电性虽是铜的60%，但铝的资源比铜丰富，又比铜质量轻，所以常用铝代替铜制造电线和高压电缆等。

铝是常见金属，在地壳的含量居第三位，仅次于氧和硅。铝位于元素周期表第ⅢA族，最外层有3个电子，是比较活泼的金属，能与氧、卤素、硫、酸、碱等物质作用。所以在自然界以化合态存在。含铝的主要矿物有长石、云母、高岭石、铝土矿、明矾石等。

在常温下，铝在空气及水中表面会迅速生成一层致密的保护膜，使内层的铝不能进一步氧化。所以铝具有很高的稳定性，广泛用于制造各种用具。

铝在常温下能跟氯、溴直接化合，生成相对应的化合物。在加热条件下铝能与硫化合生成硫化铝（Al_2S_3）。在很高的温度下，铝也能直接跟氮、碳化合，但不跟氢化合。

铝是典型的两性元素。既能跟稀盐酸或稀硫酸反应，也能跟强碱溶液起反应，生成相应的盐并都放出氢气。例如

$$2Al + 6HCl \longrightarrow 2AlCl_3 + 3H_2\uparrow$$

$$2Al + 2NaOH + 2H_2O \longrightarrow \underset{\text{偏铝酸钠}}{2NaAlO_2} + 3H_2\uparrow$$

冷的浓硝酸或浓硫酸能使铝的表面生成致密的氧化物保护膜，保护了内层铝不再被氧化。利用铝的这种钝化现象，可用铝制容器来贮存和运输浓硫酸或浓硝酸。

在一定温度下，铝能夺取较它不活泼的金属氧化物中的氧，生成氧化铝，而把该金属置换出来。反应过程中释放出的大量的热，能把置换出来的金属熔化。应用此原理，铝可以作为还原剂来冶炼其它金属，这种冶炼金属的方法称为铝热法。工业上，常将铝粉和四氧化三铁（或氧化铁）粉末按一定比例混合，组成铝热剂。经引燃后发生反应。温度可高达3273K，使生成的铁熔化。

$$8Al + 3Fe_3O_4 \longrightarrow 4Al_2O_3 + 9Fe$$

利用这一反应可以焊接钢轨及大截面的钢材部件。

不仅用铝粉和铁的氧化物可以作铝热剂，而且用铝粉和三氧化二铬、五氧化二钒、二氧化锰等金属氧化物混合也可以作铝热剂。工业上也常用铝热法冶炼高熔点的铬、钒、锰等金属。例如

$$Cr_2O_3 + 2Al \xrightarrow{\text{高温}} 2Cr + Al_2O_3 + \text{热量}$$

铝除了可作导线和电缆以外，铝箔还可用来包装胶卷、糖果等，铝粉可用来冶炼高熔点的金属，或制造银色油漆、焰火等。铝最重要的用途是可以跟许多种金属形成合金，如铝与镁、铜等金属形成的合金的化学稳定性好，硬度大，机械性能好，广泛地用于汽车和飞机制造及航空工业。

工业上，用纯净氧化铝为原料，采用熔融电解的方法制铝。

$$2Al_2O_3 \xrightarrow[1273K]{\text{电解}} \underset{\text{(阴极)}}{4Al} + \underset{\text{(阳极)}}{3O_2}\uparrow$$

纯净氧化铝的熔点很高，且熔态的导电能力差。因此，电解时加入冰晶石作助熔剂，可降低电解温度，同时增强熔态物料的导电性。实际上，是把氧化铝溶解在熔融态的冰晶石中，然后再进行电解。

2. 铝的重要化合物

（1）氧化铝　Al_2O_3 是一种难熔的白色粉末状固体，不溶于水，是典型的两性氧化物。它能与强酸起反应生成铝盐，也能与强碱反应生成偏铝酸盐。例如

$$Al_2O_3 + 6HCl \longrightarrow 2AlCl_3 + 3H_2O$$

$$Al_2O_3 + 2NaOH \longrightarrow 2NaAlO_2 + H_2O$$

氧化铝在自然界主要存在于铝土矿（又名矾土）中。以晶体状态存在的氧化铝称为刚玉，其硬度仅次于金刚石。含微量的氧化铬的氧化铝呈红色，叫红宝石，含微量的铁和钛的氧化物的氧化铝呈蓝色，叫蓝宝石。在电炉中熔化灼烧氢氧化铝而得到的氧化铝叫人造刚玉。

氧化铝不溶于水，因此，不能用它来制备氢氧化铝。

氧化铝是冶炼铝的原料，也是一种比较好的耐火材料，它可以用来制造耐火坩埚、耐火管和耐高温的实验仪器。刚玉常被用来作砂轮、研磨纸和研磨石等，也广泛用作精密仪器或钟表的轴承。

(2) 氢氧化铝　$Al(OH)_3$ 是不溶于水的白色胶状物质。在实验室可用铝盐溶液和氨水作用制备氢氧化铝。例如

$$Al_2(SO_4)_3+6NH_3 \cdot H_2O \longequal 2Al(OH)_3 \downarrow +3(NH_4)_2SO_4$$

用离子方程式表示为

$$Al^{3+}+3NH_3 \cdot H_2O = Al(OH)_3 \downarrow +3NH_4^+$$

加热灼烧氢氧化铝，分解成为氧化铝和水，即

$$2Al(OH)_3 \xlongequal{灼烧} Al_2O_3+3H_2O$$

$Al(OH)_3$ 是典型的两性氢氧化物，既能溶于强酸，也能溶于强碱。用离子方程式表示如下

$$Al(OH)_3+3H^+ = Al^{3+}+3H_2O$$

$$Al(OH)_3+OH^- = AlO_2^-+2H_2O$$

氢氧化铝主要用于制备铝盐和纯氧化铝，在医药上是一种很好的抗胃酸药。

(3) 三氯化铝　将铝溶于盐酸能制得六水合氯化铝 $AlCl_3 \cdot 6H_2O$。灼烧 $AlCl_3 \cdot 6H_2O$，得到的不是无水氯化铝，而是氧化铝。

$$2AlCl_3 \cdot 6H_2O \xlongequal{灼烧} Al_2O_3+6HCl \uparrow +9H_2O$$

这是因为六水合氯化铝加热脱水时也会发生水解，生成氢氧化铝，在灼热情况下，氢氧化铝分解为氧化铝。所以无水氯化铝只能用干法制取，即在氯气流或氯化氢气流中熔融铝，使之发生反应，可制得无水氯化铝。

$$2Al+3Cl_2 \xlongequal{加热} 2AlCl_3$$

无水氯化铝是白色、极易吸水的固体，加热至456K时升华。氯化铝还易溶于乙醇、乙醚等有机溶剂。氯化铝是有机合成和石油化工中常用的催化剂，氯化铝可水解，产物碱式氯化铝有很强的吸附能力，是良好的净水剂。

(4) 明矾 [$KAl(SO_4)_2 \cdot 12H_2O$]　工业上，明矾是用硫酸处理明矾石 $K_2O \cdot 3Al_2O_3 \cdot 4SO_3 \cdot 6H_2O$ [或用 $K_2SO_4 \cdot Al_2(SO_4)_3 \cdot 4Al(OH)_3$ 表示] 制得的。明矾为易溶于水的复盐，在水中几乎全部电离为组成它的离子，即

$$KAl(SO_4)_2 \cdot 12H_2O = K^+ +Al^{3+}+2SO_4^{2-}+12H_2O$$

明矾水解后能生成氢氧化铝的胶状物质，它有强烈的吸附性，所以明矾常用作净水剂。在印染、制革和造纸等工业上，明矾也是一种常用的重要原料。

第二节　铁、铜、锌及其化合物

一、铁及其化合物

1. 铁

铁位于元素周期表第四周期第Ⅷ族，是一种重要的过渡元素，也是已发现的金属元素中应用最广泛、用量最多的元素。这是因为铁矿在自然界里分布很广，铁的合金的生产方法比较简单而且具有许多优良性质的缘故。纯净的铁是光亮的银白色金属，密度为 $7.86g/cm^3$，

熔点 1808K，沸点 3023K。有极强的磁性，铁也有延展性、导电性和导热性。

铁是比较活泼的金属，在潮湿的空气中容易生锈。铁在空气中加热至 773K，燃烧生成四氧化三铁，在 843K 与水蒸气作用也生成四氧化三铁，并放出氢气，反应式为

$$3Fe+2O_2 \xlongequal{773K} Fe_3O_4$$

$$3Fe+4H_2O(气) \overset{843K}{\rightleftharpoons} Fe_3O_4+4H_2\uparrow$$

加热时，铁也能与其它非金属，如硫、氯气等发生反应，分别生成硫化亚铁和氯化铁。

$$Fe+S \xlongequal{加热} FeS$$

$$2Fe+3Cl_2 \xlongequal{加热} 2FeCl_3$$

在上述的反应里，由于氯气是比硫更强的氧化剂，它夺取电子的能力也比硫强。所以氯气与铁反应时，铁原子被夺去 3 个电子，变成 Fe^{3+}。而硫与铁反应时，铁原子只能被夺去 2 个电子，变成 Fe^{2+}。

高温下，铁还能跟碳、硅、磷等化合。例如，铁跟碳能化合成一种灰色的、十分脆硬而又难熔的碳化铁。

在常温下，铁跟水不起反应。但是，在水和空气里的氧气、二氧化碳等的共同作用下，铁很容易发生电化学腐蚀。

铁能跟盐酸或稀硫酸发生置换作用，生成氧化值为＋2 的铁盐，并放出氢气。用离子反应方程式表示如下

$$Fe+2H^+ \xlongequal{} Fe^{2+}+H_2\uparrow$$

铁与硝酸反应所得的产物随着酸的浓度不同而变化。热的稀硝酸能使铁氧化为 Fe^{3+}，本身被还原为 NO 气体（甚至形成铵离子）。

$$Fe+4HNO_3(稀) \xlongequal{} Fe(NO_3)_3+NO\uparrow+2H_2O$$

在常温下，铁不与浓硫酸和浓硝酸反应，因为铁被纯化了。铁还能从比它活泼性弱的金属盐溶液里置换出该盐中的金属。例如

$$Fe+Cu^{2+} \xlongequal{} Fe^{2+}+Cu$$

2. 铁的化合物

(1) 铁的氧化物　铁的氧化物有氧化亚铁（FeO）、氧化铁（Fe_2O_3）和四氧化三铁（Fe_3O_4）三种。

氧化亚铁是不溶于水的黑色粉末，易溶于酸生成亚铁盐。氧化亚铁容易被氧化成 Fe_2O_3，若在高温灼烧，可得到 Fe_3O_4。

$$4FeO+O_2 \xlongequal{} 2Fe_2O_3$$

$$6FeO+O_2 \xlongequal{高温} 2Fe_3O_4$$

氧化铁是不溶于水的红棕色粉末，能溶于酸生成铁盐。氧化铁加热至 1573K 生成 Fe_3O_4。

$$6Fe_2O_3 \xlongequal{高温} 4Fe_3O_4+O_2\uparrow$$

上述几个反应说明，铁在高温燃烧时总是生成稳定的 Fe_3O_4 而不是生成 FeO 或 Fe_2O_3。

四氧化三铁是黑色晶体，具有磁性，俗称磁性氧化铁。四氧化三铁可看成是 FeO 和 Fe_2O_3 组成的、较复杂的化合物，是一种最稳定的铁的氧化物，不溶于水也不溶于硝酸，但能溶于盐酸。

(2) 铁的氢氧化物　铁的氢氧化物有两种，即氢氧化亚铁与氢氧化铁。

氢氧化亚铁是用可溶性的亚铁盐与碱液在隔绝空气的条件下作用，而得到的白色沉淀，用离子反应方程式表示为

$$Fe^{2+} + 2OH^- = Fe(OH)_2 \downarrow$$

生成的白色沉淀遇到氧迅速被氧化，变为灰绿色，继续氧化，最后成为红棕色的$Fe(OH)_3$。

$$4Fe(OH)_2 + O_2 + 2H_2O = 4Fe(OH)_3 \downarrow$$

氢氧化亚铁易溶于酸，生成氧化值为+2的亚铁盐，用离子反应方程式表示为

$$Fe(OH)_2 + 2H^+ = Fe^{2+} + 2H_2O$$

氢氧化铁是用氧化值为+3的铁盐溶液与碱液作用而生成的红棕色沉淀，用离子反应方程式表示为

$$Fe^{3+} + 3OH^- = Fe(OH)_3 \downarrow$$

氢氧化铁溶于酸生成氧化值为+3的铁盐，用离子反应式方程式表示为

$$Fe(OH)_3 + 3H^+ = Fe^{3+} + 3H_2O$$

加热氢氧化铁，可脱水生成红棕色粉末状的 Fe_2O_3。

(3) 铁的盐　铁能生成氧化值为+2的亚铁盐和氧化值为+3的铁盐两种。重要的盐为硫酸亚铁和氯化铁两种。

将纯铁溶于稀硫酸，可析出绿色的七水合物 $FeSO_4 \cdot 7H_2O$ 晶体，俗称为绿矾。它在空气中逐渐风化而失去一部分水，并容易被氧化为黄褐色的碱式硫酸铁（Ⅲ）。

$$4FeSO_4 + 2H_2O + O_2 = 4Fe(OH)SO_4$$

硫酸亚铁与碱金属的硫酸盐可以形成复盐，其中重要的 $(NH_4)_2SO_4 \cdot FeSO_4 \cdot 6H_2O$ 称为莫尔盐，它比 $FeSO_4 \cdot 7H_2O$ 稳定，在分析化学中常用来标定重铬酸钾溶液或高锰酸钾溶液，离子反应方程式为

$$6Fe^{2+} + Cr_2O_7^{2-} + 14H^+ = 6Fe^{3+} + 2Cr^{3+} + 7H_2O$$

$$5Fe^{2+} + MnO_4^- + 8H^+ = 5Fe^{3+} + Mn^{2+} + 4H_2O$$

金属铁和氯气直接作用可制得棕黑色的无水氯化铁 $FeCl_3$。也可将铁屑溶于盐酸中，再往溶液中通入氯气，经浓缩、冷却，可析出黄棕色的六水合氯化铁（$FeCl_3 \cdot 6H_2O$）晶体。无水氯化铁在空气中易潮解。

Fe^{3+} 在酸性溶液中是强氧化剂，它容易被 $SnCl_2$、H_2S、SO_2 及 HI 所还原，而转化为 Fe^{2+}。用离子方程式表示为

$$Fe^{3+} + e \underset{\text{氧化}}{\overset{\text{还原}}{\rightleftharpoons}} Fe^{2+}$$

上述反应常用于定量分析中。

(4) 铁离子的检验　往 Fe^{2+} 的溶液中加入铁氰化钾（俗称赤血盐）溶液，或在 Fe^{3+} 的溶液中加入亚铁氰化钾（俗称黄血盐）溶液，都能生成深蓝色沉淀，据此可以检验 Fe^{2+} 或 Fe^{3+} 的存在。用离子反应方程式表示为

$$3Fe^{2+} + 2[Fe(CN)_6]^{3-} = \underset{\text{(腾氏蓝)}}{Fe_3[Fe(CN)_6]_2} \downarrow \quad \text{(铁氰化亚铁)}$$

$$4Fe^{3+} + 3[Fe(CN)_6]^{4-} = \underset{\text{(普鲁士蓝)}}{Fe_4[Fe(CN)_6]_3} \downarrow \quad \text{(亚铁氰化铁)}$$

在实验室，还常用到另外一种检验铁盐的方法，即在 Fe^{3+} 盐溶液中，加入无色的硫氰化钾（KSCN）或硫氰化铵（NH_4SCN）溶液作检验剂，此时，Fe^{3+} 盐溶液将变成血红色的硫氰化铁溶液，反应方程式为

$$FeCl_3 + 3KSCN = \underset{\text{硫氰化铁(血红色)}}{Fe(SCN)_3} + 3KCl$$

用此方法可检验微量的 Fe^{3+} 的存在。

二、铜及其化合物

1. 铜

铜位于元素周期表第四周期第ⅠB族。纯铜是紫红色的软金属，有较强的导电性和延展性。

铜在干燥的空气中很稳定，但在潮湿的空气中久置表面会生成一层绿色的铜锈，其化学成分是碱式碳酸铜，反应式为

$$2Cu + O_2 + CO_2 + H_2O = Cu_2(OH)_2CO_3$$

2. 铜的重要化合物

当铜在空气中加热到 573K，就变成黑色的氧化铜，继续加热至 1073K，黑色的氧化铜开始分解为红色的氧化亚铜和氧气，反应式为

$$4CuO \xlongequal{\text{高温}} 2Cu_2O + O_2\uparrow$$

黑色的氧化铜粉末不溶于水，能跟各种酸作用生成氧化值为＋2 的铜盐。用离子方程式表示为

$$CuO + 2H^+ = Cu^{2+} + H_2O$$

用氧化值为＋2 能溶于水的铜盐溶液与适量的碱溶液反应，立即生成蓝色的氢氧化铜沉淀。用离子反应式表示如下

$$Cu^{2+} + 2OH^- = Cu(OH)_2\downarrow$$

氢氧化铜具有微弱的两性，以碱性为主，易溶于酸，也能溶于较浓的碱液中，生成一种叫做四氢氧合铜（Ⅱ）的复杂离子。上述反应用离子方程式表示如下

$$Cu(OH)_2 + 2H^+ = Cu^{2+} + 2H_2O$$

$$Cu(OH)_2 + 2OH^- = [Cu(OH)_4]^{2-}$$

氢氧化铜更容易溶解在氨水里，生成一种结构较复杂的深蓝色的离子［四氨合铜（Ⅱ）配离子］，离子反应式为

$$Cu(OH)_2 + 4NH_3 = [Cu(NH_3)_4]^{2+} + 2OH^-$$

分析上常用这个反应检验 Cu^{2+} 的存在，并可用比色法测定 Cu^{2+} 的含量。

五水合硫酸铜是蓝色晶体，俗称胆矾或蓝矾，是一种重要的铜盐。在工业上有多种制法和用途。

将蓝色的五水合硫酸铜加热至 523K，就会失去全部的结晶水，变成白色的无水硫酸铜，反应式为

$$CuSO_4 \cdot 5H_2O \xlongequal{\text{加热}} CuSO_4 + 5H_2O$$

无水硫酸铜吸水性很强，吸水后变成蓝色的五水硫酸铜，与上述过程正好相反，反应式为

$$\underset{\text{(白色)}}{CuSO_4} + 5H_2O = \underset{\text{(蓝色)}}{CuSO_4 \cdot 5H_2O}$$

利用这一性质可检验乙醚、乙醇等有机化合物中的微量水分的存在。

硫酸铜是制备其它含铜化合物的重要原料。把它加在贮水池中，可防止藻类生长。硫酸铜同石灰乳的混合液叫波尔多液，用于果树杀虫和防病。

三、锌及其化合物

1. 锌

锌是银白色而略带蓝色的金属，密度为 7.140g/cm^3，熔点 692K。在常温下很脆。

锌在潮湿的空气中，表面渐渐与水蒸气和二氧化碳、氧气化合，生成一层致密的碱式碳酸锌保护膜，反应方程式为

$$4Zn+2O_2+3H_2O+CO_2 = ZnCO_3 \cdot 3Zn(OH)_2$$

因此锌在空气中很稳定，在常温下也不跟水起反应，所以常在钢或铁的表面上镀锌，增强其抗腐蚀能力。常见的白铁皮就是将干净的铁片浸在熔化的锌里制得的。锌有毒，镀锌容器不能盛放食物。

锌是两性金属，既能与酸反应，又能与碱反应。例如

$$Zn+2HCl = ZnCl_2+H_2\uparrow$$

$$Zn+2NaOH+2H_2O = \underset{\text{四氢氧合锌(II)酸钠}}{Na_2[Zn(OH)_4]}+H_2\uparrow$$

锌和铝虽然都是两性金属，但二者有某些不同的性质。例如锌能和氨水生成配合物，而铝则不能。其反应式如下

$$Zn+4NH_3 \cdot H_2O = [Zn(NH_3)_4](OH)_2+2H_2O+H_2\uparrow$$

在分析中常根据这一性质对锌和铝进行分离。

2. 氯化锌

用锌、氧化锌或碳酸锌跟盐酸作用，都可制得一水合氯化锌（$ZnCl_2 \cdot H_2O$）晶体。不能用加热带结晶水的氯化锌的方法到无水氯化锌，因为氯化锌与水在加热时发生水解反应，生成碱式氯化锌，反应式为

$$ZnCl_2+H_2O \xlongequal{\text{加热}} Zn(OH)Cl+HCl\uparrow$$

因此，必须在氯化氢气流中蒸发氯化锌溶液，才能制得无水氯化锌。无水氯化锌是白色易潮解固体，在有机化学中常作脱水剂和催化剂，还可作焊接铁时的除锈剂。

第三节 配合物及配位反应

配位化合物简称配合物，是一类组成比较复杂的化合物。配合物的存在极为广泛，就配合物的数量来说超过一般无机化合物。一种元素或同它相结合的配位体，常常由于形成配合物而改变它们的性质。例如，N_2 非常稳定，在温和条件下不可能与 H_2 反应生成氨，但当 N_2 形成特殊配合物（如自然界中的固氮酶）后，在常温常压下即可和 H_2 反应生成氨。由于配合物的形成对元素和配位体产生如此巨大的影响，以及配合物本身具有的一些特性，所以对配合物的研究不仅是无机化学的重要课题，而且也对分析化学、生物化学、催化动力学、电化学、量子化学等学科有着重要的实际意义和理论意义。本节将对配合物的有关知识作一简单的介绍。

一、配合物的基本知识

1. 配合物的概念

为了认识配合物，先做下面的实验。

【实验 9-1】 在盛有 20mL 0.1mol/L $CuSO_4$ 溶液的试管中，逐滴加入浓氨水，生成蓝色的氢氧化铜沉淀，当继续加入过量浓氨水时，则蓝色沉淀消失，变为深蓝色的透明溶液。为了降低生成物的溶解度，在此溶液中加入乙醇，则有蓝色晶体从溶液中析出。

现在来分析这个实验所发生的反应。

硫酸铜跟浓氨水起反应能生成蓝色的氢氧化铜沉淀。氢氧化铜虽是难溶电解质，但终究有一定的溶解度。因此 $Cu(OH)_2$ 沉淀在水溶液中仍然存在着一个溶解平衡。

$$Cu(OH)_2(\text{固}) \underset{\text{沉淀}}{\overset{\text{溶解}}{\rightleftharpoons}} Cu^{2+} + 2OH^-$$

当继续加入氨水后，NH_3 跟溶液里微量的 Cu^{2+} 结合，在水溶液里生成一种深蓝色的复杂离子 $[Cu(NH_3)_4]^{2+}$，它叫四氨合铜（Ⅱ）配离子或铜氨配离子。这个反应可以用离子方程式表示如下

$$4NH_3 + Cu^{2+} = [Cu(NH_3)_4]^{2+}$$

这样就使溶液里的 Cu^{2+} 减少，破坏了氢氧化铜的溶解平衡，促使氢氧化铜沉淀逐渐溶解。在此溶液中加入乙醇后析出的蓝色晶体，经研究确定，它的化学组成是 $[Cu(NH_3)_4]SO_4$，叫做硫酸四氨合铜（Ⅱ）。这是一种复杂的化合物，在这种化合物里含有复杂的 $[Cu(NH_3)_4]^{2+}$。**这种由一个简单阳离子和几个中性分子或其它离子结合而成的复杂离子叫做配离子，含有配离子的化合物叫配合物**。除上面讲到的硫酸四氨合铜（Ⅱ）外，前面学过的亚铁氰化钾 $K_4[Fe(CN)_6]$，铁氰化钾 $K_3[Fe(CN)_6]$ 也都是配合物。

此外，如果用中性原子代替阳离子和一定数目的中性分子或其它离子结合而形成的分子叫配分子。配分子也是配合物。例如 $Ni(CO)_4$ 是由原子（Ni）和中性分子（CO）形成的不带电荷的配分子，也是配合物。

2. 配合物的组成

【实验 9-2】 将【实验 9-1】中得到的硫酸四氨合铜（Ⅱ）晶体，溶解于水配成溶液，分别装在两支试管中，一支试管中加入几滴 0.1mol/L $BaCl_2$ 溶液，立即有白色的沉淀产生；另一支试管中加入几滴 0.1mol/L NaOH 溶液，结果蓝色溶液不发生变化，无氢氧化铜沉淀产生。

实验结果说明，硫酸四氨合铜（Ⅱ）在水中能电离出 SO_4^{2-}，遇到 Ba^{2+} 生成白色的 $BaSO_4$ 沉淀，而四氨合铜（Ⅱ）配离子在水溶液中则很难电离，溶液中存在的 Cu^{2+} 很少，更确切地说 Cu^{2+} 的浓度还达不到产生 $Cu(OH)_2$ 沉淀的要求，故无 $Cu(OH)_2$ 沉淀产生。

由此可见，配合物的结构很复杂，一般都有一种成分作为整个配合物的核心，这个核心叫**中心离子**，也称为**配合物的形成体**。在中心离子周围结合着几个中性分子或带负电荷的离子，这些分子或离子叫做**配位体**。配位体和中心离子靠得比较近，结合得比较牢固，共同构成**配合物的内界**（即配离子）。不在内界的其它离子，距离中心离子较远，结合得比较松弛，构成**配合物的外界**。

学习了内界、外界的概念后，就很容易理解在【实验 9-2】中，$[Cu(NH_3)_4]SO_4$ 易电

离出 SO_4^{2-}，而不易电离出 Cu^{2+} 的原因是由于它们之间的结合方式不同。

配合物的外界和内界一般是通过离子键相结合，而内界是由中心离子和配位体通过配位键相结合。在表示配合物时，通常用方括号把内界括起来，外界离子写在方括号的外面。例如

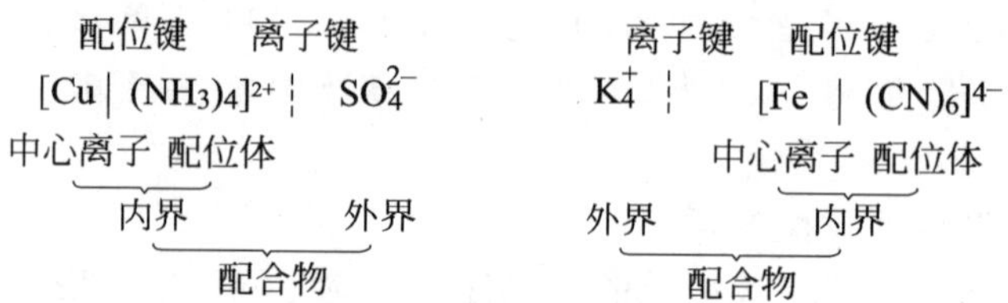

配离子是配合物的特征部分，它可以带正电荷，也可以带负电荷。带正电荷的配离子叫**配阳离子**，带负电荷的配离子叫**配阴离子**。配离子所带电荷的正、负和多少是由中心离子和配位体决定的，中心离子和配位体所带的电荷的代数和即为配离子所带的电荷。例如，在 $[Cu(NH_3)_4]SO_4$ 中，中心离子 Cu^{2+} 带 2 个正电荷，4 个中性的配位体电荷数为 0，则配离子所带电荷为 +2；在 $K_4[Fe(CN)_6]$ 中，中心离子 Fe^{2+} 带 2 个正电荷，6 个配位体 CN^- 总电荷数为 $-1\times6=-6$，则配离子所带电荷为：$(+2)+(-6)=-4$。

由于配合物分子是电中性，因此也可以从外界离子的电荷数来确定配离子的电荷数。例如，$K_3[Fe(CN)_6]$ 中，它的外界有 3 个 K^+，所以 $[Fe(CN)_6]^{3-}$ 配离子的电荷数是 -3，由此还可以进一步确定中心离子铁的电荷数是 +3。

一个中心离子（或原子）所能结合的配位原子（直接与中心原子配合的原子）总数，叫做中心离子的配位数。如在 $[Cu(NH_3)_4]^{2+}$ 配离子中，Cu^{2+} 的配位数是 4，在 $[Fe(CN)_6]^{4-}$ 配离子中，Fe^{2+} 的配位数是 6。

凡是可作配位体（或含有可作配位体的离子）的物质叫做配合剂。常用的配合剂有氰化物、氟化物和氨等。

3. 配合物的命名

有些较简单的配合物至今还沿用习惯名称，如 $K_4[Fe(CN)_6]$ 叫亚铁氰化钾或黄血盐，$K_3[Fe(CN)_6]$ 叫铁氰化钾或赤血盐。现在由于大量复杂配合物的出现，就有必要对配合物进行科学的系统命名。一般无机化合物的命名原则也适用于配合物。命名配合物时，不论配离子是阴离子还是阳离子，都是阴离子名称在前，阳离子名称在后。若配合物的外界是一个简单的酸根离子（如 Cl^- 等），则称为“某化某”；若外界酸根是一个复杂阴离子（如 SO_4^{2-} 等）则称为“某酸某”；若外界是氢离子，则配阴离子的名称之后用“酸”字结尾，如 $H_2[CuCl_4]$称为四氯合铜（Ⅱ）酸；若外界是金属阳离子，也同样称为“某酸某”，如 $K_2[HgI_4]$叫四碘合汞（Ⅱ）酸钾。

配合物的命名比一般无机化合物更复杂的地方在于配合物的内界。

处于配合物内界的配离子，其命名方法一般按照如下顺序：

配位体数——配位体名称——“合”字——中心离子名称——中心离子氧化值。

配位体的个数用一、二、三……表示。中心离子氧化值用罗马数字注明，并加括号。

如果配位体有几种时，先命名阴离子配位体，后命名中性分子配位体。如果阴离子或中性分子有几种时，阴离子的命名顺序是：简单离子——复杂离子——有机酸根离子；中性分子的命名顺序是：NH_3——H_2O——有机分子。现具体举例加以说明。

种 类	配合物分子式	命 名
配阳离子	$[Cu(NH_3)_4]SO_4$	硫酸四氨合铜(Ⅱ)
	$[Co(NH_3)_5Cl]Cl_2$	二氯化一氯·五氨合钴(Ⅲ)
	$[Pt(NH_3)_4(NO_2)Cl]CO_3$	碳酸一氯·一硝基·四氨合铂(Ⅳ)
配阴离子	$K_2[PtCl_6]$	六氯合铂(Ⅳ)酸钾
	$H_2[CuCl_4]$	四氯合铜(Ⅱ)酸
中性分子	$[Pt(NH_3)_2Cl_2]$	二氯二氨合铂(Ⅱ)

二、配位反应和配合物的电离平衡

配合物稳定性有多方面的含义。这里只讨论配合物在水溶液中的稳定性。配合物的内、外界之间是靠离子键相结合的，在水溶液中全部电离为配离子和外界离子。而配离子则是中心离子和配位体以配位键相结合的，在水溶液中仅部分发生电离。配离子在水溶液中的电离程度，就是配合物在水溶液中的稳定性的反映。

1. 配离子的离解平衡和不稳定常数

【实验 9-3】 在试管中制取 5mL $[Cu(NH_3)_4]SO_4$ 溶液。然后，往此溶液中滴加 0.1mol/L Na_2S 溶液，观察发生的变化。

从实验可以看到，深蓝色溶液逐渐转变为黑色沉淀，并嗅到氨的特殊气味。这说明，在水溶液中 $[Cu(NH_3)_4]^{2+}$ 仍可微弱离解，生成少量的 Cu^{2+} 及逸出氨。可用下列离解配合平衡来表示

$$[Cu(NH_3)_4]^{2+} \underset{配合}{\overset{离解}{\rightleftharpoons}} Cu^{2+} + 4NH_3$$

Cu^{2+} 与 S^{2-} 反应生成溶解度很小的 CuS 黑色沉淀。沉淀的析出，又使上述平衡向右移动，生成更多的 NH_3，故能闻到氨的特殊气味。如同弱电解质的平衡一样，配离子的离解平衡也是一个可逆平衡过程，也有平衡常数。

$$K=\frac{[Cu^{2+}][NH_3]^4}{[Cu(NH_3)_4^{2+}]}$$

式中方括号表示离子或分子的平衡浓度，单位 mol/L。

上述平衡常数 K 叫配离子的离解常数。具有相同配位体数目的配合物，其 K 值愈大，表明该配离子愈容易离解，配合物就愈不稳定。所以这个常数又叫做配离子的不稳定常数，用 $K_{不稳}$ 表示。

不同配离子具有不同的不稳定常数。根据 $K_{不稳}$ 的数值可以比较相同类型的配离子稳定性的相对大小。例如，$K_{不稳[Ag(CN)_2]^-}(1.58\times10^{-22})<K_{不稳[Ag(NH_3)_2]^+}(5.88\times10^{-8})$，即说明 $[Ag(NH_3)_2]^+$ 不及 $[Ag(CN)_2]^-$ 稳定。

2. 配离子的配位平衡和稳定常数

除了用不稳定常数来表示配合物的稳定性外，更常使用的是用配合物生成反应的平衡常数来表示配合物的稳定性。

例如 $[Cu(NH_3)_4]^{2+}$ 的生成反应为

$$Cu^{2+} + 4NH_3 \underset{离解}{\overset{配合}{\rightleftharpoons}} [Cu(NH_3)_4]^{2+}$$

其配位常数为

$$K'=\frac{[Cu(NH_3)_4^{2+}]}{[Cu^{2+}][NH_3]^4}$$

K'是生成配合物的平衡常数，简称配位常数。具有相同配位体数目的配合物，其K'值愈大，表示该配离子在水中愈稳定。所以这个常数又叫配离子的稳定常数，用$K_{稳}$表示。同理，不同的配离子具有不同的稳定常数，配合物的稳定常数见附录。

具有相同配位体数目的配合物，其$K_{稳}$越大，生成配离子的趋势愈大，配合物愈稳定。应该指出，配位体数目不同的配合物，它们的$K_{稳}$（或$K_{不稳}$）表达式中浓度的方次不同，不能直接用以比较它们的稳定性。

例如，$K_{稳[Ag(NH_3)_2]^+}$（1.7×10^7）<$K_{稳[Cu(NH_3)_4]^{2+}}$（1.07×10^{12}），但不能认为$[Cu(NH_3)_4]^{2+}$比$[Ag(NH_3)_2]^+$稳定。$K_{稳}$和$K_{不稳}$互为倒数关系，即

$$K_{稳}=\frac{1}{K_{不稳}}$$

两者概念不同，使用时应注意不可混淆。

3. 配离子稳定常数的应用

配合物的形成，常常引起溶液中许多性质的变化，影响反应的方向、沉淀的转化、电极电位及 pH 的改变。可以利用配合物的稳定常数来计算溶液中有关离子的浓度；判断配位反应进行的方向；讨论可溶性配离子与沉淀之间的转化等。

【例 9-1】 计算 0.1mol/L $[Ag(NH_3)_2]^+$溶液中Ag^+的浓度。

解 设平衡时溶液中Ag^+浓度为x（mol/L）。

$$[Ag(NH_3)_2]^+ \rightleftharpoons Ag^+ + 2NH_3$$

平衡浓度/(mol/L)　　$0.1-x$　　　x　　　$2x$

查表知，$K_{不稳[Ag(NH_3)_2]^+}=5.88\times10^{-8}$，因其溶解很小，所以可以将$0.1-x$近似看作0.1。将以上数据代入平衡常数表示式，得

$$K_{不稳[Ag(NH_3)_2]^+}=\frac{[Ag^+][NH_3]^2}{[Ag(NH_3)_2]^+}=\frac{x(2x)^2}{0.1-x}\approx\frac{4x^3}{0.1}=6.0\times10^{-8}$$

$$x=1.1\times10^{-3}\text{mol/L}$$

答：在 0.1mol/L $[Ag(NH_3)_2]^+$溶液中，Ag^+浓度为1.1×10^{-3}mol/L。

4. 螯合物

无机化合物的分子或离子作为配位体，一般只有一个原子（如NH_3中的 N；CN^-中的 C）作为配位原子。这种只有一个配位原子的配位体叫做单基配位体。除此以外，许多有机化合物分子和酸根阴离子也能与金属离子形成配合物。而这些有机物分子和酸根阴离子往往含有一个以上的配位原子。这种含有一个以上的配位原子的配位体叫多基配位体。例如用乙二胺$NH_2—CH_2—CH_2—NH_2$作配合剂时，分子中的 2 个氮原子都是配位原子。当它与金属离子结合时，形成具有环状结构的配合物。如Ni^{2+}与乙二胺的配位反应如下

$$Ni^{2+}+2\begin{matrix}CH_2—NH_2\\|\\CH_2—NH_2\end{matrix}\rightleftharpoons\left[\begin{matrix}H_2C\diagup NH_2\searrow\quad\swarrow NH_2\diagdown CH_2\\|\qquad\qquad Ni\qquad\qquad|\\H_2C\diagdown NH_2\nearrow\quad\nwarrow NH_2\diagup CH_2\end{matrix}\right]^{2+}$$

在形成的配离子中有两个五元环。这种由中心离子与多基配位体形成的具有环状结构的配合物叫内配合物或螯合物（螯原意指螃蟹的钳）。

由于螯合物具有环状结构，它比由相同配位原子形成的一般配合物稳定得多，大多数螯合物具有五元环或六元环。

能和中心离子形成螯合物、含有多基配位体的配位剂称为螯合剂。一般常见的螯合剂是

含有 N、O、S、P 等配位原子的有机化合物。除上述的乙二胺外，更常用的一种螯合剂是乙二胺四乙酸（简称 EDTA）。

螯合物是目前配合物中应用最广的一种类型，它的稳定性高，几乎不溶于水而溶于有机溶剂，且一般有特殊的颜色，所以常用于金属元素的分离、提纯等。有的螯合剂对金属离子有很强的选择性，因此螯合物还广泛用作滴定剂、显色剂、沉淀剂、掩蔽剂、萃取剂等。

5. 配合物的应用

配合物在自然界广泛存在，跟人类生活的关系很密切。例如，生物体中的许多金属元素都是以配合物的形式存在的。在植物生长中起光合作用的叶绿素是镁的配合物；动物血液中输送氧气的血红素是铁的配合物；在人体生理过程中起重要作用的各种酶，也都是配合物。在原子能工业中，用作排除人体放射性元素的高效解毒剂的 EDTA，就是一种重要的配合物。

随着现代科学的发展，配合物在科学研究和工农业生产的各个部门，都有许多重要用途。

（1）在分析化学中的应用　在定性分析中，广泛应用形成配合物的反应以达到离子鉴定和离子分离的目的。

① 离子的鉴定　某种配位剂若能和金属离子形成特征的有色配合物或沉淀，即可用于对该离子的特效鉴定。例如用氨水作为检验溶液中 Cu^{2+} 的极灵敏的试剂，离子反应式为

$$Cu^{2+}+4NH_3 = \underset{\text{(深蓝)}}{[Cu(NH_3)_4]^{2+}}$$

用亚铁氰化钾 $K_4[Fe(CN)_6]$ 作为检验 Fe^{3+} 的试剂，离子反应式为

$$4Fe^{3+}+3[Fe(CN)_6]^{4-} = \underset{\text{(普鲁士蓝)}}{Fe_4[Fe(CN)_6]_3}\downarrow$$

用铁氰化钾 $K_3[Fe(CN)_6]$ 作为检验 Fe^{2+} 的试剂，离子反应式为

$$3Fe^{2+}+2[Fe(CN)_6]^{3-} = \underset{\text{(滕氏蓝)}}{Fe_3[Fe(CN)_6]_2}\downarrow$$

② 离子的分离　两种离子，若其中有一种能和某种配位剂形成配合物，这种配合剂可用于使这两种离子彼此分离，这种分离方法常常是将配位剂加到难溶固体混合物中，其中一种离子与配位剂生成可溶性配合物而进入溶液，其余的保持不溶状态。

③ 掩蔽某些离子对其它离子的干扰作用　在含有多种金属离子的溶液中，要测定其中某种金属离子，其它离子往往会发生类似的反应而干扰测定。例如，在含有 Co^{2+} 和 Fe^{3+} 的混合溶液中，加入配位剂 KSCN 检出 Co^{2+} 时，Fe^{3+} 也可与 SCN^- 反应形成血红色 $[Fe(SCN)]^{2+}$，妨碍了对 Co^{2+} 的鉴定。如果先在溶液中加入足够量的 NaF（或 NH_4F），使 Fe^{3+} 生成稳定的无色 $[FeF_6]^{3-}$，这样就可排除 Fe^{3+} 对 Co^{2+} 鉴定的干扰作用。这种防止干扰的作用称为掩蔽效应，所用的配位剂（如 NaF）称为掩蔽剂。掩蔽效应不仅用于元素的分析、分离过程，在其它方面也有广泛的用途。

（2）在冶金工业中的应用　配合物主要用于湿法冶金。湿法冶金就是用水溶液直接从矿石中将金属以化合物的形式浸取出来，然后再进一步还原成金属的过程。广泛用于从矿石中提取稀有金属和有色金属。在湿法冶金中，金属配合物的形成在其中起着重要的作用。

除此之外，配合物还广泛用于医药、印染、电镀等工业及改良土壤、防腐工艺等。

本章小结

一、基本知识

1. 钙的性质、制法及用途，钙的重要化合物的性质及用途；
2. 镁的性质、制法及用途，镁的重要化合物的性质及用途；
3. 铝的性质、制法及用途，铝的重要化合物的性质及用途；
4. 铁的性质及用途，铁的化合物的性质及用途，铁离子的检验方法；
5. 铜的性质及用途，铜的重要化合物的性质及用途；
6. 锌的性质及用途，锌的化合物的性质及用途；
7. 配合物的概念、组成、命名及应用；
8. 配位反应和配合物的电离平衡，稳定常数的应用；
9. 螯合物的性质及用途。

二、基本计算

有关配合物的稳定常数的计算。

习　　题

1. 为什么无水 $CaCl_2$ 是很好的干燥剂，但不能用来干燥乙醇和氨？
2. 有 4 种白色粉末，它们是碳酸钙、氢氧化钙、氯化钙和硫酸钙，试用化学方法加以鉴别。
3. 有一种白色固体粉末，已知它是氯化镁、碳酸镁、氢氧化镁三者中的一种。你准备做些什么实验，根据什么现象来判断它是哪一种？
4. 煅烧 10t 含 $CaCO_3$ 90%的石灰石，问能制得多少立方米 CO_2（标准状态下）？
5. 在焊接路轨时，如果需要填满体积为 100mL 的凹坑，需多少克铝热剂？（铁的密度 7.86g/cm^3）
6. 怎样鉴别溶液中的 Fe^{3+} 和 Fe^{2+}？
7. 配制 Fe^{2+} 溶液时，为什么要在其中加铁钉或铁屑？
8. 将一铝片浸入热水中，无变化；若再滴入烧碱溶液，则有气泡产生，铝片逐渐溶解。试说明原因。
9. 如何制备无水 $AlCl_3$？能否用加热脱去 $AlCl_3 \cdot 6H_2O$ 中水的方法制备无水 $AlCl_3$？为什么？
10. 氧化值为+2 的铜的配位数为 4，写出它与氨配离子和氰配离子的离子式。并根据配离子所带电荷的符号和数量，分别组成一个配合物，写出分子式。
11. $AgNO_3$ 能从 $Pt(NH_3)_6Cl_4$ 溶液中将所有的氯沉淀为 AgCl，但在 $Pt(NH_3)_4Cl_4$ 溶液中仅能沉淀出 1/4 的氯。试写出这两种配合物按内界、外界结合方式组成的结构式。
12. 在 $AgNO_3$ 溶液中加入 NaCl 溶液，静置片刻，弃去上层清液。在沉淀中加入过量氨水，沉淀溶解。再加入 HNO_3，又有白色沉淀产生。写出上述各步有关反应方程式。

元素与人体健康

人体中含有大量的化学元素，这些元素中绝大多数都是人体健康和生命所必需的元素。如 H、C、N、O、Na、Mg、P、S、Cl、K、Ca 等含量较高的元素以及 B、F、Si、Cr、Mn、Fe、Co、Ni、Cu、Zn、Se、Br、Mo、Sn、I 等含量甚微的元素。

人体中若含有机体不需要的元素，则会危害身体健康甚至危及生命，如铅。铅不是人体必需的元素，由于环境和食品的污染，铅可通过呼吸道和消化道等进入人体。进入人体的铅积蓄于体内不能全部排出体外，故引起铅中毒。由于铅中毒会导致心血管病、脑溢血、肾炎等的发生，还可能引起骨骼的变化。

食品加工厂的设备和器皿，如有铅涂层的设备，含铅的陶器、搪瓷和釉药，含铅的锡制品等都可能造成铅对食品的污染。以前在制作锡的器皿时，常加入40%～60%的铅。这样的器皿若用来盛酒，铅会溶于酒中；若用来盛醋，则铅会与醋酸作用生成可溶性的醋酸铅随醋的食用而进入人体（其实铅溶于酒主要也是因为酒特别是米酒中含有醋），这就会引起铅中毒。1970年，加拿大有一名两岁的儿童，因连续二十多天饮用装在彩釉壶中的苹果汁而死亡，后经查明是由于铅中毒。1983年春节期间，我国江苏某镇500多人因饮用盛在“锡壶”中的米酒而中毒，经查明该“锡壶”含铅高达90%。

因此，应该尽量防止人体不需要的元素进入人体，保护身体健康。

根据元素在人体内含量的不同，人体内必需的元素可分为常量元素如H、C、N、O、Na、Mg、P、S、Cl、K、Ca等和微量元素如B、F、Si、V、Cr、Mn、Fe、Co、Ni、Cu、Zn、Se、Br、Mo、Sn、I等。常量元素是组成机体的重要成分。而微量元素中则多位于元素周期表的第四周期，且多为过渡元素。这些元素大多具有可变氧化值，它们可能在机体内参与各种酶的氧化还原作用——不仅参与酶的组成、而且参与酶的激活，是酶中不可缺少的成分。在人的新陈代谢活动中，酶是生物催化剂，它在很大程度上决定着体内反应的速率。有学者估计，如果消化道中没有酶，消化一顿饭可能需要50年的时间。

人体内大约有上千种酶，其中60%以上的酶含有微量元素。人体中微量元素的含量极微，均低于0.01%。它们均有一定的、适宜的浓度范围，高于或低于这个范围都会引起疾病。下面仅就几种微量元素对人的生命活动和健康情况的影响作用做一简单介绍。

1. 铜

铜是人体中独特的氧化剂，人体内有30多种蛋白质和酶含有铜，它能使食物在人体组织中迅速氧化。铜的最重要的生理功能还在于人血清中的铜蓝蛋白可以协同铁的功能，在铁的生理代谢过程中，Fe^{2+}氧化为Fe^{3+}时需要铜蓝蛋白的催化氧化，以利Fe^{3+}与蛋白质结合成铁蛋白合成血红蛋白。因此尽管体内有足够的铁而缺铜，铁的生理代谢造血机能也会发生障碍而导致贫血。因此在治疗贫血症时，常将铜作为痕量元素加入补血的铁剂中。

铜的摄取量过低，还可能促进胆固醇升高和导致主动脉弹性降低。成人每天对铜的需要量为1.0～3.8mg，一般膳食已够铜的供应。茶中也含铜，每天喝茶也可补足人体对铜的需求。人体内含铜量过多可能引起肠胃和肝的炎症，也可能引起中毒事件。1954年德国曾发生一起菠菜罐头中毒事件，就是因为用$CuSO_4$作菠菜的护色剂，使菠菜中铜含量超过了0.01%。食品中铜的含量一般不得超过0.002%，清凉饮料中铜含量不得超过0.0002%。

2. 锌

锌是人体中必需的痕量元素，它在人体内最重要的作用是防止人体衰老。如果人体内没有足够的锌，就不能进行正常的细胞分裂，使人体衰老加快。锌在人体内还有防止高血压、糖尿病、心脏病、肝病恶化的功能。人体内缺锌还会使味觉减退。

成人每天对锌的需要量为8～15mg，食物中麦芽、牡蛎等含锌最多，牛奶、肉、鱼、面粉和绿叶蔬菜中含锌也比较丰富。近年来一些食品加工厂也开始生产含锌食品和饮料，以弥补人体内锌的不足。但必须注意，人体内锌过量会引起肠胃的炎症。常用镀锌金属（如白铁皮）容器盛装酸性饮品（如柠檬酸），会使锌与其作用后以锌盐进入饮品，饮入后会造成人体内锌过量而中毒。医学上常以饮用生姜红糖水、服用维生素 C 等药物来预防锌中毒和减轻锌中毒症状。同时体育锻炼也能将过多的锌排出体外。

3. 铁

铁是人体内必需的微量元素，它是细胞的一种组分，是血红蛋白中氧的携带者，血液的运输和交换氧都少不了铁。

成人每天需铁量为 10～18mg，人体内缺铁会造成贫血。目前全世界患缺铁性贫血的人还比较多，特别是妇女和儿童。日常饮食中含铁最多的食物是动物的肝脏，猪、牛、羊的瘦肉以及蛋黄、紫菜、海带、蔬菜、水果中也含有较丰富的铁。

研究认为，Fe^{2+} 最容易被肠黏膜吸收，而食物中的有机铁盐不太容易被人体直接吸收，只有在胃内经胃酸作用才能部分转变为无机铁盐，然后在肠内还原为 Fe^{2+} 才能被吸收。因此，平时认为含铁丰富的食物并不一定是补充铁质的理想食物，如菠菜。另外，许多食品中的铁处于碱性环境中，因为难溶而难以被人体吸收，如柿饼、豆腐等。还有如蛋黄中的铁虽丰富，但与蛋黄中的磷酸盐形成 $FePO_4$ 沉淀而抑制了铁的吸收和利用。研究发现，维生素 C 不仅能把 Fe^{3+} 还原为 Fe^{2+}，而且还能与 Fe^{2+} 形成可溶性的亚铁化合物，从而可大大提高食物中的铁的利用率，如柑橘和红枣中虽然含铁不多，但由于它们富含维生素 C，所以柑橘和红枣中铁的利用率相对较高。

人体内如果铁含量过多则容易引起血色病。食物中若铁含量过多，吃了容易产生恶心和呕吐。有人还认为，铁在人体内还能与 SO_2 及一些致癌物质发生协同作用。可见，人体内铁也不宜超量。

一些微量元素对人体的影响参见表 9-1。

表 9-1 一些微量元素对人体的影响

微量元素	功能	对人体的影响		来源
		过多	缺乏	
铁	贮存和输送氧	青年智力发育缓慢、肝硬变	缺铁性贫血，龋齿、无力	肝、肉、蛋、水果、绿叶蔬菜等
铜	胶原蛋白和许多酶的重要成分	类风湿关节炎、肝硬化、精神病	低蛋白血症、贫血、心血管受损、冠心病	干果、葡萄干、葵花子、肝、茶等
锌	控制代谢酶的活性部位	头昏、呕吐、腹泻、皮肤病	贫血、高血压、食欲不振味觉差、伤口难愈合、早衰、侏儒	肉、蛋、奶、谷物
锰	许多酶的活性部位	头痛、昏睡、精神病	软骨畸形、营养不良	干果、粗谷物、核桃、板栗、菇类
碘	甲状腺中控制代谢过程	甲状腺肿大、呆滞	甲状腺肿大、疲怠	海产品、奶、肉、水果
钴	维生素 B_{12} 核心	心脏病、红细胞增多	贫血、心血管病	肝、瘦肉、奶、蛋、鱼
铬	Cr(Ⅲ)使胰岛素发挥正常功能，调节血糖代谢	肺癌、鼻膜穿孔	糖尿病、糖代谢反常，动脉粥样硬化、心血管病	一切动物、植物
钼	染色体有关酶的活性部位	龋齿、肾结石、营养不良		豌豆、谷物、肝、酵母
硒	正常肝功能必需酶的活性部位	头病、精神错乱、肌肉萎缩乃至中毒致命	心血管病、克山病、肝病、易诱发癌症	日常饮食、井水

微量元素化学是一门新兴的综合性边缘学科，它是生物无机化学的一个重要分支。人的生、老、病、死无不与微量元素有关，微量元素与人体健康的关系是生命科学中一个活跃的

研究领域。微量元素在人体中含量极微，除了认为微量元素是酶的不可缺少的成分、参与酶的组成和激活外，微量元素的一些其它必要性和生理功能目前尚难确知。

微量元素对人体必不可少，但绝不可以任意增多，它们在人体内必须保持一种特殊的平衡状态。一旦平衡被破坏，就会影响身体健康。某种微量元素对人体是有益还是有害也是相对的，关键在于适量。微量元素多少才是适量，它们在人体内的生理功能及形成的化合物的结构如何等，都是微量元素与人体健康的关系的重要研究课题。

第十章 烃

在 18 世纪以前，由于人类生活所必需的蛋白质、淀粉、糖类等物质只能从动植物等有机体中提取出来，因此，当时人们把来源于动植物有机体的这类化合物称为有机化合物（简称有机物）。从 18 世纪以来，随着认识水平的提高和科学技术的发展，现在已能人工合成几百万种天然存在的和天然不存在的有机物。有机物都含有碳元素，还可能含有氢、氧、氮、硫元素等，但并非含有碳元素的化合物都是有机物，如 CO、CO_2、H_2CO_3 及碳酸盐等就不是有机物，所以有机物是指碳氢化合物及其衍生物。而有机化学就是研究碳氢化合物及其衍生物的科学。在有机物中，有一类物质只由碳、氢两种元素组成，这类物质的总称叫烃，也叫碳氢化合物。

第一节 烷 烃

在烃类中，甲烷是分子组成最简单的烃。

一、甲烷

1. 甲烷在自然界中的存在

在自然界中，甲烷存在于天然气、沼气、瓦斯气中。甲烷是一种易燃性气体。在城市的下水道中，由于动植物在空气较少的情况下经某些微生物的发酵作用而生成甲烷，也就是产生了沼气，遇火星或火花等就可能引起爆炸。天然气的主要成分是甲烷，在我国，天然气常作为燃气和重要的有机化工原料。

2. 甲烷分子的结构

甲烷的分子式是 CH_4。经测定，甲烷分子中一个碳原子和四个氢原子都以共价键相连。实验证明，甲烷分子中的四个共价键不在同一平面上，而是分布在以碳原子为中心的正四面体的四个顶点上，模型如图 10-1 所示。

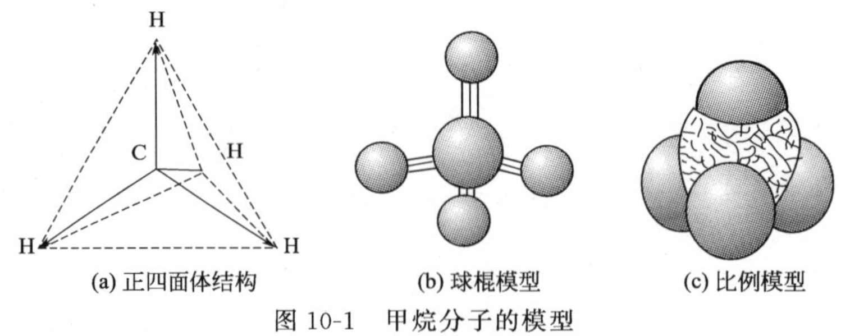

(a) 正四面体结构　(b) 球棍模型　(c) 比例模型

图 10-1　甲烷分子的模型

甲烷的分子式、电子式和结构式分别如下

分子式	电子式	结构式
CH_4	$\mathrm{H\overset{\times}{\cdot}\underset{\underset{H}{\times}}{\overset{\overset{H}{\times}}{C}}\overset{\times}{\cdot}H}$	$\mathrm{H-\underset{\underset{H}{\mid}}{\overset{\overset{H}{\mid}}{C}}-H}$

3. 甲烷的制取

在工业中，甲烷通常由天然气分离得到。在实验室里，甲烷是用无水醋酸钠和碱石灰混合加热制得，制取装置见图 10-2。碱石灰是无水氢氧化钠（NaOH）和生石灰（CaO）的混合物。制取甲烷的反应式如下

$$CH_3COONa + NaOH \xrightarrow{加热} Na_2CO_3 + CH_4\uparrow$$

【实验 10-1】 取一药匙研细的无水醋酸钠和三药匙研细的碱石灰，在纸上充分混匀后立即装进硬质试管中。加热，用排水集气法收集生成的甲烷气体，观察其颜色，闻其气味。

（思考：碱石灰中 CaO 不是反应物，其作用是什么？）

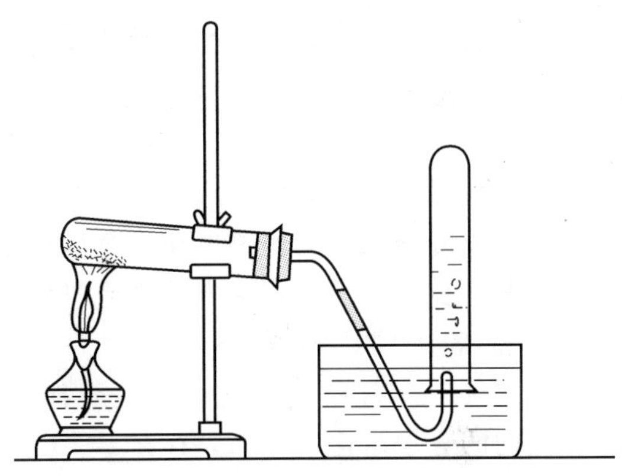

图 10-2 甲烷的制取

4. 甲烷的性质和用途

甲烷是没有颜色、没有气味的气体。在标准状态下密度为 0.717g/L，难溶于水，易燃烧。

在通常情况下，甲烷性质较稳定，难与强酸、强碱或强氧化剂反应。但是，在某些特定条件下，甲烷可以发生某些反应。

（1）氧化反应 甲烷易燃烧，纯净的甲烷在空气中能安静地燃烧，充分燃烧的产物为 CO_2 和 H_2O，燃烧时产生淡蓝色的火焰并放出大量的热。因此，甲烷常作为燃料使用，而且是一种清洁、环保能源。甲烷燃烧反应式如下

$$CH_4 + 2O_2 \longrightarrow CO_2 + 2H_2O$$

甲烷在空气中达到一定的比例或甲烷气体中混入一定量的空气，达到其爆炸极限范围（含甲烷 5%～15%），遇火花等则立即发生爆炸。因此，在使用甲烷或在有甲烷气体存在的环境中，都要十分注意安全。

（2）取代反应 在室温下，甲烷和氯气的混合物可以长期存在于黑暗中而无明显反应，但混合气体经日光散射（防止直射，否则发生爆炸）或在少量碘的催化下，就会发生反应。氯气的黄绿色会逐渐变淡并可能有液态物质生成。其反应式如下

$$CH_4 + Cl_2 \longrightarrow \underset{一氯甲烷}{CH_3Cl} + HCl$$

但反应并未停止，生成的一氯甲烷仍可继续与氯气反应，依次生成二氯甲烷、三氯甲烷（又名氯仿）、四氯甲烷（又名四氯化碳）。其反应依次如下

$$CH_3Cl + Cl_2 \longrightarrow \underset{二氯甲烷}{CH_2Cl_2} + HCl$$

$$CH_2Cl_2 + Cl_2 \longrightarrow \underset{三氯甲烷}{CHCl_3} + HCl$$

$$CHCl_3 + Cl_2 \longrightarrow \underset{四氯甲烷}{CCl_4} + HCl$$

在常温常压下，一氯甲烷是气体，其它 3 种氯化物都是液体。其中，三氯甲烷和四氯甲

烷都是很好的有机溶剂，它们都难溶于水。甲烷与氯气反应的 4 种产物，都是重要的有机化工原料。

在这些反应中，甲烷分子里的氢原子逐步被氯原子所代替而生成了 4 种取代物。有机物分子中的某些原子或原子团被其它原子或原子团所代替的反应叫取代反应。甲烷与氯气的反应就属于取代反应，其 4 种产物都可叫作甲烷的氯代产物。甲烷还可与氟气等发生取代反应。

(3) 分解反应 在隔绝空气的条件下，甲烷加热到一定温度可分解生成炭黑、氢气、乙炔等物质。反应式如下

$$CH_4 \longrightarrow C + 2H_2$$

$$2CH_4 \longrightarrow C_2H_2 + 3H_2$$

甲烷加热分解生成的炭黑可作为制黑墨水、油墨、油漆等的原料。生成的乙炔是有机合成工业中非常重要的原料，生成的氢气可作为合成氨等的工业原料。

二、烷烃的命名和同系物

除甲烷外，还有一系列结构和性质都与其相近的烃，像乙烷（C_2H_6）、丙烷（C_3H_8）等。在它们的分子结构中，都只存在 C—H 键和 C—C 键，而且为链状结构，碳原子的价键都已全部饱和。具有这种结构的链烃叫做饱和链烃，或称烷烃。甲烷是分子结构最简单的烷烃。乙烷、丙烷的分子结构式如下

```
     乙烷                 丙烷
    H  H               H  H  H
    |  |               |  |  |
 H—C—C—H          H—C—C—C—H
    |  |               |  |  |
    H  H               H  H  H
```

1. 烷烃的命名

烷烃的命名法可分为习惯命名法和系统命名法。含碳原子数在 10 个以下的烷烃，从一到十依次用甲、乙、丙、丁、戊、己、庚、辛、壬、癸表示。碳原子数在 11 以上的，就用数字来表示。例如，C_6H_{14} 叫己烷，$C_{18}H_{38}$ 叫十八烷，这种命名法叫做习惯命名法。烃分子失去一个或几个氢原子后所剩余的部分叫烃基，用“R—”表示。例如甲烷失去一个氢原子后剩余部分为 CH_3—，叫甲基。烷烃的命名以系统命名法为主，该命名法的步骤如下。

① 选择分子里最长的碳链作主链，并根据主链上碳原子的数目称为某“烷”。

② 把主链里离支链较近的一端作为起点，用阿拉伯数字（1、2、3…）对主链的各个碳原子依次编号定位以确定支链的位置。例如

```
                                        CH3
  1     2     3     4           4     3    2|  1
 CH3—CH—CH2—CH3           CH3—CH2—C—CH3
        |                                   |
       CH3                                 CH3
```

③ 支链作为取代基，把取代基的名称写在烷烃名称的前面，同时在取代基的前面用阿拉伯数字注明它在烷烃主链上所处的位置，在数字与取代基之间用一短线隔开。例如

```
  1     2     3     4
 CH3—CH—CH2—CH3      2-甲基丁烷
        |                 (又叫异戊烷)
       CH3
```

④ 主链上如果有相同的取代基，必须合并起来，并在取代基名称之前用二、三、四等数字表明相同取代基的数目。但要将相同取代基相同位置的阿拉伯数字用“,”隔开。如果

几个取代基不同，则把简单的写在前面，复杂的写在后面。例如

$$\begin{array}{ccccccc} & & \mathrm{CH_3} & & & & \\ 1 & & |\,2 & & 3 & & 4 \\ \mathrm{CH_3} & - & \mathrm{C} & - & \mathrm{CH_2} & - & \mathrm{CH_3} \\ & & | & & & & \\ & & \mathrm{CH_3} & & & & \end{array}$$

2,2-二甲基丁烷

$$\begin{array}{ccccccccccccc} 1 & & 2 & & 3 & & 4 & & 5 & & 6 & & 7 \\ \mathrm{CH_3} & - & \mathrm{CH} & - & \mathrm{CH} & - & \mathrm{CH_2} & - & \mathrm{CH_2} & - & \mathrm{CH_2} & - & \mathrm{CH_3} \\ & & | & & | & & & & & & & & \\ & & \mathrm{CH_3} & & \mathrm{CH_3} & & & & & & & & \end{array}$$

2,3-二甲基庚烷

$$\begin{array}{ccccccccccccccc} & & & & & & & & & & & & \mathrm{CH_3} & & \\ 8 & & 7 & & 6 & & 5 & & 4 & & 3 & & |\,2 & & 1 \\ \mathrm{CH_3} & - & \mathrm{CH_2} & - & \mathrm{CH_2} & - & \mathrm{CH} & - & \mathrm{CH_2} & - & \mathrm{CH} & - & \mathrm{C} & - & \mathrm{CH_3} \\ & & & & & & | & & & & | & & | & & \\ & & & & & & \mathrm{CH_3} & & & & \mathrm{CH_2} & & \mathrm{CH_3} & & \\ & & & & & & & & & & | & & & & \\ & & & & & & & & & & \mathrm{CH_3} & & & & \end{array}$$

2,2,5-三甲基-3-乙基辛烷

2. 烷烃的通式和同系物

有机物可用分子式、结构式表示，还可用结构简式表示。例如

	分子式	结构式	结构简式
乙烷	C_2H_6	$\begin{array}{ccccccc} & & \mathrm{H} & & \mathrm{H} & & \\ & & | & & | & & \\ \mathrm{H} & - & \mathrm{C} & - & \mathrm{C} & - & \mathrm{H} \\ & & | & & | & & \\ & & \mathrm{H} & & \mathrm{H} & & \end{array}$	CH_3CH_3

同理，丁烷的结构简式是 $CH_3CH_2CH_2CH_3$ 或 $CH_3(CH_2)_2CH_3$。

烷烃的种类很多，表 10-1 列出几种烷烃的名称、结构简式及部分物理性质。

表 10-1 几种烷烃的物理性质

名 称	结构简式	常温时的状态	熔点/℃	沸点/℃	液态时的密度/(g/cm³)
甲烷	CH_4	气	−182.5	−164	0.466①
乙烷	CH_3CH_3	气	−183.3	−88.63	0.572②
丙烷	$CH_3CH_2CH_3$	气	−189.7	−42.07	0.5005
丁烷	$CH_3(CH_2)_2CH_3$	气	−138.4	−0.5	0.5788
戊烷	$CH_3(CH_2)_3CH_3$	液	−129.7	36.07	0.6262
庚烷	$CH_3(CH_2)_5CH_3$	液	−90.61	98.42	0.6833
辛烷	$CH_3(CH_2)_6CH_3$	液	−56.79	125.7	0.7025
癸烷	$CH_3(CH_2)_8CH_3$	液	−29.7	174.1	0.7300
十七烷	$CH_3(CH_2)_{15}CH_3$	固	22	301.8	0.7780(固态)
二十四	$CH_3(CH_2)_{22}CH_3$	固	54	391.3	0.7991(固态)

①−164℃时值。

②−108℃时值，其余是 20℃时值。

从表中可看出，各种烷烃的物理性质一般随着分子里的碳原子数目的递增（相对分子质量也递增）发生规律性的变化。例如在常温下它们的状态由气态、液态到固态；它们的熔点、沸点逐渐升高；液态时的密度逐渐增大等。

烷烃具有相似的结构，其化学性质也很相似。在通常情况下，它们较稳定，但在特殊条件下也能发生氧化、取代和热分解反应等。

从表中烷烃的结构简式可以看出，任何两个烷烃之间在组成上都相差一个或若干个 CH_2 原子团。如果把碳原子数定为 n，则 H 原子数就为 $2n+2$，所以烷烃的分子式可用通式 C_nH_{2n+2} 表示。

这些结构相似，在分子组成上相差一个或若干个 CH_2 原子团的物质互称为同系物。例

如甲烷、乙烷、丙烷、丁烷等互为同系物。

三、同分异构体

在研究含碳原子数较多的有机物的分子组成和性质时，发现很多物质的分子组成相同（分子式相同），但性质却存在差异。例如，分子式同为 C_4H_{10} 的分子有两种，其结构式及熔点、沸点分别如下。

```
            H  H  H  H
            |  |  |  |
正丁烷    H—C—C—C—C—H        熔点:134.8K     沸点:272.7K
            |  |  |  |
            H  H  H  H

             H  H  H
             |  |  |
异丁烷     H—C—C—C—H         熔点:113.8K     沸点:261.5K
             |  |  |
             H  |  H
              H—C—H
                |
                H
```

从以上数据可知，正丁烷与异丁烷分子式虽然相同，但由于其分子结构不同，因此其性质存在差异。把这种有相同的分子式，但具有不同结构和性质的现象叫做同分异构现象。具有同分异构现象的化合物称为同分异构体。如正丁烷与异丁烷是丁烷的两种同分异构体。

在有机物中，同分异构现象是普遍存在的。例如戊烷有 3 种同分异构体，己烷有 5 种，庚烷有 9 种，含碳原子数越多的烷烃，其同分异构体数目越多。

四、环烷烃

在烃类分子里，还有一类只由 C—C 键和 C—H 键组成但不是链状而是环状的烃，叫环烷烃。例如环丙烷，其分子式、结构简式分别如下。

```
分子式        结构简式
                CH2
                / \
C3H6       H2C — CH2
```

环烷烃的性质与烷烃的性质较相似。其分子组成与烷烃比较少两个氢原子，其通式可写作 $C_nH_{2n}(n\geqslant3)$。

第二节 烯 烃

烷烃是一种饱和链烃，分子结构中只存在 C—H 键和 C—C 键。但在链烃中，还有一些烃分子结构中存在 C═C 键或 C≡C 键，这类烃叫不饱和烃。在不饱和烃中，含有 C═C 键的链烃叫烯烃，含有 C≡C 键的烃叫炔烃。在烯烃中，分子结构最简单的是乙烯。

一、乙烯

1. 乙烯分子的结构

乙烯是分子结构最简单的烯烃，含有一个 C═C 双键，其余为 C—H 键。其分子式、结构式、结构简式如下。

```
分子式      结构式         结构简式
             H  H
             |  |
C2H4       H—C═C—H       CH2═CH2
```

结构模型如图 10-3 所示。

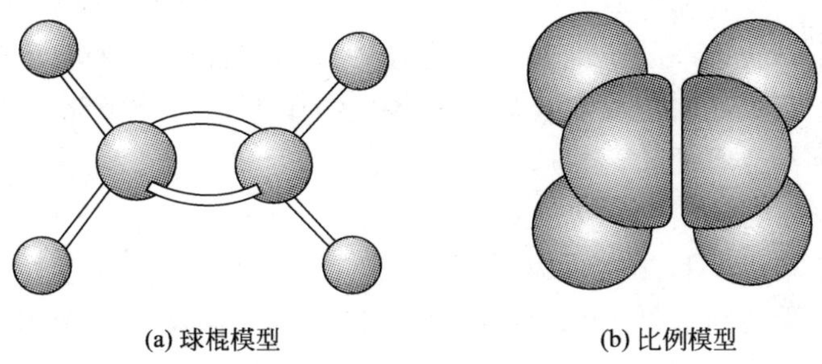

图 10-3　乙烯分子的模型

从乙烯分子的结构模型上看，乙烯分子为一立体结构。像乙烯分子一样，链烃分子中含有碳碳双键的不饱和烃叫烯烃。

2. 乙烯的性质

在常温常压下，乙烯是无色稍有气味的气体，密度为 1.25g/L，难溶于水。

在乙烯分子中含有一个 $C=C$ 双键，化学性质较活泼。在一定条件能发生加成、氧化和聚合反应。

（1）加成反应

【实验 10-2】 将乙烯气体通入盛有溴水的试管里，观察试管里溴水颜色的变化。

从实验中可看出溴水颜色逐渐变浅并消失。乙烯与溴发生了化学反应，生成了新物质 1,2-二溴乙烷（CH_2Br-CH_2Br）。

$$H_2C=CH_2+Br_2 \longrightarrow BrH_2C-CH_2Br$$

该反应是乙烯分子的 $C=C$ 双键中 1 个键断裂，两个溴原子分别加在原双键的两个碳原子上而生成了 1,2-二溴乙烷。像这种有机分子里的不饱和碳原子与其它原子或原子团结合而生成新物质的反应叫加成反应。

乙烯在一定条件下还可与 H_2、Cl_2、HX 及 H_2O 等发生加成反应。

$$CH_2=CH_2+H_2 \longrightarrow CH_3-CH_3$$

$$CH_2=CH_2+HCl \longrightarrow CH_3CH_2Cl$$

$$CH_2=CH_2+H_2O \longrightarrow CH_3CH_2OH$$

（2）氧化反应

【实验 10-3】 从制取乙烯气体装置的导管口处点燃纯净的乙烯气体，观察实验现象。

从实验可知，乙烯燃烧时发出明亮的火焰。乙烯燃烧生成了 CO_2 和 H_2O，并放出大量的热。

$$CH_2=CH_2+3O_2 \longrightarrow 2CO_2+2H_2O$$

乙烯在空气中若达到一定含量，遇火会引起爆炸。乙烯除可被氧气氧化外，还可被 $KMnO_4$ 等氧化剂所氧化。

【实验 10-4】 将制得的乙烯气体通入酸性（H_2SO_4 酸化）$KMnO_4$ 溶液中，观察溶液颜色的变化。

从实验现象知道，通入乙烯气体后，酸性 $KMnO_4$ 溶液的颜色较快消失，说明乙烯与 $KMnO_4$ 发生了反应。

（3）聚合反应　在一定条件下，乙烯分子可相互结合成相对分子质量很大的化合物——

聚乙烯。

$$nCH_2{=}CH_2 \longrightarrow {+}CH_2{-}CH_2{+}_n$$

像这种由相对分子质量小的不饱和有机化合物互相结合成相对分子质量很大的新的有机化合物的反应叫聚合反应或叫加成聚合反应。该反应是制造高分子化合物的基本反应。例如制造塑料、合成纤维、合成橡胶等物质。

3. 乙烯的制法和用途

（1）制法　乙烯的工业制法主要是从石油炼制厂和石油化工厂产生的裂解气经分离而得。在实验室里，乙烯的制取是用无水乙醇在160～180℃温度下，经浓硫酸催化脱水而得。

$$CH_3CH_2OH \xrightarrow[433\sim453K]{浓H_2SO_4} CH_2{=}CH_2 + H_2O$$

（2）用途　乙烯是有机合成化工的基础原料之一，用途很广泛，例如制造塑料、合成橡胶、合成纤维等。乙烯在农业上可用作植物生长调节剂，例如作果实催熟剂。

二、烯烃和二烯烃

1. 烯烃的通式及命名

像乙烯分子一样，只有一个 C═C 双键的链烃除乙烯以外，还有丙烯（$CH_3{-}CH{=}CH_2$）、丁烯（$CH_2{=}CH{-}CH_2{-}CH_3$）等，这些烯烃互为同系物。表 10-2 列出了几种烯烃的物理性质。

表 10-2　几种烯烃的物理性质

名　称	结构简式	常温时状态	熔点/℃	沸点/℃	液态时的密度/(g/cm³)
乙烯	$CH_2{=}CH_2$	气	−169.2	−103.7	0.384①
丙烯	$CH_3CH{=}CH_2$	气	−185.3	47.4	0.5193
1-丁烯	$CH_3CH_2CH{=}CH_2$	气	−185.4	−6.3	0.5951
1-戊烯	$CH_3(CH_2)_2CH{=}CH_2$	液	−138	29.97	0.6405
1-己烯	$CH_3(CH_2)_3CH{=}CH_2$	液	−139.8	63.35	0.6731
1-庚烯	$CH_3(CH_2)_4CH{=}CH_2$	液	−119	93.64	0.6970

①是指−10℃时的值，其余是指20℃时的值。

从表中可看出，乙烯的同系物也依次相差一个 CH_2 原子团，故烯烃的通式是 C_nH_{2n}。各同系物的熔点、沸点随分子中碳原子的增多而升高，密度也逐渐增大。烯烃的化学性质与乙烯的性质相似，如能发生加成、氧化和聚合反应等，但其它烯烃的化学反应较乙烯复杂。

烯烃的命名与烷烃相似，不同的是需标出双键中碳原子的位置。命名的步骤如下。

① 选择包括双键在内的最长碳链为主链，按主链上碳原子的数目称为“某烯”。

② 从靠近双键的一端开始编号，用阿拉伯数字给主链碳原子依次编号，将双键的位置数字标在“某烯”前面，中间加一短线。

③ 其它步骤与烷烃命名相似。

烯烃也具有同分异构现象，其同分异构体数目较相同碳原子的烷烃多。

2. 二烯烃

分子里含有两个 C═C 双键的链烃叫二烯烃。如 $CH_2{=}CH{-}CH{=}CH_2$ 叫 1,3-丁二烯。二烯烃因分子结构中含有两个 C═C 双键，故分子中氢原子数较碳原子数相同烯烃少 2 个。其通式为 $C_nH_{2n-2}(n\geqslant3)$。

二烯烃因分子里含有两个 C═C 双键，化学性质较活泼。化学反应类型与烯烃相似，如能发生加成、氧化和聚合反应等，但反应较烯烃复杂。例如 1,3-丁二烯与溴单质加成的产物就为两种。

$$CH_2{=}CH{-}CH{=}CH_2 + Br_2 \xrightarrow[\text{醋酸}]{4℃} \begin{cases} CH_2{=}CH{-}\underset{|}{\overset{Br}{CH}}{-}\underset{|}{\overset{Br}{CH_2}} \text{（3,4-加成，Br 连于后两个碳）} \\ \underset{Br}{CH_2}{-}CH{=}CH{-}\underset{Br}{CH_2} \end{cases}$$

第三节　炔　　烃

炔烃是含有 C≡C 叁键的不饱和链烃。在炔烃中，分子结构最简单的是乙炔。

一、乙炔

1. 乙炔分子的结构

乙炔分子中含有 C≡C 叁键，其分子式、结构式、结构简式如下。

分子式	结构式	结构简式
C_2H_2	H—C≡C—H	HC≡CH

乙炔的结构模型如图 10-4 所示。

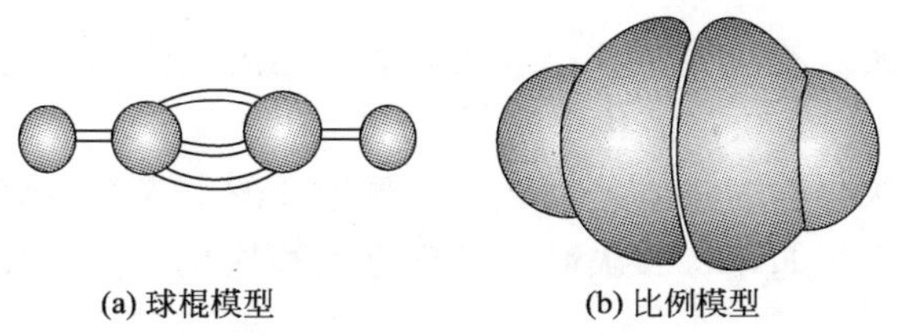

图 10-4　乙炔的分子模型

2. 乙炔的性质

乙炔俗称电石气，是因乙炔可由电石（CaC_2）制得。纯净的乙炔是无色、无臭味的气体，密度为 1.16g/L，微溶于水，易溶于有机溶剂。

乙炔分子结构中因有不饱和的 C≡C 叁键，化学性质较活泼。在一定条件下可发生加成、氧化、聚合和金属炔化反应等。

(1) 加成反应

【实验 10-5】 将纯净的乙炔通入盛有溴水的试管里，观察试管里溴水颜色的变化。

从实验可以看到，通入乙炔后，溴水的颜色逐渐变浅并最终消失。反应过程可以分步表示如下

$$H{-}C{\equiv}C{-}H + Br{-}Br \longrightarrow H{-}\underset{Br}{C}{=}\underset{Br}{C}{-}H$$

1,2-二溴乙烷

$$H{-}\underset{Br}{C}{=}\underset{Br}{C}{-}H + Br{-}Br \longrightarrow H{-}\underset{Br}{\overset{Br}{C}}{-}\underset{Br}{\overset{Br}{C}}{-}H$$

1,1,2,2-四溴乙烷

在有催化剂存在的条件下，乙炔还能与氢气、氯化氢等起加成反应

$$CH \equiv CH + H_2 \xrightarrow[\text{加热}]{\text{催化剂(Ni)}} CH_2 = CH_2$$

$$CH_2 = CH_2 + H_2 \xrightarrow[\text{加热}]{\text{催化剂(Ni)}} CH_3 - CH_3$$

$$CH \equiv CH + HCl \xrightarrow[393 \sim 453K]{\text{催化剂}(HgCl_2)} \underset{\text{氯乙烯}}{CH_2 = CHCl}$$

(2) 氧化反应

【实验 10-6】 点燃制得的纯净乙炔气体，观察燃烧现象。

从实验可看出，乙炔在空气中燃烧可发出明亮的火焰并伴有黑烟。这是因为燃烧放出大量的热及未完全燃烧生成炭黑所致。乙炔完全燃烧的化学方程式是

$$2C_2H_2 + 5O_2 \xrightarrow{\text{点燃}} 4CO_2 + 2H_2O(\text{液})$$

由于乙炔充分燃烧放出大量的热，故火焰温度可达 3273～4273K。其燃烧火焰在工业上称为氧炔焰，可用于焊接、切割金属。

乙炔在空气中达到一定比例时，遇火星等也可发生爆炸，故使用时应注意安全。

【实验 10-7】 将纯净的乙炔通入盛有酸性 $KMnO_4$ 溶液的试管中，观察溶液颜色的变化。

从实验可以看出，通入乙炔气体后，溶液的颜色逐渐变浅，最后褪去了。说明乙炔与酸性 $KMnO_4$ 发生了反应，即乙炔被氧化了。

(3) 聚合反应　乙炔与乙烯相似，也能以自身加成的方式发生聚合反应。随着反应条件的不同，反应产物不同。例如，将乙炔通入氯化亚铜和氯化铵的强酸溶液中，立即发生聚合反应而生成乙烯基乙炔。

$$CH \equiv CH + CH \equiv CH \xrightarrow[HCl]{CuCl\text{-}NH_4Cl} \underset{\text{乙烯基乙炔}}{CH_2 = CH - C \equiv CH}$$

乙烯基乙炔是制造氯丁橡胶单体 2-氯-1,3-丁二烯的重要原料。

$$CH_2 = CH - C \equiv CH + HCl \xrightarrow[HCl]{CuCl\text{-}NH_4Cl} \underset{\text{2-氯-1,3-丁二烯}}{CH_2 = CH - \underset{\displaystyle Cl}{\underset{|}{C}} = CH_2}$$

乙炔在高温下，可以发生环状聚合反应生成苯。

$$3CH \equiv CH \xrightarrow{500℃} \text{(苯环)}$$

此反应产率不高，无工业生产价值，但说明了开链化合物可以转变为芳香族化合物。

(4) 金属炔化反应　乙炔因含有 C≡C 叁键，故其分子中 C—H 键易断裂，在一定条件下，其分子中的 H 被部分金属原子取代而生成金属炔化物，该反应叫金属炔化反应。例如将乙炔通入硝酸银的氨溶液中或氯化亚铜的氨溶液中，分别生成了灰白色的乙炔银或棕红色的乙炔亚铜沉淀。反应式如下

$$CH \equiv CH + 2Ag(NH_3)_2NO_3 \longrightarrow AgC \equiv CAg\downarrow + 2NH_4NO_3 + 2NH_3$$

$$CH \equiv CH + 2Cu(NH_3)_2Cl \longrightarrow CuC \equiv CCu\downarrow + 2NH_4Cl + 2NH_3$$

上述两反应灵敏度高，可用于检验乙炔或含有 —C≡CH 型结构的炔烃。

二、炔烃的通式及命名

链烃分子里含有 C≡C 键的不饱和烃叫炔烃。除乙炔外，还有丙炔、丁炔等也具有这种相似结构。表 10-3 列出几种炔烃的物理性质。

表 10-3 几种炔烃的物理性质

名　称	结构简式	常温时状态	熔点/℃	沸点/℃	液态时的密度/(g/cm^3)
乙炔	HC≡CH	气	−80.8(加压)	−84.0	0.6181①
丙炔	CH_3—C≡CH	气	−101.5	−23.2	0.66②
1-丁炔	CH_3—CH_2—C≡CH	气	−125.7	8.1	0.6784③
1-戊炔	CH_3—$(CH_2)_2$—C≡CH	液	−90	40.18	0.6901

①−32℃时的值。
②−13℃时的值。
③0℃时的值。

从表中可以看出，乙炔的同系物之间依次相差一个 CH_2 原子团，从分子式上可知其比相同碳原子数的烯烃少两个氢原子。故其通式可表示为 C_nH_{2n-2}($n\geqslant2$)。炔烃的熔点、沸点一般也随分子里的碳原子数的增加而增大。由于炔烃具有相同的 C≡C 键，故化学性质较相似，也能发生加成、氧化、聚合等反应。

炔烃的命名法与烯烃相似，只需将“烯”字改为“炔”字即可。炔烃的同分异构现象也与烯烃较相似。例如丁烯与丁炔。

本章小结

1. 甲烷的结构、性质、制法及用途；
2. 烷烃的命名、通式及性质；
3. 同分异构现象及同分异构体；
4. 环烷烃的通式及结构；
5. 乙烯的结构、性质、制法及用途；
6. 烯烃的命名、通式及性质；
7. 乙炔的结构、性质、制法及用途；
8. 炔烃的命名、通式及性质。

习　　题

1. 写出 C_6H_{14} 的同分异构体，并用系统命名法进行命名。
2. 写出下列烷基的结构式。
   (1) 甲基　(2) 乙基　(3) 正丙基　(4) 异丙基
3. 试推测下列化合物的沸点高低，并按顺序排列。
   (1) 正庚烷　(2) 正己烷　(3) 正辛烷
4. 写出下列化合物的结构式。
   (1) 2,3-二甲基己烷　(2) 2-甲基-3-异丙基庚烷
   (3) 2,4-二甲基-3-乙基己烷　(4) 2,2,3,4-四甲基戊烷
5. 用简便的化学方法区别丙烷、丙烯和环丙烷。

6. 在聚丙烯的生产中，常用己烷或庚烷作溶剂。但要求溶剂中不能含有烯烃。请列举两种化学方法，检验该溶剂中有无烯烃杂质。若有该如何除去？
7. 下列几种说法对吗？为什么？如有不对，请予改正。
   (1) 具有 C_2H_6 和 C_4H_{10} 结构的烃互为同系物。
   (2) 具有 C_4H_6 和 C_5H_8 结构的烃一定互为同系物。
8. 用化学方法鉴别乙烷、乙烯和乙炔。
9. 一种气态烃含碳 83.33%，含氢 16.66%。标准状态下为 1.12L，这种烃的质量为 3.6g。求此烃的分子式，并写出可能的同分异构体的结构式，同时予以命名。
10. 已知某气态烃中碳氢的质量比为 6∶1，该烃对氢气的相对密度为 14，求它的分子式。
11. 含杂质 10%的碳化钙 0.2kg 和足量的水发生反应，在标准状态下可得多少立方米的乙炔气体？

科学家 维勒

维勒（Friedrch Wöhler，1800～1882 年），德国化学家，1825 年首次从无机物人工合成出有机化合物——尿素。

1822 年，维勒制得氰酸银 AgCNO、氰酸铅 $Pb(CNO)_2$ 等氰酸盐。1825 年，他将氰酸银用氯化铵溶液处理，得到一种白色结晶状物质，实验表明这种白色晶体物质毫无氰酸盐性质。他还将氰酸铅用氢氧化铵溶液处理，也得到一种白色晶体。最初，他认为这种白色晶体物质是一种生物碱，但是检验结果是否定的。后来他考虑到是尿素，把它和从尿中提取的尿素进行比较，证明是同一物质。

维勒是在 1828 年才发表《论尿素的人工合成》一文，事实上，早在 1824 年他已经人工制得尿素。这年他用瑞典文在《斯德哥尔摩科学院报告》中发表“论氰化钠”。1825 年他又用德文发表此论文。文中叙述将氰 $(CN)_2$ 与氨水作用获得草酸 $(COOH)_2$ 和一种白色奇异的结晶物质。不过当时他没有认清这白色奇异的结晶物质是尿素。

维勒在 1828 年 2 月 22 日给他的老师贝齐乌斯的信中写道“我要告诉阁下，我不用人或狗的肾脏制成尿素。氰酸铵是尿素”。

尿素的人工合成打破了“生命力论”，也打开了无机物与有机物之间不可逾越的界墙。

第十一章 醇、酚、醚、醛、酮

烃分子中的氢原子被其它原子或原子团取代后生成的化合物，叫做烃的衍生物。例如一氯甲烷（CH_3Cl）、硝基苯（$C_6H_5-NO_2$）等都是烃的衍生物。

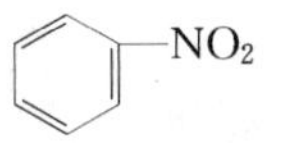

烃的衍生物具有与相应的烃不同的化学特性，这是因为取代氢原子的原子或原子团对于烃的衍生物的性质起着很重要的作用。这种决定化合物的化学性质的原子或原子团叫做官能团。卤素原子（—X）、硝基（$-NO_2$）、磺酸基（$-SO_3H$）等都是官能团，碳碳双键和碳碳叁键也分别是烯烃和炔烃的官能团。含有相同官能团的化合物化学性质基本相似，可归于一类。表 11-1 列出一些主要的官能团及所属化合物的类别。

表 11-1 主要官能团及其所属化合物的类别

化合物类别	官能团	化合物类别	官能团
烯烃	双键 $>C=C<$	醛和酮	羰基 $>C=O$
炔烃	叁键 $-C\equiv C-$	羧酸	羧基 —COOH
卤代烃	卤素 —X(F、Cl、Br、I)	胺	氨基 $-NH_2$
醇和酚	羟基 —OH	硝基化合物	硝基 $-NO_2$
		磺酸类	磺(酸)基 $-SO_3H$
醚	醚键 $-\overset{|}{\underset{|}{C}}-O-\overset{|}{\underset{|}{C}}-$	腈	氰基 —CN

烃的衍生物种类很多，本章只介绍以下几类重要的烃的衍生物。

第一节 醇

烃分子中的一个或几个氢原子被羟基（—OH）取代生成的化合物称为醇。羟基是醇的官能团。醇的种类比较多，可按不同的方法加以分类。

按羟基所连的烃基类别的不同分为脂肪醇、脂环醇、芳香醇，又可根据烃基的饱和程度分为饱和醇和不饱和醇。例如

脂肪醇
- 饱和醇 CH_3CH_2OH　　$CH_3\underset{\underset{OH}{|}}{C}HCH_2CH_3$
- 不饱和醇 $CH_2=CH-CH_2OH$

脂环醇 $C_6H_{11}-OH$（环己醇）

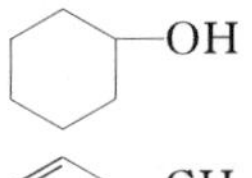

芳香醇 $C_6H_5-CH_2OH$　　$C_6H_5-\underset{\underset{OH}{|}}{C}HCH_3$

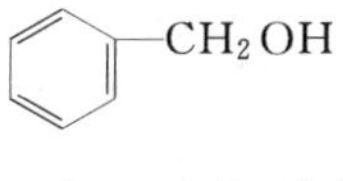

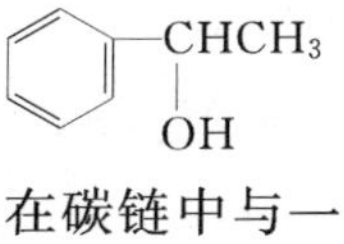

在有机化学上，伯、仲、叔碳原子分别表示在碳链中与一个、二个、三个碳原子相连的碳原子，与四个碳原子相连的碳原子叫季碳原子。

羟基连接在伯碳原子上的称为伯醇，连接在仲碳原子上的称为仲醇，连接在叔碳原子上的称为叔醇。例如

$$R-CH_2-OH \quad 伯醇$$

$$R-\underset{\displaystyle OH}{\underset{|}{CH}}-R' \quad 仲醇$$

$$R'-\underset{\displaystyle OH}{\underset{|}{\overset{\displaystyle R}{\overset{|}{C}}}}-R'' \quad 叔醇$$

按分子中羟基的数目分为一元醇、二元醇、三元醇等。二元醇以上的醇统称为多元醇。例如

$$CH_3CH_2CH_2OH \qquad \underset{OH}{\underset{|}{CH_2}}-\underset{OH}{\underset{|}{CH_2}} \qquad \underset{OH}{\underset{|}{CH_2}}-\underset{OH}{\underset{|}{CH}}-\underset{OH}{\underset{|}{CH_2}} \qquad HOCH_2-\underset{\displaystyle CH_2OH}{\underset{|}{\overset{\displaystyle CH_2OH}{\overset{|}{C}}}}-CH_2OH$$

（正丙醇） 一元醇　（乙二醇） 多元醇　（丙三醇） 多元醇　（季戊四醇） 多元醇

在各类醇中，饱和一元醇在理论上和实际应用上都比较重要。饱和一元醇的通式是 $C_nH_{2n+1}OH$ 或简写为 R—OH。饱和一元醇常用的命名法有两种。

（1）习惯命名法　醇的习惯命名法是在“醇”字前面加上与羟基相连的烃基的名称，但“基”字常略去不写。这种命名只适用于低级醇类。例如

CH_3OH　甲醇　　CH_3CH_2OH　乙醇

$CH_3CH_2CH_2OH$　正丙醇　　$CH_3-\underset{\displaystyle CH_3}{\underset{|}{CH}}-OH$　异丙醇

$CH_3CH_2CH_2CH_2OH$　正丁醇　　$CH_3-\underset{\displaystyle CH_3}{\underset{|}{CH}}-CH_2-OH$　异丁醇

（2）系统命名法　醇的命名一般用系统命名法，其命名原则与烯烃相似。通常是选择带有羟基的最长碳链作主链，以支链为取代基；主链碳原子的编号从离羟基最近的一端开始，按照主链上碳原子的数目称为某醇。取代基的位置用阿拉伯数字标在取代基名称的前面，羟基的位置用阿拉伯数字标在醇的名称前面。例如

$$\overset{3}{CH_3}-\overset{2}{CH_2}-\overset{1}{CH_2}-OH \quad 1\text{-丙醇}$$

$$\overset{4}{CH_3}-\overset{3}{CH_2}-\underset{\displaystyle OH}{\underset{|}{\overset{2}{CH}}}-\overset{1}{CH_3} \quad 2\text{-丁醇}$$

$$\overset{3}{CH_3}-\underset{\displaystyle CH_3}{\underset{|}{\overset{2}{CH}}}-\overset{1}{CH_2}-OH \quad 2\text{-甲基-1-丙醇}$$

$$\overset{1}{CH_3}-\underset{\displaystyle OH}{\underset{|}{\overset{\displaystyle CH_3}{\overset{|}{\overset{2}{C}}}}}-\overset{3}{CH_3} \quad 2\text{-甲基-2-丙醇}$$

含有 1～11 个碳原子的直链饱和一元醇是无色液体，12 个碳原子以上的醇是蜡状固体。

饱和一元醇相对密度都小于1。直链饱和一元醇的沸点随碳原子数的增加而升高，低级醇的沸点比相对分子质量相近的烷烃高得多。低级醇（甲醇、乙醇、丙醇）能以任何比例与水混溶，高级醇则不溶水而溶于有机溶剂中。醇的化学性质主要表现在官能团（—OH）上。醇类具有相似的化学性质。下面介绍乙醇的性质和用途。

一、乙醇

乙醇分子可以看作是乙烷分子中的一个氢原子被一个羟基（—OH）取代后的生成物。

乙醇的分子式是 C_2H_6O，结构式是

$$\begin{array}{c} \quad\; H \;\; H \\ \quad\; | \quad\; | \\ H-C-C-O-H \\ \quad\; | \quad\; | \\ \quad\; H \;\; H \end{array}$$

，简写为 CH_3CH_2OH 或 C_2H_5OH。

乙醇俗称酒精，是无色、透明而具有特殊香味的液体，密度为 0.789g/cm^3，沸点为 351K，易挥发，易燃烧，它的蒸气爆炸极限为3.28%～18.95%(体积分数)。乙醇能以任意比例与水混溶，能溶解多种无机物和有机物，是一种良好的溶剂。

工业用酒精约含乙醇95%(体积)，含乙醇99.5%以上的酒精叫做无水酒精。饮用的各种酒里都含有乙醇，啤酒中含酒精3%～5%，葡萄酒含6%～20%，白酒含50%～70%，但现在随着人们健康理念的变化，上述酒类中酒精的含量有逐渐降低的趋势。

目前工业上主要用乙烯水合法生产乙醇（见第十章烯烃的加成反应）。但以甘薯、谷物等的淀粉或糖蜜为原料的发酵法，在工业上尤其酿酒业依然采用。发酵是一个通过微生物作用的复杂生物化学过程，大致步骤如下

$$\underset{\text{淀粉}}{(C_6H_{10}O_5)_n} \xrightarrow[H_2O,32℃]{\text{淀粉酶}} \underset{\text{麦芽糖}}{C_{12}H_{22}O_{11}} \xrightarrow[H_2O,32\sim37℃]{\text{麦芽糖酶}} \underset{\text{葡萄糖}}{C_6H_{12}O_6} \xrightarrow[32\sim37℃]{\text{酒化酶}} \underset{\text{乙醇}}{C_2H_5OH} + CO_2$$

发酵液内含乙醇10%～15%，经蒸馏得到质量分数为95.6%的乙醇，残液为杂醇油。杂醇油的主要成分为异戊醇（约含68%），此外还有异丁醇、正丙醇及2-甲基-1-丁醇等。

用直接蒸馏法只能得到95.6%的乙醇和4.4%的水的恒沸（沸点为78.15℃）混合物。若欲制无水乙醇，在实验室内是将95.6%的乙醇与生石灰（CaO）共热，使其水分与生石灰作用后再进行蒸馏，可得99.5%的乙醇。最后可用金属镁处理，生成的乙醇镁又与残留的水作用，生成乙醇及氢氧化镁沉淀，再经蒸馏，即得无水乙醇或称绝对乙醇。

$$2C_2H_5OH + Mg \longrightarrow (C_2H_5O)_2Mg + H_2\uparrow$$

$$(C_2H_5O)_2Mg + 2H_2O \longrightarrow 2C_2H_5OH + Mg(OH)_2\downarrow$$

工业上无水乙醇的制法，是由95.6%的乙醇加入一定量的苯后再进行蒸馏制取。先蒸出的是苯、乙醇和水的三元共沸物（沸点64.9℃），然后蒸出苯和乙醇二元共沸物（沸点68.3℃），最后在78.3℃蒸出的是无水乙醇。此外用分子筛去水制备无水乙醇的新方法，近年来工业上已有采用。

无水乙醇的检验方法：在乙醇中，加入无水硫酸铜（灰白色）或高锰酸钾晶体，若前者变蓝色（即生成 $CuSO_4 \cdot 5H_2O$），或后者溶液变紫红色（即 MnO_4^- 的颜色），说明乙醇中有水，否则即“无水”。

为了防止廉价的工业酒精被人用作饮用酒，常在工业酒精中加入少量有毒的甲醇或带有臭味的吡啶，这种酒精称变性酒精，绝对不能饮用。

乙醇的化学性质主要由官能团羟基（—OH）决定。羟基比较活泼，能发生多种化学

反应。

1. 与活泼金属反应

【实验 11-1】 在试管中注入 1～2mL 无水乙醇，然后放入 2～3 小片新切的用滤纸擦干煤油的金属钠。检验反应中放出的气体是否是氢气。

实验结果表明，乙醇与金属钠反应生成乙醇钠，并放出氢气。反应式为

$$2CH_3CH_2OH + 2Na \longrightarrow \underset{\text{乙醇钠}}{2CH_3CH_2ONa} + H_2\uparrow$$

与水和金属钠的反应相比，乙醇与金属钠的反应要缓和得多。其它活泼金属，如钾、镁、铝等也能够把乙醇羟基里的氢取代出来。

2. 与氢卤酸反应

乙醇跟氢卤酸反应时，乙醇分子里的羟基被卤素原子取代，生成卤代烷和水。例如，把乙醇与氢溴酸（通常用溴化钠和硫酸的混合物）混合加热，就能得到一种油状液体，即溴乙烷。

$$C_2H_5{-}OH + H{-}Br \xrightarrow{\text{加热}} \underset{\text{溴乙烷}}{CH_3CH_2Br} + H_2O$$

乙醇与浓盐酸需在无水氯化锌存在下加热，才能生成氯乙烷。

$$CH_3CH_2{-}OH + H{-}Cl \xrightarrow[\text{加热}]{\text{氯化锌}} CH_3CH_2Cl + H_2O$$

3. 氧化反应

乙醇在空气里能够燃烧，发出不易看清的淡蓝色火焰，同时放出大量的热。因此，乙醇可用作内燃机的燃料，实验室也常用它作为燃料。

$$C_2H_5OH(\text{液}) + 3O_2(\text{气}) \xrightarrow{\text{点燃}} 2CO_2(\text{气}) + 3H_2O(\text{液})$$

乙醇在加热和有催化剂（Cu 或 Ag）的作用下，能被空气氧化成乙醛。

$$2CH_3CH_2OH + O_2 \xrightarrow[\text{加热}]{\text{Cu 或 Ag}} \underset{\text{乙醛}}{2CH_3CHO} + 2H_2O$$

在这个反应中，乙醇蒸气在 523～573K 下通过催化剂时发生了脱氢反应，生成乙醛。因同时通入空气，则氢与氧化合成水，使反应能进行到底。乙醇氧化成乙醛的过程是先经脱氢反应，然后才进行氧化反应。

有机化学反应中，凡是在有机化合物分子中加入氧或脱去氢的反应，都叫氧化反应。

4. 脱水反应

乙醇和浓硫酸加热到 443K 左右，一个乙醇分子会脱去一个水分子而生成乙烯。这个反应叫消去反应。

$$\begin{array}{c}\quad H\quad H\\ \quad|\quad\ |\\ H{-}C{-}C{-}H\\ \quad|\quad\ |\\ \quad H\quad OH\end{array} \xrightarrow[443K]{\text{浓 }H_2SO_4} CH_2{=}CH_2\uparrow + H_2O$$

实验室里可用这种方法制取乙烯。

如果乙醇和浓硫酸共热到 443K 左右，那么每两个乙醇分子间会脱去一个水分子而生成乙醚。

$$C_2H_5{-}OH + HO{-}C_2H_5 \xrightarrow[443K]{\text{浓 }H_2SO_4} \underset{\text{乙醚}}{C_2H_5{-}O{-}C_2H_5} + H_2O$$

一般情况下，较高温度有利于乙醇分子内脱水而生成乙烯，而较低温度有利于乙醇分子间脱水而生成乙醚。这说明反应条件对有机反应进行的方向有很大的影响。

乙醇有相当广泛的用途。除各种饮料酒中含有乙醇外，乙醇还是一种重要的有机化学工业原料，用于制造合成橡胶、人造纤维、塑料、香料和有机药物等。乙醇还是一种重要的有机溶剂，用于溶解树脂、制造涂料、提取油脂或药物。此外，乙醇可用作燃料。70%～75%的乙醇杀菌能力最强，医疗上用作消毒剂和防腐剂。

二、重要的醇

除乙醇外，还有一些重要的醇。

1. 甲醇（CH_3OH）

甲醇是最简单的醇。因最早由木材干馏（隔绝空气加热木材）制得，所以又称木精，为无色具有酒精气味的液体。沸点 338K，密度 $0.791g/cm^3$。能溶于水，易挥发，易燃烧，蒸气与空气能形成爆炸性的混合物，爆炸极限为 6%～36.5%。

甲醇具有强烈的毒性。饮用 10mL 能使眼睛失明，饮用多量可中毒致死。近代工业中，甲醇一般是以合成气（$CO+2H_2$）或天然气（甲烷）为原料，在高温、高压和催化剂存在下，采用合成方法制成的。

$$CO+2H_2 \xrightarrow[623\sim673K,30397.5kPa]{ZnO\text{-}Cr_2O_3} CH_3OH$$

$$CH_4+\frac{1}{2}O_2 \xrightarrow[473K,10132.5kPa]{Cu} CH_3OH$$

甲醇是一种重要的化工原料，主要用来制取甲醛，也应用于制造药品、染料、合成纤维等。它是一种常用的有机溶剂，也可作无公害燃料。

2. 丙三醇

丙三醇俗称甘油，是最重要的三元醇。它以酯的形式存在于油脂中，可由从油脂制造肥皂的溶液中提取。近年来，由于需求量增大，甘油主要用合成法制备。其中重要的合成法是以丙烯为原料，经下列反应得到。

$$CH_3CH{=}CH_2 \xrightarrow[500℃]{Cl_2} \underset{\displaystyle Cl}{CH_2}CH{=}CH_2 \xrightarrow{Cl_2+H_2O} \underset{\displaystyle Cl}{CH_2}-\underset{\displaystyle Cl}{CH}-\underset{\displaystyle OH}{CH_2} + \underset{\displaystyle Cl}{CH_2}-\underset{\displaystyle OH}{CH}-\underset{\displaystyle Cl}{CH_2}$$

$$\xrightarrow[60℃]{Ca(OH)_2} \underset{\displaystyle Cl}{CH_2}-\overbrace{CH-CH_2}^{}\ (\text{环氧，}CH\text{与}CH_2\text{间以}O\text{相连}) \xrightarrow[150℃]{10\%\ NaOH} \underset{\displaystyle OH}{CH_2}-\underset{\displaystyle OH}{CH}-\underset{\displaystyle OH}{CH_2}$$

甘油是具有甜味的无色黏稠液体，沸点 290℃（分解），有吸湿性，与水混溶。主要用于制备硝化甘油、醇酸树脂和酯胶，用作飞机和汽车液体燃料的抗冻剂、玻璃纸的增塑剂，以及化妆品、皮革、烟草、纺织品等的吸湿剂等。

丙三醇还能和氢氧化铜溶液作用，生成鲜艳蓝色的甘油铜溶液。

$$\begin{matrix} CH_2-OH \\ | \\ CH-OH \\ | \\ CH_2-OH \end{matrix} + Cu^{2+} + 2OH^- \longrightarrow \begin{matrix} CH_2-O \\ | \\ CH-O \\ | \\ CH_2-OH \end{matrix}\!\!\!\!>Cu + 2H_2O$$

甘油铜（蓝色）

上述反应的现象比较明显，是鉴别具 1,2-二醇结构多元醇的常用方法。

3. 乙二醇

乙二醇是多元醇中最简单、最重要的二元醇。目前工业上普遍采用环氧乙烷水合法制备。

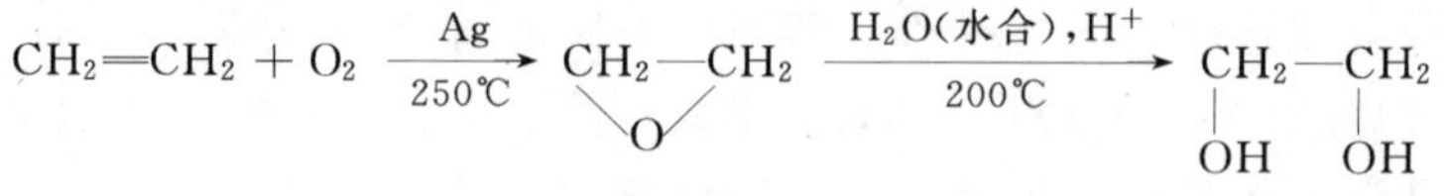

$$CH_2{=}CH_2 + O_2 \xrightarrow[250℃]{Ag} \underset{\text{环氧乙烷}}{CH_2{-}CH_2 \atop \diagdown O \diagup} \xrightarrow[200℃]{H_2O(\text{水合}),H^+} \underset{\text{乙二醇}}{\underset{OH\quad OH}{CH_2{-}CH_2}}$$

乙二醇是无色具有甜味的黏稠性液体，俗称“甘醇”。它能与水混溶，且降低其冰点(60%的乙二醇水溶液凝固点为−40℃)，所以乙二醇用作汽车水箱的防冻剂及飞机发动机的致冷剂。乙二醇主要用于制造树脂、增塑剂、合成纤维、化妆品和炸药等，也可作溶剂。

4. 苯甲醇

苯甲醇($C_6H_5CH_2OH$)又称苄醇。它是最简单且最重要的芳香醇，存在于茉莉等香精油中。

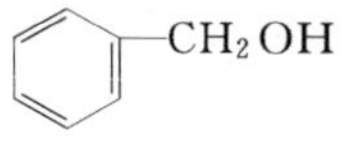

工业上可以从氯化苄碱性水解制备。

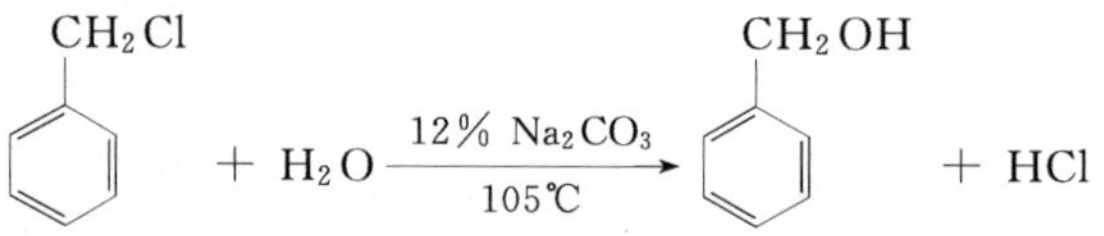

$$C_6H_5CH_2Cl + H_2O \xrightarrow[105℃]{12\%\ Na_2CO_3} C_6H_5CH_2OH + HCl$$

苯甲醇为具有芳香味的无色液体，沸点205℃，相对密度1.046，微溶于水，溶于乙醇、甲醇、乙醚等有机溶剂。苯甲醇长期放置于空气中，便被氧化为苯甲醛。它可合成香料或作为香料的溶剂和定香剂，也可用来制备药物。此外，由于苯甲醇具有微弱的麻醉性而且无毒，目前使用的青霉素稀释液中就含有2%的苄醇，从而减少注射时的疼痛。

第二节 酚

一、苯酚

苯分子中的氢原子被羟基取代的生成物，叫做酚。其中最简单、最重要的酚是苯酚。苯酚的分子式为 C_6H_6O，结构式是

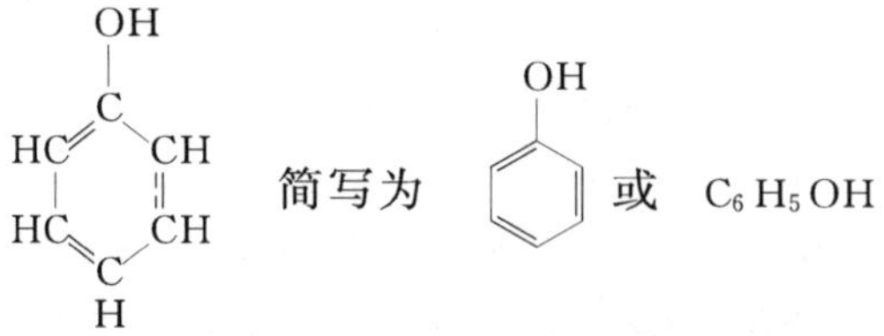

（苯环结构式，C 上连 OH，其余为 HC、CH、H） 简写为 （苯环连 OH） 或 C_6H_5OH

1. 苯酚的物理性质

苯酚俗称石炭酸。纯净的苯酚是无色的针状晶体，有特殊臭味，遇光及空气能被氧化而呈微红色，熔点316K。苯酚在常温下微溶于水，当温度高于343K时能与水以任意比例混溶。苯酚易溶于乙醇、苯等有机溶剂。苯酚有毒，它的浓溶液对皮肤有强烈的腐蚀性，使用时如果不慎沾到皮肤上，应立即用酒精洗涤。

2. 苯酚的化学性质

(1) 苯酚的酸性　在苯酚的分子中，因羟基与苯环直接相连而相互影响，使苯酚具有弱酸性。因此，苯酚也能与氢氧化钠起反应，生成易溶于水的苯酚钠，反应式为

$$C_6H_5OH + NaOH \longrightarrow C_6H_5ONa + H_2O$$

但是苯酚的酸性比碳酸还弱，它不能使石蕊变色，也不与碳酸钠或碳酸氢钠作用。所以，在苯酚钠溶液中通入 CO_2，可以使苯酚游离析出，反应式为

$$C_6H_5ONa + CO_2 + H_2O \longrightarrow C_6H_5OH + NaHCO_3$$

(2) 苯环上的取代反应　苯酚能跟卤素、硝酸、硫酸等发生苯环上的取代反应，并且取代反应总是发生在羟基的邻位和对位上，生成多元取代物。例如常温下苯酚与过量溴水作用，能立即生成2,4,6-三溴苯酚的白色沉淀，反应式为

$$C_6H_5OH + 3Br_2 \longrightarrow C_6H_2Br_3OH\downarrow + 3HBr$$

此反应很灵敏，常用于苯酚的定性检验和定量测定。

(3) 显色反应　苯酚与氯化铁溶液作用呈现紫色，利用这一反应可以检验苯酚的存在。

3. 苯酚的工业制法和用途

过去工业上主要是从煤焦油里提取苯酚。随着化工生产的发展，对苯酚的需求量越来越大，从煤焦油中提取的苯酚已远不能满足需要。目前，苯酚主要用合成法制取。

合成苯酚的方法有多种。一般用苯作原料来合成，其中异丙苯氧化法比较先进，还有磺化法和氯苯水解法。例如，氯苯水解法，是以 $FeCl_3$ 作催化剂，使苯氯化而制得氯苯；然后用铜作催化剂，在高温、高压下，使氯苯在碱性溶液里水解，制得苯酚。

$$C_6H_6 + Cl_2 \xrightarrow{\text{催化剂}} C_6H_5\text{—}Cl + HCl$$

$$C_6H_5\text{—}Cl + H_2O \xrightarrow[\text{高温、高压}]{\text{催化剂}} C_6H_5\text{—}OH + HCl$$

苯酚是一种重要的化工原料，可用来制造酚醛塑料（俗称电木）、合成纤维（如锦纶）、染料、炸药、农药和医药等。

二、重要的酚

羟基直接与芳香环（苯环）相连接的化合物叫做酚。例如

$m\text{-}CH_3C_6H_4OH$　　$o\text{-}CH_3C_6H_4OH$

间甲苯酚　　邻甲苯酚

酚和醇的分子中都含有羟基，但它们的结构却不相同。酚的羟基直接与芳香环相连，而醇的羟基不直接与芳香环相连，例如苯甲醇 $C_6H_5\text{—}CH_2OH$。

1. 酚的分类和命名

酚类按照分子中所含羟基的数目，可分为一元酚、二元酚、三元酚等，二元以上统称为多元酚。酚类的命名一般是以酚作为母体，也就是在“酚”字前面加上其它取代基的位次、

数目和名称及芳环的名称。例如

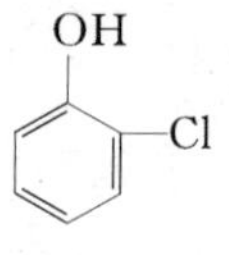

邻氯苯酚 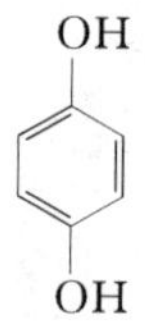　　对苯二酚 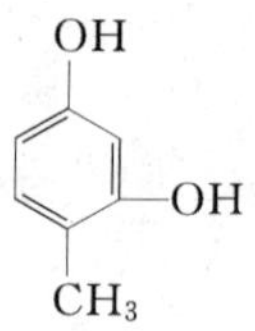　　4-甲基-1,3-苯二酚

2. 重要的酚

除苯酚以外，还有一些重要的酚。

(1) 对苯二酚　对苯二酚又名氢醌，为无色或浅灰色针状晶体，熔点 170℃，易升华，溶于水、乙醇、乙醚等。对苯二酚有毒，可深入皮肤内引起中毒。对苯二酚极易氧化成醌，是一个强还原剂，能使感光后的溴化银还原为银，在照相中作显影剂，也是防止高分子单体聚合的聚阻剂。

对苯二酚可由苯胺氧化成对苯醌，再用还原剂还原而得。

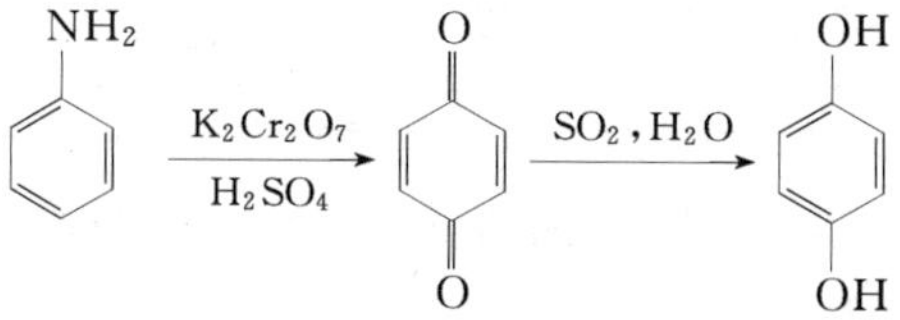

$$\text{C}_6\text{H}_5\text{NH}_2 \xrightarrow[H_2SO_4]{K_2Cr_2O_7} \text{O=C}_6\text{H}_4\text{=O} \xrightarrow{SO_2,\,H_2O} \text{HO-C}_6\text{H}_4\text{-OH}$$

(2) 萘酚　萘酚有 α-萘酚和 β-萘酚两种异构体，工业上它们都是由相应的萘磺酸钠经碱熔而制得的。

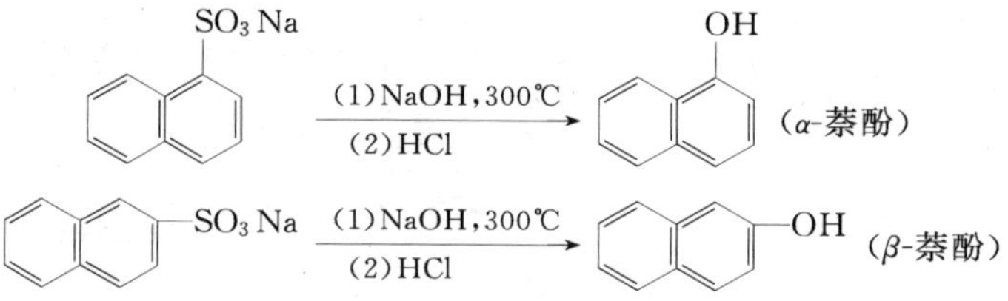

$$\alpha\text{-C}_{10}\text{H}_7\text{SO}_3\text{Na} \xrightarrow[(2)HCl]{(1)NaOH,300℃} \alpha\text{-C}_{10}\text{H}_7\text{OH}\ (\alpha\text{-萘酚})$$

$$\beta\text{-C}_{10}\text{H}_7\text{SO}_3\text{Na} \xrightarrow[(2)HCl]{(1)NaOH,300℃} \beta\text{-C}_{10}\text{H}_7\text{OH}\ (\beta\text{-萘酚})$$

α-萘酚为白色针状结晶，β-萘酚为白色或稍带黄色的片状结晶，都溶于乙醇、乙醚等有机溶剂。化学性质与苯酚相似，有弱酸性，与 $FeCl_3$ 水溶液发生显色反应。萘酚是重要的染料中间体，广泛用于制造偶氮染料。

(3) 甲苯酚　甲苯酚俗称甲酚。它有邻甲苯酚、间甲苯酚和对甲苯酚 3 种异构体，都存在于煤焦油中。

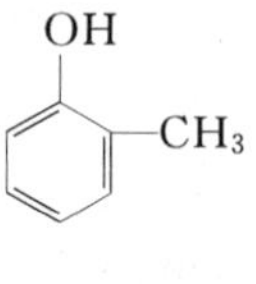

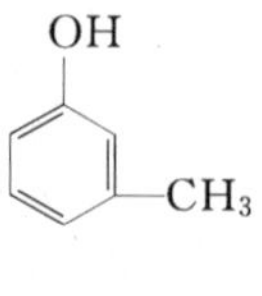

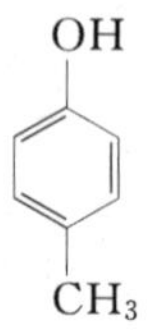

	邻甲苯酚	间甲苯酚	对甲苯酚
沸点：	191℃	202℃	201.8℃

由于 3 种异构体沸点相近，不易分离，一般使用其混合物。甲苯酚的杀菌效力比苯酚强，毒性也较大。目前医药上使用的“来苏儿”消毒药水，就是含有 47%～53%甲苯酚的肥皂水溶液。

甲苯酚在有机合成上是制备染料、炸药、农药、电木的原料，也用作木材及铁路枕木的防腐剂。

第三节　醚

一、乙醚

乙醚是最常见、最重要的一种醚，为无色具有特殊气味的液体。沸点 307.5K，微溶于水，易溶于各种有机溶剂，易挥发、易燃，其蒸气与空气能形成爆炸性混合物，爆炸极限 1.85%～36.5%，在使用时必须注意安全。它可通过乙醇经分子间脱水制备（见醇的化学性质）。制得的乙醚中混有少量乙醇和水，可用固体无水氯化钙处理后，再用金属钠处理除去。乙醚蒸气比空气重 2.5 倍，实验时，反应中逸出的乙醚要排出室外（或引入下水道）。在制备和使用乙醚时，都要远离火源，严防事故的发生。

乙醚能溶解许多有机物，如油脂、树脂、硝化纤维等，是常用的有机溶剂。乙醚蒸气具有麻醉性，纯乙醚在医疗上用作麻醉剂。

二、醚的通性

醇或酚羟基里的氢原子被烃基取代而生成的化合物，称为醚。例如苯甲醚 $C_6H_5—O—OH_3$、乙醚（$CH_3CH_2—O—CH_2CH_3$）。醚分子中 C—O—C 键称为醚键，是醚的官能团。

1. 醚的分类和命名

醚一般按照醚键所连接的烃基的结构及连接方式的不同进行分类。在醚的分子中，两个烃基相同的称为单醚，如甲醚和二苯醚；两个烃基不同的称为混醚，如甲乙醚和苯甲醚。

单醚　$CH_3—O—CH_3$（甲醚）　$C_6H_5—O—C_6H_5$（二苯醚）

混醚　$CH_3—O—CH_2CH_3$（甲乙醚）　$C_6H_5—O—CH_3$（苯甲醚）

按醚分子中烃基的不同将醚分为脂肪醚和芳香醚。两个烃基都是脂肪烃基的叫脂肪醚，例如甲醚和甲乙醚；如果有一个是芳香烃基或两个都是芳香烃基的叫芳香醚，例如二苯醚和苯甲醚。

脂肪醚　$CH_3—O—CH_3$（甲醚）　$CH_3—O—C_2H_5$（甲乙醚）

芳香醚　$C_6H_5—O—C_6H_5$（二苯醚）　$C_6H_5—O—CH_3$（苯甲醚）

醚键若与碳环形成环状结构，则称为环醚。环醚一般以烃作母体，命名时把“环氧”二字加在母体烃的名称之前。例如

$CH_2—CH_2$（两个碳原子通过 O 相连成环）
环氧乙烷

$CH_3—CH—CH_2$（CH 与 CH_2 通过 O 相连成环）
1,2-环氧丙烷

对于结构比较简单的醚，一般采用习惯命名法命名。这种命名法，是在“醚”字前面加上两个烃基的名称，将较小的烃基放在前面。如果是芳醚，则将芳基名称放在前面并省去“基”字。例如

$CH_3—O—CH_2CH_3$　　$C_6H_5—O—CH_3$　　$CH_3—O—CH_2CH_2CH_3$

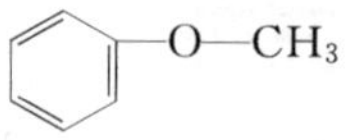

甲乙醚　　苯甲醚　　甲正丙醚

单醚可在相同烃基的名称之前加上“二”字，饱和醚（分子中无不饱和键）“二”字可省略，不饱和醚和芳香醚不能省略。例如

$CH_3—O—CH_3$　　$C_6H_5—O—C_6H_5$

甲醚或二甲醚　　二苯醚

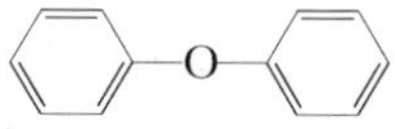

2. 醚的制法

（1）醇分子间脱水法　醇与浓硫酸（或磷酸、氧化铝、氯化锌等）共热，两分子醇共同脱去一分子水而生成醚（见醇的化学性质）。例如

$$2CH_3CH_2OH \xrightarrow[\text{或 } Al_2O_3,240℃]{\text{浓 } H_2SO_4,140℃} CH_3CH_2OCH_2CH_3 + H_2O$$

此法主要用于由低级伯醇制取简单醚。用此法以伯醇制醚时产率很低。叔醇与浓硫酸共热时，主要是醇分子内脱水生成烯烃，不能用此法制取叔丁醚。酚在一般情况下也不能在分子间脱水生成醚。

（2）威廉森合成法　卤代烷与醇钠或酚钠作用，可用来制备脂肪族醚或芳香族醚。

$$RX + NaOR' \longrightarrow ROR' + NaX$$

例如

$$CH_3Br + CH_3CH(CH_3)ONa \longrightarrow CH_3OCH(CH_3)CH_3 + NaBr$$

$$RX + NaOAr \longrightarrow ROAr + NaBr$$

例如

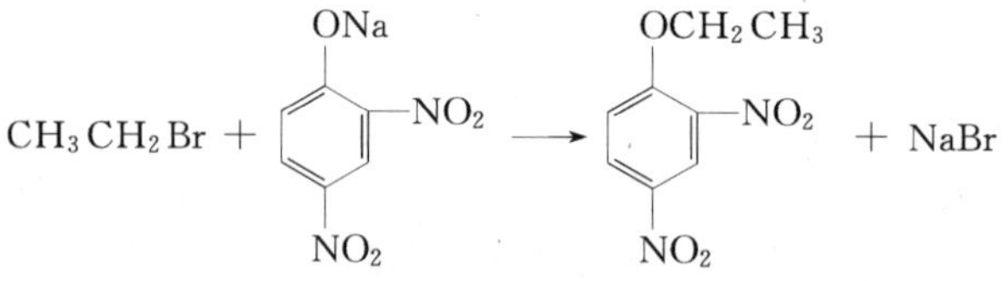

$$CH_3CH_2Br + \text{2,4-}(NO_2)_2C_6H_3ONa \longrightarrow \text{2,4-}(NO_2)_2C_6H_3OCH_2CH_3 + NaBr$$

用此法可制备单醚和混醚，但主要是制备混醚。在制备带有叔丁基的混醚时，应采用叔醇钠与相应的卤代烷为原料，不能用叔卤烷与相应的醇钠反应，因为叔卤烷在碱性条件下主要发生脱卤化氢而生成烯烃的反应（见卤代烃的化学性质）。

3. 醚的物理性质

常温下，除甲醚和甲乙醚是气体外，其它醚为液体，易挥发，易燃烧。由于醚分子间不能形成氢键，所以醚的沸点比相对分子质量接近的醇低。低级醚在水中的溶解度与醇接近，这是因为醚和醇一样也可以与水分子形成氢键。常见醚的物理常数如表11-2所示。

值得注意的是，多数醚易挥发，易燃。尤其是乙醚极易挥发和着火，且其蒸气与空气能形成爆炸混合物，使用时要注意安全。

表 11-2　醚的物理性质

名　称	熔点/℃	沸点/℃	相对密度	水中溶解性
甲醚	−140	24	0.661	
乙醚	−116	34.5	0.713	
正丙醚	−122	91	0.736	微溶
正丁醚	−95	142	0.773	不溶
正戊醚	−69	188	0.774	微溶
乙烯醚	−30	28.4	0.773	溶于水
乙二醇醚	−58	82～83	0.836	不溶
苯甲醚	−37.3	155.5	0.996	不溶
二苯醚	28	259	1.075	不溶
β-萘甲醚	72～73	274		不溶

4. 醚的化学性质

醚分子中含有 C—O—C 键，称醚键，是醚的官能团。醚在常温下不与金属钠作用，对于碱、氧化剂、还原剂都十分稳定，是一类很不活泼的化合物（环醚除外），因此醚常作为许多反应的溶剂。但这种稳定性是相对的，在一定条件下，醚可以发生特有的反应。

(1) 鎓盐的生成　醚分子中氧原子上带有未共用电子对，能与强酸（如浓硫酸和浓盐酸）的质子作用形成鎓盐（质子化的醚），而溶于浓酸中。

$$R-\ddot{\underset{..}{O}}-R + HCl \rightleftharpoons \left[\begin{array}{c} R-\ddot{O}-R \\ | \\ H \end{array}\right]^+ \cdot Cl^-$$

鎓盐很不稳定，遇水分解成原来的醚。利用此性质可从烷烃或卤代烃混合物中鉴别和分离醚。

$$[R-\underset{H}{O}-R]^+ \cdot Cl^- + H_2O \longrightarrow ROR + H_3O^+ + Cl^-$$

(2) 醚键的断裂　醚与浓氢卤酸共热，醚键可发生断裂，最典型的是氢碘酸。反应过程中首先生成鎓盐，受热时醚键断裂生成碘代烷和醇。一般是较小的烷基生成碘代烷。若用过量的氢碘酸，则生成的醇可进一步转变为碘代烷，但酚不能继续作用。例如

$$CH_3OCH_2CH_3 + HI \rightleftharpoons [CH_3\overset{H}{\ddot{O}}CH_2CH_3]^+ \cdot I^- \xrightarrow[\triangle]{} CH_3CH_2OH + CH_3I$$

$$CH_3CH_2OH \xrightarrow{HI} CH_3CH_2I$$

$$C_6H_5-OCH_3 + HI \xrightarrow[\triangle]{} CH_3I + C_6H_5-OH$$

二苯醚由于 C—O 键牢固，与 HI 作用时并不断裂。

(3) 过氧化物的生成　醚和空气长期接触，会逐渐形成过氧化物。过氧化物不稳定，受热易爆炸，因此在蒸馏醚时，切记不可蒸干，以免发生危险。

贮存过久的乙醚，在蒸馏前，应当检验是否有过氧化物的存在。可用碘化钾-淀粉试纸检验，若试纸变蓝色证明过氧化物存在。

$$I^- \xrightarrow{\text{过氧化物}} I_2 \xrightarrow{\text{淀粉}} \text{蓝色}$$

或用硫酸亚铁与硫氰化钾（KSCN）溶液检验，如有血红色的配位离子 $[Fe(SCN)_6]^{3-}$ 生成，则证明有过氧化物存在。醚在蒸馏前需加入 $FeSO_4$ 或 Na_2SO_3 等还原剂进行处理，以除去其中的过氧化物。为避免过氧化物的生成，在贮存时可在醚中加入少许金属钠。

5. 重要的醚

除乙醚以外，还有一些重要的醚。

(1) 环氧乙烷 环氧乙烷是最简单的环醚，常温时为无色气体。熔点 161.7K，沸点 283.7K，易于液化，能与水及醇、醚等有机溶剂混溶。环氧乙烷易燃烧，与空气的混合物在宽广的浓度范围（3.6%～78%）形成爆炸性混合物，因此用它作合成原料气时，一般先用惰性气体（氮气）清洗反应器及管线以排除空气。

环氧乙烷分子中含有不稳定的三元环结构，化学性质非常活泼，极易开环而发生一系列反应。

(2) 硫醚 硫醚可以看成是醚分子中的氧原子被硫原子取代的产物，用简式 R—S—R 表示。

硫醚的命名与醚相似。只需在醚字之前加一“硫”字即可。例如

$CH_3CH_2SCH_2CH_3$ 乙硫醚　　$CH_3SCH_2CH_3$ 甲乙硫醚　　C_6H_5—S—CH_3 苯甲硫醚

硫醚在自然界中虽然很少，但分布广泛。例如，薄荷油中含有甲硫醚，大蒜和葱头中含有乙硫醚和烯丙基硫醚等，但其多数存在于石油及石油产品中，约占含硫化合物的 50%。

低级硫醚为无色油状液体，有臭味，沸点比相应的醚高，不溶于水，易溶于乙醇、乙醚等有机溶剂。硫醚在常温下用浓硝酸、三氧化铬或过氧化氢氧化，生成亚砜，如用发烟硝酸、过氧羧酸则进一步氧化成砜。例如

$$CH_3-S-CH_3 \xrightarrow{\text{浓 }HNO_3} CH_3-\underset{\underset{O}{\|}}{S}-CH_3 \xrightarrow{\text{发烟 }HNO_3} CH_3-\overset{\overset{O}{\|}}{\underset{\underset{O}{\|}}{S}}-CH_3$$

甲硫醚　　二甲亚砜　　二甲砜

二甲亚砜是无色具有强极性的液体，与水混溶，是石油和高分子工业上使用较多的一种优良溶剂，可用于从石油馏分中萃取芳烃，从高温裂解气中萃取乙炔，以及用作聚丙烯腈拉丝的溶剂。

第四节 醛和酮

一、甲醛和醛

1. 甲醛

甲醛（HCHO）俗称蚁醛，它是一种重要的化工原料，其衍生物已达上百种。由于其分子中具有碳氧双键，因此易进行聚合和加成反应，形成各种高附加值的产品。

现在工业生产的甲醛，90%均采用甲醇为原料，反应如下

$$CH_3OH+\frac{1}{2}O_2 \xrightarrow[250\sim300℃]{Ag} HCHO+H_2O$$

甲醛的沸点为－21℃，在常温下为无色气体，具有强烈的刺激性气味，易溶于水。37%～40%的甲醛水溶液（其中 6%～12%的甲醇作稳定剂）俗称“福尔马林”，它是医药上常用的消毒剂和防腐剂。甲醛蒸气和空气混合物的爆炸极限为 7%～73%。

甲醛的分子结构和其它醛不同，它的羰基碳原子与两个氢原子相连，由于分子结构上的差异，在化学性质上表现一些特殊性。

(1) 聚合　甲醛极易聚合，条件不同，生成的聚合物不同。气体甲醛在常温下，即能自行聚合，生成三聚甲醛。工业上是将60%～65%的甲醛水溶液在约2%硫酸催化下煮沸，可得到三聚甲醛。

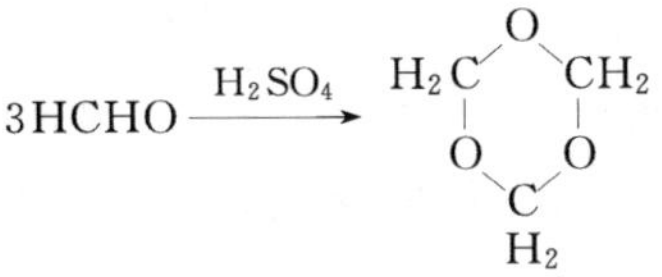

$$3HCHO \xrightarrow{H_2SO_4} \text{(环状：}H_2C\text{—O—}CH_2\text{—O—}CH_2\text{—O—)}$$

三聚甲醛(白色结晶)

将甲醛水溶液慢慢蒸发，甲醛水合物分子间即发生失水聚合成链状聚合物——多聚甲醛。

$$HCHO + H_2O \longrightarrow HO—CH_2—OH$$

甲醛水合物

$$nHOCH_2OH \longrightarrow HO\text{+}CH_2—O\text{+}_nH + (n-1)H_2O$$

n为8～100　　多聚甲醛

三聚或多聚甲醛加热都可解聚重新生成甲醛，因此工业上常用此法来制备无水的气态甲醛。

高纯度的甲醛（99.5%以上）在催化剂作用下，可生成相对分子质量数万至十多万的高聚物，称多聚甲醛。聚甲醛是具有优良机械性能的工程塑料，它可代替某些金属制造轴承、齿轮、泵叶轮等多种机械配件。

(2) 与氨反应　甲醛与氨反应生成六亚甲基四胺，商品名称为乌洛托品。

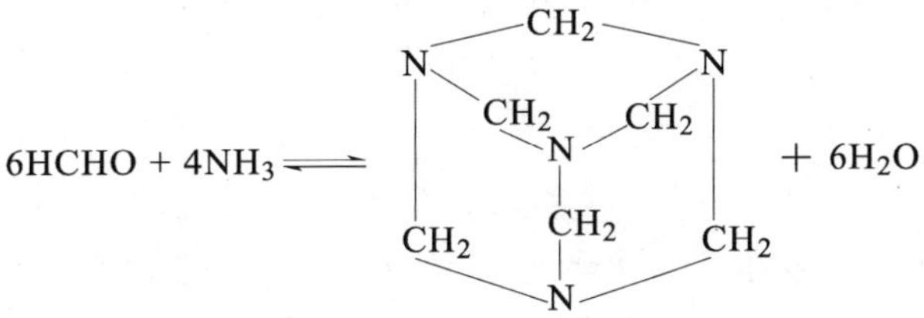

$$6HCHO + 4NH_3 \rightleftharpoons (CH_2)_6N_4 + 6H_2O$$

六亚甲基四胺

乌洛托品为无色晶体，熔点263℃，易溶于水，有甜味。医药上用作利尿剂、治疗风湿痛的药物。国防上把它装入防毒面具，可解光气之毒。工业上用作橡胶硫化促进剂、酚醛树脂固化剂、纺织品防缩剂等。

甲醛的用途很广，它是当代化学工业中非常重要的化工原料，特别是高分子合成工业中合成酚醛树脂、脲醛树脂必不可少的原料，在医药上可作为消毒剂、防腐剂。

2. 醛

(1) 醛的命名　分子里含有羰基($>C=O$)的化合物，叫做羰基化合物。醛是含有羰基的烃的衍生物之一，它属于羰基化合物。

如果羰基的碳原子连着一个氢原子，就构成“$—\overset{O}{\overset{\|}{C}}—H$”，这种原子团叫醛基。分子里由烃基跟醛基相连而构成的化合物叫做醛。醛类的通式为$R—\overset{O}{\overset{\|}{C}}—H$（甲醛除外，其结构式为

$\mathrm{H{-}\overset{\overset{\large O}{\|}}{C}{-}H}$）。醛的系统命名法同醇相似，但由于醛分子中的醛基总是位于链端，故无需标明醛基的位次。例如

$$\underset{3}{\mathrm{CH_3}}\,\underset{2}{\mathrm{CH_2}}{-}\underset{1}{\overset{\overset{\mathrm{O}}{\|}}{\mathrm{C}}}{-}\mathrm{H} \qquad \overset{4}{\mathrm{CH_3}}{-}\overset{3}{\underset{\underset{\mathrm{CH_3}}{|}}{\mathrm{CH}}}{-}\underset{2}{\mathrm{CH_2}}{-}\underset{1}{\overset{\overset{\mathrm{O}}{\|}}{\mathrm{C}}}{-}\mathrm{H}$$

丙醛　　　　3-甲基丁醛

有些结构简单的醛，常采用习惯命名法，即按照它们氧化后所生成的羧酸的习惯名称来命名。例如

HCHO	甲醛	（氧化后生成甲酸）
$CH_3CH_2CH_2CHO$	正丁醛	（氧化后生成正丁酸）
$\mathrm{CH_3{-}\underset{\underset{CH_3}{\vert}}{CH}{-}CHO}$	异丁醛	（氧化后生成异丁酸）

（2）重要的醛　除甲醛以外，再介绍一些重要的醛。

① 乙醛

a. 乙醛的物理性质与结构　乙醛是除甲醛外最简单和最常见的醛，是重要的有机合成原料。乙醛的沸点在常压下仅为 20.2℃，是无色、极易挥发、具有刺激性气味的液体，能溶于水、乙醇和乙醚。乙醛易燃烧，它的蒸气与空气混合物的爆炸极限为 4%～57%。

乙醛分子的比例模型见图 11-1，其分子式是 C_2H_4O，它的结构式是

$\mathrm{H{-}\overset{\overset{\large H}{|}}{\underset{\underset{\large H}{|}}{C}}{-}\overset{\overset{\large O}{\|}}{C}{-}H}$，简写为 $\mathrm{CH_3{-}\overset{\overset{\large O}{\|}}{C}{-}H}$ 或 CH_3CHO。

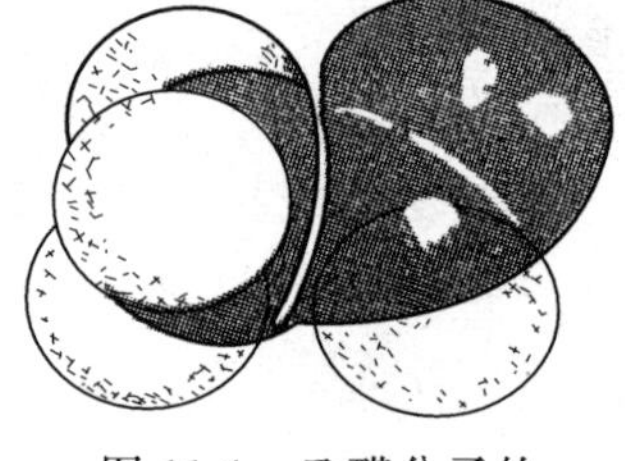

图 11-1　乙醛分子的比例模型

b. 乙醛的化学性质

（ⅰ）加成反应：由于乙醛分子里的羰基的 C═O 与烯烃的 C═C 相似，具有一定的不饱和性，所以可以在羰基上发生一系列的加成反应。例如将乙醛蒸气和氢气的混合物通过热的镍催化剂时发生加成反应，乙醛被还原成乙醇，反应式为

$$\mathrm{CH_3{-}\overset{\overset{O}{\|}}{C}{-}H + H_2 \xrightarrow[\text{加热}]{Ni} CH_3{-}CH_2{-}OH}$$

在有机化学反应中，通常将有机物分子加入氢原子或失去氧原子的反应叫做还原反应。乙醛加氢就是乙醛被还原，发生还原反应。

（ⅱ）氧化反应：乙醛很容易被氧化而生成乙酸，所以乙醛是一种还原性较强的物质，甚至可以被一些弱氧化剂所氧化。

【实验 11-2】 在洁净的试管中注入 1～2mL 2%硝酸银溶液，然后逐滴加入 2%的稀氨水，立即产生沉淀。继续滴入氨水，并摇动试管，直至沉淀恰好溶解为止（这种溶液通常称为银氨溶液）。然后再加入 4～6 滴乙醛，振荡后，把试管放在热水浴里温热。不久，试管内壁上附着一层光亮如镜的金属银。

在这个实验中，硝酸银跟氨水起反应，生成银氨配合物。银氨配合物把乙醛氧化成乙酸，乙酸跟氨反应生成乙酸铵，而银氨配合物中的银离子被还原成金属银，附着在试管内壁

上，形成光亮的银镜。所以，这个反应又叫做银镜反应。反应方程式如下

$$AgNO_3 + 3NH_3 \cdot H_2O \longrightarrow Ag(NH_3)_2OH + NH_4NO_3 + 2H_2O$$

$$CH_3-\overset{\overset{\displaystyle O}{\|}}{C}-H + 2Ag(NH_3)_2OH \xrightarrow{\text{微热}} CH_3-\overset{\overset{\displaystyle O}{\|}}{C}-ONH_4 + 2Ag\downarrow + 3NH_3\uparrow + H_2O$$

凡是含有醛基$\left(-\overset{\overset{\displaystyle O}{\|}}{C}-H\right)$的化合物都能够发生银镜反应。因此银镜反应常用来检验醛基的存在。工业上利用这一原理，用含有醛基的葡萄糖作还原剂，把银均匀地镀在玻璃上以制镜或镀在保温瓶胆上。

乙醛也能被另一种弱氧化剂氢氧化铜（需新配制的）氧化，并生成乙酸，而氢氧化铜被还原成红色的氧化亚铜沉淀。反应式为

$$CH_3\overset{\overset{\displaystyle O}{\|}}{C}-H + 2Cu(OH)_2 \xrightarrow{\text{加热}} CH_3\overset{\overset{\displaystyle O}{\|}}{C}-OH + CuO\downarrow + 2H_2O$$

这个反应也是醛基的特征反应，也可用来检验醛基的存在。医院检验糖尿病患者的尿中是否含有葡萄糖（葡萄糖分子中含有醛基）时，就是用新制的氢氧化铜跟尿液混合加热至沸腾，如果出现砖红色沉淀，就说明尿中含糖多。

c. 乙醛的制法及用途

过去工业上生产乙醛主要由乙炔水合和乙醇氧化制得。随着石油化工的发展，乙烯氧化法开始成为合成乙醛的最主要方法。

（ⅰ）乙炔水合法：以汞盐为催化剂将乙炔水合成乙醛。

$$CH\equiv CH + H_2O \xrightarrow{Hg^{2+}/H_2SO_4} CH_3CHO$$

这一方法，其反应温度为70～90℃，单程转化率可达到95%。

这一方法的原料乙炔来源于电石，生产电石耗电量大，成本高。同时所用汞盐催化剂的污染又难以处理，是这一方法的致命缺点，虽然有非汞盐催化剂的报道，但转化率和收率远不能与汞催化法相比。

（ⅱ）乙醇氧化法：乙醇氧化制乙醛是放热反应。

$$C_2H_5OH + \frac{1}{2}O_2 \xrightarrow[540\sim550℃]{Ag} CH_3CHO + H_2O + 173.05kJ/mol$$

单程转化率50%～70%，乙醛收率97%，副产物有甲酸、乙酸乙酯、甲烷和一氧化碳。

乙醇氧化法制乙醛具有技术成熟、不需要特殊设备、投资省、上马快等优点，但成本高于乙烯直接氧化法。

（ⅲ）乙烯氧化法：以氯化钯和氯化铜作催化剂，用氧气或空气直接氧化乙烯生成乙醛。乙烯氧化时催化剂氯化钯被还原成金属钯，失去活性的钯被催化系统中存在的氯化铜再氧化成氯化钯，重新恢复催化活性。

$$CH_2=CH_2 + O_2 \xrightarrow[120℃,1MPa]{CuCl_2\text{-}PdCl_2} CH_3CHO$$

乙烯法的特点是乙醛的收率可达90%以上，氧化副产物少，原料乙烯价格低，工艺简单。因此，乙烯法的生产成本较乙炔法和乙醇法低，但由于反应系统中有氯离子存在，腐蚀性强，主要设备需采用特殊耐腐材料，投资费用较大。

乙醛也容易聚合，常温时乙醛在少量硫酸存在下可聚合生成三聚乙醛。

$$3CH_3CHO \xrightleftharpoons{H_2SO_4} \underset{\text{三聚乙醛}}{\text{(环状：}CH_3-CH\text{ 与 O 交替成六元环，三个 }CH\text{ 各连 }CH_3\text{)}}$$

三聚乙醛沸点为124℃，便于贮存和运输。若加稀酸蒸馏，则解聚为乙醛。

乙醛主要用途是合成乙酸、乙酐、乙醇、丁醇、丁醛等，是有机合成的重要原料。

② 苯甲醛　苯甲醛是无色液体，沸点为179℃，有苦杏仁味，稍溶于水，易溶于乙醇、乙醚等。

苯甲醛的工业制法，有甲苯控制氧化法和苯二氯甲烷水解法。

a. 甲苯控制氧化法　甲苯控制氧化法分液相氧化法和气相氧化法两种。

$$C_6H_5-CH_3 \xrightarrow[40℃(\text{液相氧化})]{MnO_2, 65\%\ H_2SO_4} C_6H_5-CHO + H_2O$$

$$C_6H_5-CH_3 \xrightarrow[400℃(\text{气相氧化})]{V_2O_5, \text{空气}} C_6H_5-CHO + H_2O$$

b. 苯二氯甲烷水解　甲苯在光催化下控制氯代，先生成苯二氯甲烷，然后在铁粉催化下加热水解，生成苯甲醛。

$$C_6H_5-CH_3 \xrightarrow{2Cl_2} C_6H_5-CHCl_2 \xrightarrow[95\sim100℃]{H_2O, Fe} \left[C_6H_5-\overset{OH}{\underset{H}{C}}-OH\right] \xrightarrow{-H_2O} C_6H_5-CHO$$

在生产苯二氯甲烷过程中，经常混有苯氯甲烷和苯三氯甲烷。因此在水解产物中除苯甲醛外，常含有苯甲醇和苯甲酸副产物。

苯甲醛在室温时能被空气氧化成苯甲酸，因此在保存苯甲醛时，常加入少量抗氧剂如对二苯酚等，以阻止自动氧化，且用棕色瓶保存。苯甲醛在工业上是有机合成的一个重要原料，用于制备香料、染料和药物等，它本身也可用作香料。

二、丙酮和酮

1. 丙酮

丙酮是酮类中具有代表性的物质，也是最简单的酮。丙酮的分子式是 C_3H_6O，结构式是 $CH_3-\overset{O}{\overset{\|}{C}}-CH_3$，简写为 CH_3COCH_3。它的分子比例模型如图11-2所示。

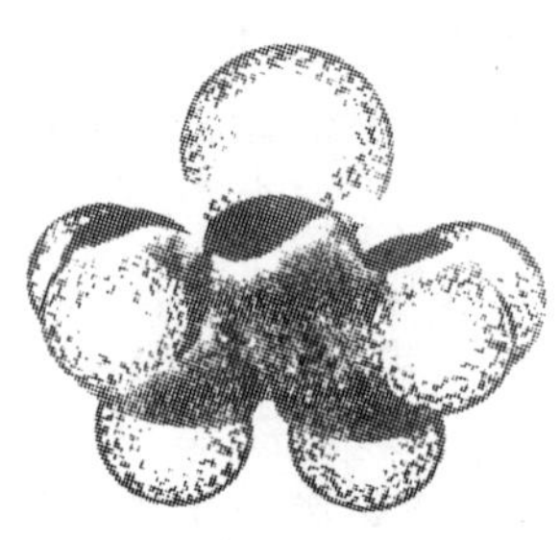

图 11-2　丙酮分子的比例模型

丙酮是无色、易挥发、易燃烧、具有特殊气味的液体，丙酮蒸气与空气混合物的爆炸极限是2.55%～12.80%。密度为 $0.79g/cm^3$，沸点为329K，它能与水、乙醇、乙醚等以任意比例混溶，还能溶解脂肪、树脂和橡胶等有机物，丙酮是生产甲基丙烯酸甲酯、高级酯和双酚A的原料，是一种重要的有机溶剂及有机合成原料。

丙酮没有还原性，不能发生银镜反应，也不能使新制备的氢氧化铜还原成氧化亚铜沉淀。因此，可用这两种方法鉴别酮和醛。但丙酮也能发生羰基的加成反应，如在催化剂（Ni或

Pt）的作用下，它能和氢气起加成反应而生成异丙醇。反应式为

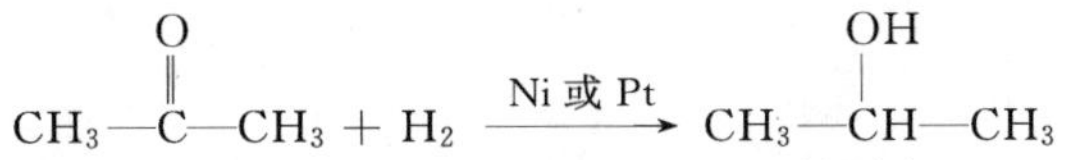

$$CH_3-\overset{\overset{\displaystyle O}{\|}}{C}-CH_3 + H_2 \xrightarrow{\text{Ni 或 Pt}} \underset{\text{异丙醇}}{CH_3-\overset{\overset{\displaystyle OH}{|}}{CH}-CH_3}$$

丙酮的工业制法也很多，除异丙醇氧化及异丙苯氧化法可制得丙酮外，随着石油工业的发展，也可由丙烯直接氧化法制得。

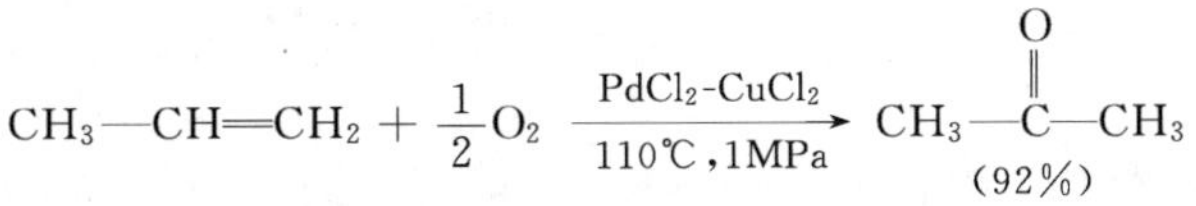

$$CH_3-CH=CH_2 + \frac{1}{2}O_2 \xrightarrow[110℃,1MPa]{PdCl_2\text{-}CuCl_2} \underset{(92\%)}{CH_3-\overset{\overset{\displaystyle O}{\|}}{C}-CH_3}$$

异丙醇氧化用铜或银作催化剂，为放热反应，温度控制比较困难。而催化脱氢用氧化锌或铜作催化剂，为吸热反应，温度控制比较容易，故大部分采用脱氢法。

含有相同数目碳原子的同一类醛和酮，互为同分异构体。例如，丙醛与丙酮的分子式都为 C_3H_6O，但结构不同，丙酮（CH_3COCH_3）分子里没有醛基，而丙醛（CH_3CH_2CHO）分子中含有醛基，所以它们有许多不同的性质。一般情况下醛的化学性质比酮活泼。

2. 酮

（1）酮的命名　如果羰基的碳原子和两个烃基相连，构成的化合物叫酮。酮分子里的羰基又可叫做酮基。

酮的通式为：$R-\overset{\overset{\displaystyle O}{\|}}{C}-R'$，其中 R 和 R′可以相同，也可以不同。

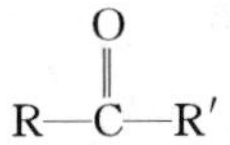

醛和酮虽然都含有羰基，但二者的羰基在碳链中的位置是不同的。醛的羰基总是位于碳链的链端，而酮的羰基必然在碳链中间。

酮的系统命名法与醇相似，只需将“醇”字改为“酮”字。例如

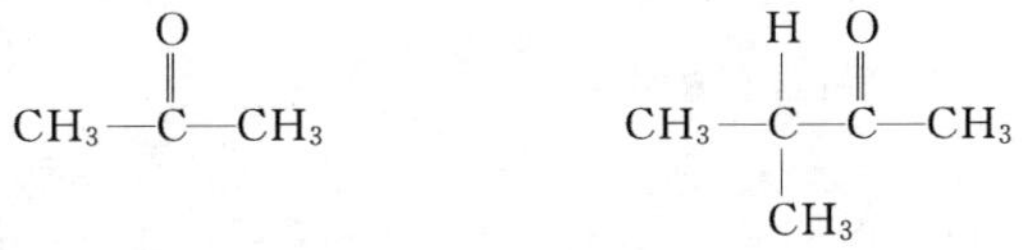

$$\underset{\text{丙酮}}{CH_3-\overset{\overset{\displaystyle O}{\|}}{C}-CH_3} \qquad \underset{\text{3-甲基-2-丁酮}}{CH_3-\overset{\overset{\displaystyle H}{|}}{\underset{\underset{\displaystyle CH_3}{|}}{C}}-\overset{\overset{\displaystyle O}{\|}}{C}-CH_3}$$

有些结构简单的酮，常采用习惯命名法，即按照羰基所连接的两个烃基的名称来命名。例如

$$\underset{\text{二甲基甲酮(简称二甲酮)}}{CH_3-\overset{\overset{\displaystyle O}{\|}}{C}-CH_3} \qquad \underset{\text{甲基乙基甲酮(简称甲乙酮)}}{CH_3CH_2\overset{\overset{\displaystyle O}{\|}}{C}-CH_3}$$

（2）重要的酮　除丙酮外，环己酮也是一种重要的酮。

环己酮是一种脂环族饱和酮。环己酮为无色油状液体，有丙酮气味，沸点 155.7℃。它微溶于水，易溶于乙醇和乙醚，可以作高沸点溶剂。

环己酮在工业上是以苯酚为原料，经催化加氢成环己醇，再经氧化或脱氢而制得。

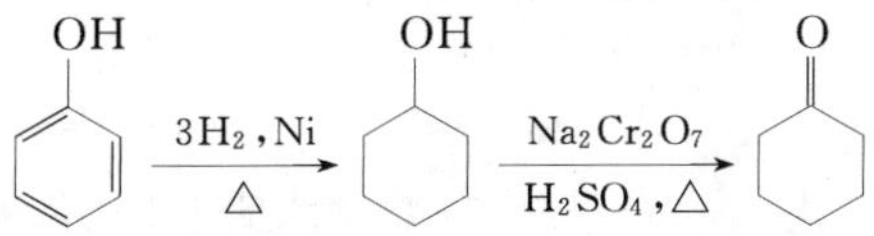

$$\text{苯酚(OH)} \xrightarrow[\triangle]{3H_2,Ni} \text{环己醇(OH)} \xrightarrow[H_2SO_4,\triangle]{Na_2Cr_2O_7} \text{环己酮(O)}$$

此法的缺点是 75％的苯酚和 25％的环己酮会形成恒沸液，难以分离。

近年来开发了环己烷空气氧化制取环己酮的方法。此法是将苯在气相下氢化成环己烷，

再用钴盐作催化剂，经空气氧化生成环己醇和环己酮的混合物。环己醇再脱氢也可得环己酮。

$$\text{环己烷} + O_2 \xrightarrow[140\sim160℃,1.2MPa]{\text{醋酸钴}} \text{环己醇} + \text{环己酮}$$

$$\text{环己醇} \xrightarrow[200℃]{Na_2Cr_2O_4} \text{环己酮}$$

环己酮在工业上主要用于制备合成纤维的单体，如己内酰胺、己二酸、己二胺等。

本章小结

1. 醇的分类及命名；
2. 重要的醇（乙醇、甲醇、丙三醇、乙二醇、苯甲醇）的性质，制法及用途；
3. 酚的分类及命名；
4. 重要的酚（苯酚、对苯二酚、苯甲酚）的性质，制法及用途；
5. 醚的分类、命名、制法及性质；
6. 重要的醚（乙醚、环氧乙醚、硫醚）的性质，制法及用途；
7. 醛和酮的命名方法，重要的醛和酮的性质、结构、制法及用途。

习　题

1. 试述无水乙醇的检验方法。
2. 医院怎样检验糖尿病患者的尿中是否含有葡萄糖？
3. 用化学方法鉴别丙醛和丙酮。
4. 现有 5 种溶液，分别为 Na_2CO_3、NaOH、Na_2S、$AgNO_3$ 和苯酚。如何只用一种试剂将其进行鉴别，写出有关反应式。
5. 把下列化合物的沸点按从高到低的顺序进行排列。

   （1）$CH_3CH_2CH_2OH$　　（2）$HOCH_2CH_2CH_2OH$

   （3）$CH_3CH_2OCH_2CH_3$　　（4）$CH_3CH_2CH_2CH_3$
6. 分离下列各组化合物。

   （1）丙酮与异丙醇　　（2）3-戊酮，2-戊醇，2-戊酮
7. 由指定原料及其它无机试剂合成下列化合物。

   （1）乙醇⟶2-丁酮，2-氯丁烷

   （2）乙烯⟶正丁醇（两种方法）
8. 试将苯酚、乙醇、碳酸、乙炔按其酸性由强到弱排列成序。
9. 写出分子式为 $C_4H_{10}O$ 的所有同分异构体，并按系统命名法命名。
10. 写出下列化合物的构造式。

    （1）异戊醇　　（2）苦味酸　　（3）异丙醚　　（4）甘油
11. 1mol 有机化合物 A 完全燃烧生成 2mol CO_2，与金属钠能反应生成氢气和碱性物质 B，A 又可以和氢溴酸反应生成 C；A 和浓硫酸共热时，在不同温度下可得无色、难溶于水的液体 D 和能点燃的气体 E。试判断 A、B、C、D、E 各为什么物质，并写出各反应的化学方程式。

12. 某有机物的组成是含碳 62.1%、氢 10.3%、氧 27.6%，它的蒸气密度是氢气的 29 倍，并能与银氨溶液发生银镜反应，写出该有机物的分子式、结构式和名称。

“室内隐形杀手”从哪来?

为了防患于未然，首先要认清隐藏在室内的“隐形杀手”。室内环境污染，对人体的危害很大，极易诱发各种疾病。目前房屋装修的污染物，主要是甲醛、苯、氨等有害气体和放射性的物质——氡，其中甲醛的污染最为常见。

甲醛主要产生于室内装饰用的胶合板、细木板、中密度纤维板和刨花板等人造板材，以及含有甲醛成分的各类装饰材料，如化纤地毯、泡沫塑料、油漆、涂料等。因为甲醛具有较强的黏合性，还具有加强板材硬度及防虫、防腐功能，所以目前生产人造板使用的胶黏剂多以甲醛为主要成分。当板材中残留的和未参与反应的甲醛向周围环境释放时，就会对室内空气造成污染。一般来讲，甲醛可刺激眼睛引起流泪、咽喉不适或疼痛。还可引起头晕、恶心、呕吐、咳嗽、胸闷等。国际卫生组织已确认甲醛为致癌物质，长期与甲醛接触，会引起呼吸系统如鼻腔、口腔、咽喉等癌症的发生。

苯主要来自于装修中使用的各种漆、胶、涂料等。苯除了对人的眼睛和皮肤有害外，还会对人的造血功能造成危害。

氨主要来自冬季装修施工中使用的含尿素成分的混凝土防冻剂，它会随着温度、湿度等环境因素的变化还原成氨气缓慢释放出来，对人的呼吸系统危害很大。

放射性物质——氡则主要来自建筑用的石材、瓷砖、黏土烧砖、石膏等，它产生的放射性物质能使人患上放射性肺癌，并会对人体的生殖系统、造血功能造成危害，如导致不孕、白血病、婴儿畸形等。

因此新房装修后一定要开窗通风一段时间后再入住，还要养成良好的生活习惯，经常保持室内的空气流通，还可以摆放一些有空气净化作用的绿色植物。

第十二章 羧酸、酯

第一节 羧 酸

羰基和羟基相连所形成的基团 $-\overset{O}{\overset{\|}{C}}-OH$ 称为羧基。凡分子中含有羧基的化合物叫作羧酸。羧酸通常是有机物氧化的最后产物。羧基是羧酸的官能团。饱和一元羧酸是最简单也是最重要的羧酸，其结构式为 R—COOH。

羧酸的系统命名法与醛相似，即选择含有羧基的最长碳链作主链，按主链碳原子数而称为“某酸”。例如

$$\underset{\text{乙酸}}{CH_3COOH} \qquad\qquad \underset{\text{丁酸}}{CH_3CH_2CH_2COOH}$$

由于许多羧酸最初是从天然产物中得到的，所以常见的一些羧酸往往根据其来源加以命名。例如甲酸最初得自蚂蚁，所以俗名蚁酸；乙酸最初得自食醋，所以俗名醋酸。

一、乙酸

乙酸是一种重要的有机酸，它是食醋的主要成分，普通的食醋中含有 6%～10%的乙酸，所以乙酸又叫醋酸。

乙酸最初是由稀乙醇在醋杆菌中的醇氧化酶催化下，被空气氧化而成。所得食醋经蒸馏浓缩可得 60%～80%的乙酸。

$$CH_3CH_2OH + O_2 \xrightarrow[35℃]{\text{醇氧化酶}} CH_3COOH + H_2O$$

目前工业上大部分乙酸是由乙醛在催化剂醋酸锰的存在下，用空气氧化制得的。

$$CH_3CHO + \frac{1}{2}O_2 \xrightarrow[65℃\sim70℃,0.2\sim0.3MPa]{(CH_3COO)_2Mn} CH_3COOH$$

纯乙酸为无色有刺激性气味液体，沸点为 391K，熔点是 290K，当温度低于 290K 时，乙酸就凝结成像冰一样的晶体，所以无水乙酸又称冰醋酸。乙酸易溶于水和乙醇。

乙酸分子的比例模型见图 12-1，其分子式是 $C_2H_4O_2$，它的结构式是 $CH_3-\overset{O}{\overset{\|}{C}}-OH$ ，简写为 CH_3COOH。

乙酸具有明显的酸性，在水溶液里能电离出氢离子。

$$CH_3COOH \rightleftharpoons CH_3COO^- + H^+$$

乙酸是一种弱酸，电离常数 $K=1.75\times10^{-5}$，但比碳酸的酸性强，它具有羧酸的典型化学性质。同时分子中的羟基可以被卤素原子（—X）、羧酸根（RCOO—）、烷氧基（RO—）、氨基（$-NH_2$）取代，分别生成酰卤、酸酐、酯及酰胺等羧酸的衍生物。

乙酸是人类最早使用的一种有机酸，不仅可以用来调味，还是一种重要的化工原料，可用来制造醋酸纤维或电影胶片；醋酸与醇作用可制得醋酸酯类，作为喷漆的溶剂或增塑剂，

有些也可作为食品的香料和化妆品的香精；还可用于制造染料、合成纤维、药物、农药等。

二、羧酸的通性

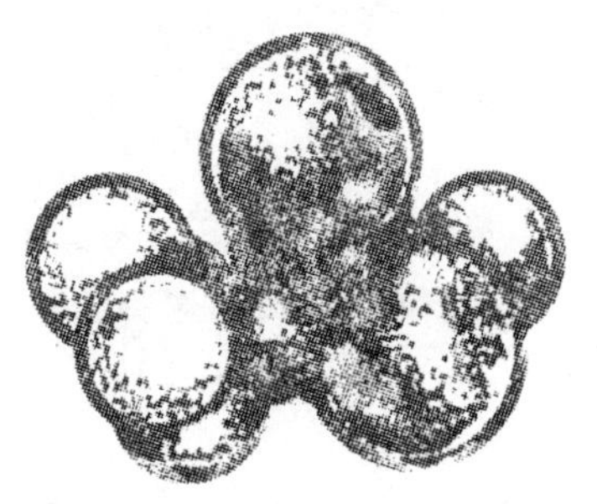

图 12-1　乙酸分子的比例模型

羧酸（RCOOH）除甲酸外，都可看成是烃分子中的氢原子被羧基（—COOH）取代后的产物。羧酸广泛存在于自然界中，常以游离态、盐或酯的形式存在于动植物体中。例如，水果中含有柠檬酸、苹果酸；多种草本植物中含有草酸的钙盐、钾盐；花果香中含有低级有机酸酯；动、植物油中含有高级脂肪酸甘油酯等。

1. 羧酸的结构、分类与命名

（1）羧酸的结构　羧酸（$R-\overset{\overset{O}{\|}}{C}-OH$）可看成是烃分子中的氢原子被羧基取代后的产物（甲酸除外）。饱和一元羧酸的通式是 $R-\overset{\overset{O}{\|}}{C}-OH$ 。羧基 $-\overset{\overset{O}{\|}}{C}-OH$ 是羧酸的官能团，它是由羰基和羟基构成的。

用近代物理学方法测定甲酸中 C═O 和 C—OH 的键长表明，羧酸中 C═O 的键长（0.1245nm）比普通羰基的 C═O 键长（0.122nm）略长，C—OH 键中的碳氧键键长（0.131nm）比醇中的碳氧键键长（0.143nm）略短，C═O 和 C—O 的键长趋于平均化。因此，在羧酸中的羰基及羟基都不具有普通羰基（ $-\overset{\overset{O}{\|}}{C}-$ ）及醇羟基（—OH）的典型性质，而是因两者相互影响，具有自己的特性。

（2）羧酸的分类　按与羧基相连的烃基种类的不同，分为脂肪族羧酸和芳香族羧酸。按烃基是否饱和，可分为饱和羧酸和不饱和羧酸。按羧酸分子中含有羧基的数目，又可分为一元羧酸和二元羧酸等。例如

CH_3COOH　饱和脂肪酸（一元酸）

$CH_2═CHCOOH$　不饱和脂肪酸（一元酸）

$C_6H_4(COOH)_2$（邻苯二甲酸）　芳香族二元酸

HOOC—COOH　脂肪族二元酸

（3）羧酸的命名

① 俗名　俗名往往由来源得名。例如

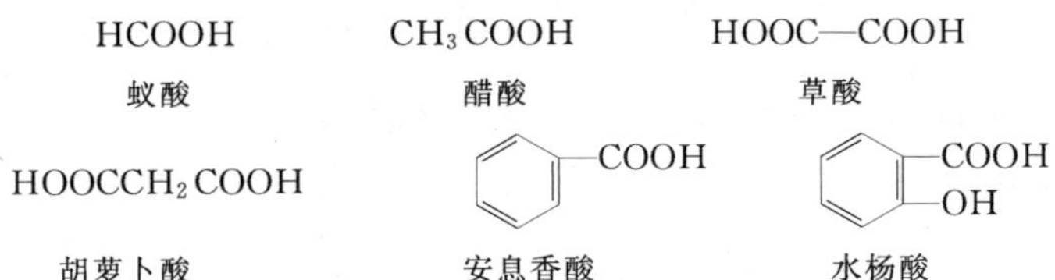

② 系统命名法　羧酸系统命名法的原则：选择含有羧基的最长碳链为主链，从羧基一端开始为主链碳原子编号，取代基的位置可用阿拉伯数字或希腊字母 α、β、γ…标出，把取代基的位次和名称放到“某酸”之前。例如

$$\underset{\displaystyle CH_3}{CH_3\overset{|}{C}HCH_2COOH}$$

3-甲基丁酸（β-甲基丁酸）

$$CH_3—CH_2—\underset{\underset{\displaystyle CH_3}{|}}{\underset{\displaystyle CH—CH_3}{\overset{|}{C}H}}—CH_2—COOH$$

4-甲基-3-乙基戊酸（γ-甲基-β-乙基戊酸）

不饱和羧酸，要选择含有羧基和不饱和键在内的最长碳链为主链。例如

$$CH_2=CH—COOH$$

丙烯酸

$$CH_3—CH=CH—COOH$$

2-丁烯酸（β-丁烯酸）

$$CH_2=\underset{\displaystyle CH_3}{\underset{|}{C}}—CH_2—COOH$$

3-甲基-3-丁烯酸

$$CH_2=\underset{\displaystyle CH_2CH_3}{\underset{|}{C}}—\overset{\displaystyle CH_3}{\overset{|}{C}H}—CH_2COOH$$

3-甲基-4-乙基-4-戊烯酸

对于芳香族羧酸，一般以苯甲酸为母体；如果结构复杂，则把芳环作为取代基来命名。例如

苯甲酸　　间甲基苯甲酸　　邻羟基苯甲酸

间甲氧基苯甲酸　　苯乙酸　　β-萘甲酸

对于二元酸，选择包括两个羧基碳原子在内的最长碳链为主链，根据主链碳的个数称为“某二酸”；芳香族二元羧酸需注明两个羧基的位置。例如

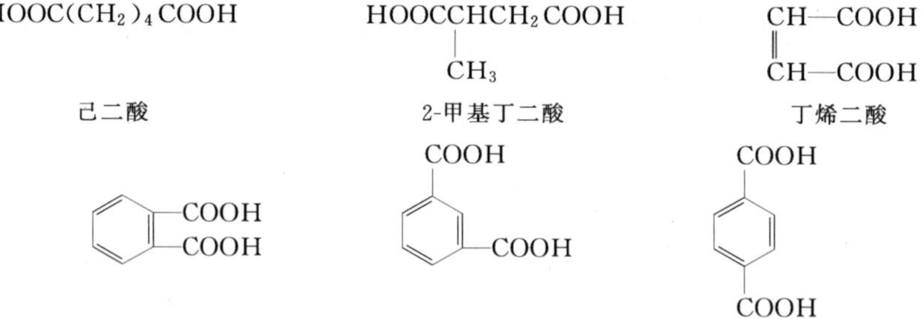

己二酸　　2-甲基丁二酸　　丁烯二酸

1,2-苯二甲酸（邻苯二甲酸）　1,3-苯二甲酸（间苯二甲酸）　1,4-苯二甲酸（对苯二甲酸）

2. 羧酸的制备

（1）烃的氧化　烯烃通过氧化，碳链在双键处断裂得到羧酸。例如

$$RCH=CH_2+KMnO_4 \xrightarrow{H^+} RCOOH+CO_2+H_2O$$

$$RCH=CHR+KMnO_4 \xrightarrow{H^+} 2RCOOH$$

环状烯烃通过氧化得到二元羧酸。例如

$$\xrightarrow{KMnO_4,H_2SO_4} HOOC(CH_2)_4COOH$$

己二酸

有 α-H 的烷基苯在高锰酸钾、重铬酸钾等氧化剂作用下，不论碳链长短均被氧化成苯甲酸。

$$C_6H_5-R \xrightarrow[H^+]{KMnO_4} C_6H_5-COOH$$

工业上一般用甲苯液相空气氧化法制备苯甲酸。

$$2\ C_6H_5-CH_3 + 3O_2(\text{空气}) \xrightarrow[140\sim160℃,0.029MPa]{\text{环烷酸钴}} 2\ C_6H_5-COOH + 2H_2O$$

（2）伯醇或醛的氧化 伯醇和醛氧化法制羧酸是一种常用的方法。常用的氧化剂有高锰酸钾、重铬酸钾、三氧化铬等。例如

$$CH_3CH_2CH_2CH_2OH \xrightarrow[H_2SO_4]{KMnO_4} CH_3CH_2CH_2CHO \xrightarrow[H_2SO_4]{KMnO_4} CH_3CH_2CH_2COOH$$

乙醛空气氧化（或氧气氧化）是工业生产乙酸的方法之一。

$$CH_3CHO+O_2(\text{空气}) \xrightarrow[55\sim60℃]{\text{乙酸锰}} CH_3COOH$$

不饱和醇和醛也可氧化成相应的羧酸，但需要选用相应的弱氧化剂，以避免不饱和键被氧化。例如

$$CH_3CH{=}CHCHO \xrightarrow{Ag(NH_3)_2OH} CH_3CH{=}CHCOOH$$

（3）腈的水解 卤代烷与氰化钠（或氰化钾）在醇溶液中反应生成腈。例如

$$CH_3CH_2CH_2Br+NaCN \xrightarrow[\triangle]{\text{醇}} \underset{\text{正丁腈}}{CH_3CH_2CH_2CN}+NaBr$$

由于腈中的氰基还可以转变为氨甲基（—CH_2NH_2）、羧基（—COOH），因此这是有机合成中增长碳链的方法之一。但因氰化钠（钾）有剧毒，应用受到很大限制。

腈在酸或碱的催化下可水解生成羧酸。

$$RCN \xrightarrow[\triangle]{H_2O,H^+} RCOOH$$

生成的羧酸比原来的卤代烃多一个碳原子。但此法不适用于仲卤代烷和叔卤代烷，因氰化钠碱性较强，易使仲卤代烷或叔卤代烷脱卤化氢生成烯烃。

（4）甲基酮的碘仿反应

$$R-\overset{O}{\overset{\|}{C}}-CH_3 \xrightarrow{NaOH+I_2} CHI_3\downarrow + R-\overset{O}{\overset{\|}{C}}-ONa \xrightarrow{H^+} RCOOH$$

此法可制备比原来的酮少一个碳原子的羧酸。

（5）格氏试剂和 CO_2 反应

$$RMgX+CO_2 \xrightarrow{\text{干醚}} RCOOMgX \xrightarrow[\triangle]{H_2O,H^+} RCOOH$$

格氏试剂可由卤代烃制备，通过此法可制得比原料多一个碳原子的羧酸，但应注意烷基卤化镁的烃基上不能连有与格氏试剂反应的其它基团。

3. 羧酸的物理性质

饱和一元羧酸中，C_3 以下的羧酸是具有强烈酸味的刺激性液体，$C_4\sim C_9$ 的羧酸是具有腐败酸臭味的油状液体，C_{10} 以上的羧酸为无臭的蜡状固体。脂肪族二元羧酸及芳香族羧酸都是结晶体。

脂肪族低级一元羧酸（$C_1\sim C_4$）可与水混溶，从戊酸开始，随着碳原子数的增加溶解

度降低，癸酸以上的羧酸不溶于水。低级的二元羧酸也可溶于水，并随碳链增长而溶解度降低。这是由于羧基是个亲水基团，可与水分子形成氢键，而随着羧酸分子中烃基的增大，羧基在分子中的影响逐渐减小的缘故。芳香酸的水溶性极差。

饱和一元羧酸的沸点比相对分子质量相近的醇高。例如，乙酸与丙醇的相对分子质量均为 60，但乙酸的沸点为 118℃，而丙醇的沸点为 97.2℃。这是由于羧酸分子间能以两个氢键形成双分子缔合的二聚体。即使在气态时，也是以二聚体形式存在的。

$$\mathrm{R{-}C}\begin{matrix}\nearrow\!\!\!\!=\mathrm{O}\cdots\mathrm{H{-}O}\searrow \\ \searrow\mathrm{O{-}H}\cdots\mathrm{O}\!=\!\!\!\!\nearrow\end{matrix}\mathrm{C{-}R}$$

羧酸分子间的这种氢键比醇分子中的氢键更稳定。

饱和一元羧酸的沸点和熔点变化总趋势都是随碳链增长而升高，但熔点变化的特点是呈锯齿状上升，即含偶数碳原子羧酸的熔点比前后两个相邻的含奇数碳原子羧酸的熔点高。这是由于偶数碳羧酸具有较高的对称性，晶格排列得更紧密，因而熔点较高。

芳香族羧酸一般可以升华，有些能随水蒸气挥发。利用这一特性可以从混合物中分离与提纯芳香酸。

常见羧酸的物理常数见表 12-1。

表 12-1 常见羧酸的物理常数

系统名	熔点/℃	沸点/℃	溶解度 /(g/100H_2O)	pK_a 值	
				pK_a 或 pK_{a1}	pK_{a2}
甲酸	8.4	100.7	∞	3.77	
乙酸	16.6	118	∞	4.76	
丙酸	−21	141	∞	4.88	
丁酸	−5	164	∞	4.82	
戊酸	−34	186	3.7	4.86	
己酸	−3	205	1.0	4.85	
十二酸	44	225	不溶		
十四酸	54	251	不溶		
十六酸	63	390	不溶		
十八酸	71.5	360	不溶	6.37	
丙烯酸	13	141.6	溶	4.26	
乙二酸	189	157	溶	1.23	4.19
丙二酸	136	140	易溶	2.83	5.69
丁二酸	188	235	微溶	4.16	5.61
己二酸	153	330.5	微溶	4.43	5.41
苯甲酸	122.4	249	0.34	4.19	
邻苯二甲酸	231		0.70	2.89	5.51
对苯二甲酸	300		0.002	3.51	4.82

4. 羧酸的化学性质

羧酸的化学反应主要发生在羧基上，而羧基是由羟基和羰基组成，因此羧酸在不同程度上反映了羟基和羰基的性质。但羧酸的性质并不是这两类官能团性质的简单加和。例如羧酸中的羟基和醇羟基类似，易发生取代反应；羧酸中的羰基和醛、酮中的羰基类似，可发生还原反应等。但烃基与羧基形成一个整体后，羧基（$\mathrm{-\overset{\overset{O}{\|}}{C}-OH}$）中的羟基（—OH）氧原子上的电子云向羰基氧转移，增加了羧基中氧氢键间的极性，使氢原子易离解为质子，因此，

羧酸又具有新的特性——酸性。

$$R-C(=O)-\ddot{O}-H \rightleftharpoons R-C(=O)-O^- + H^+$$

羧酸通常也不发生类似醛、酮的加成反应。此外，烃基与羧基也是相互影响的，烃基结构不同，羧酸的酸性强弱也不同；反之，羧基的存在也影响着烃基的性质，例如它使脂肪族烃基中的 α-氢原子活化，使芳环钝化等。

羧酸分子中易发生化学反应的主要部位如下所示：

$$R-\underset{④}{CH_2}-\underset{③}{\overset{O}{\overset{\|}{C}}}-\underset{②}{O}-\underset{①}{H}$$

① 羟基中的氢原子的酸性和成盐反应
② 羟基被取代的反应
③ 羰基的还原和脱羧反应
④ α-H的取代反应

（1）酸性　一般羧酸的 pK_a 约在 4～5 之间，有一定的酸性，能与氢氧化钠溶液作用生成盐，也能分解碳酸氢盐和碳酸盐而放出二氧化碳。例如

$$CH_3COOH + NaOH \longrightarrow CH_3COONa + H_2O$$

$$CH_3COOH + NaHCO_3 \longrightarrow \underset{乙酸钠}{CH_3COONa} + CO_2\uparrow + H_2O$$

$$2CH_3COOH + Na_2CO_3 \longrightarrow 2CH_3COONa + CO_2\uparrow + H_2O$$

而羧酸盐与强无机酸作用，则又转化为羧酸。

$$RCOONa + HCl \longrightarrow RCOOH + NaCl$$

由此可见，羧酸的酸性比强无机酸的酸性弱，但比碳酸（pK_a＝6.37）的酸性强。这一性质常用于羧酸与酚、醇的鉴别、分离。羧酸既溶于氢氧化钠，也溶于碳酸氢钠（而且有二氧化碳气体放出）；酚溶于氢氧化钠溶液，但不溶于碳酸氢钠溶液；醇既不溶于氢氧化钠也不溶于碳酸氢钠溶液。

羧酸的酸性强弱，受分子中烃基的结构影响很大。各种羧酸的酸性强弱规律如下。

① 饱和一元羧酸中，甲酸的酸性最强。例如

	HCOOH	CH_3COOH	CH_3CH_2COOH
pK_a	3.77	4.76	4.88

② 饱和一元羧酸的烃基连有—X，—NO_2，—OH 等基团时，使羧基中 O—H 键极性增强，易离解出氢离子，因此酸性增强。同时，取代基的电负性越大，取代数目越多，离羧基越近，其酸性越强。例如

	FCH_2COOH	$ClCH_2COOH$	$BrCH_2COOH$	ICH_2COOH
pK_a	2.59	2.86	2.90	3.18

酸性减弱 →

	Cl_3CCOOH	$Cl_2CHCOOH$	$ClCH_2COOH$	CH_3COOH
pK_a	0.65	1.29	2.86	4.76

	$CH_3CH_2CH(Cl)COOH$	$CH_3CH(Cl)CH_2COOH$	$CH_2(Cl)CH_2CH_2COOH$
pK_a	2.86	4.05	4.52

③ 低级的饱和二元羧酸的酸性比饱和一元羧酸的酸性强，特别是乙二酸。但二元酸的酸性随碳原子数的增加而相应减弱。

④ 羧基直接连于苯环上的芳香族羧酸比饱和一元羧酸的酸性强，但比甲酸弱。例如

	HCOOH	C_6H_5COOH	CH_3COOH	CH_3CH_2COOH
pK_a	3.77	4.19	4.76	4.88

（2）羧酸衍生物的生成　羧酸分子中的羟基可被卤素（Cl、Br、I）、酰氧基（RCOO—）、烷氧基（RO—）、氨基（$—NH_2$）取代，分别生成酰卤、酸酐、酯和酰胺。

① 酰卤的生成　羧酸与三氯化磷、五氯化磷、二氯亚砜（$SOCl_2$）等作用时，分子中的羟基被卤原子取代，生成酰卤。例如

$$3CH_3CH_2COOH + PCl_3 \xrightarrow[45℃]{} 3CH_3CH_2COCl + H_3PO_3$$

$$C_6H_5COOH + SOCl_2 \longrightarrow C_6H_5COCl + HCl\uparrow + SO_2\uparrow$$

其中二氯亚砜是较好的试剂，因为反应生成的二氧化硫、氯化氢都是气体，容易与酰氯分离，故实用性较强。

酰氯非常活泼，易水解，通常用蒸馏法将产物分离。甲酰氯极不稳定故无法制得。

② 酸酐的生成　羧酸在脱水剂（如五氧化二磷、乙酸酐等）作用下，脱水生成酸酐。例如

$$2CH_3CH_2COOH \xrightarrow[\triangle]{P_2O_5} (CH_3CH_2CO)_2O + H_2O$$

丙酸酐

乙酸酐能迅速地与水反应生成沸点较低的乙酸，可通过分馏除去。乙酸酐价格低廉，因此常用乙酸酐作为制备其它酸酐时的脱水剂。例如

$$2\,C_6H_5COOH \xrightarrow{(CH_3CO)_2O} C_6H_5-\overset{O}{\overset{\|}{C}}-O-\overset{O}{\overset{\|}{C}}-C_6H_5$$

苯甲酸酐

一些二元酸不需脱水剂，加热就可分子内脱水生成酸酐。例如

$$\begin{array}{l} CH_2—COOH \\ | \\ CH_2—COOH \end{array} \xrightarrow{300℃} \begin{array}{l} CH_2—C(=O) \\ |\qquad\quad\;\; O \\ CH_2—C(=O) \end{array} + H_2O$$

丁二酸酐

$$C_6H_4(COOH)_2 \xrightarrow[196\sim199℃]{} C_6H_4(CO)_2O + H_2O$$

邻苯二甲酸酐

③ 酯的生成　在强酸（如浓 H_2SO_4）催化下，羧酸和醇生成羧酸酯的反应称为酯化反应。例如

$$CH_3COOH + HOCH_2CH_3 \underset{\triangle}{\overset{H^+}{\rightleftharpoons}} CH_3COOCH_2CH_3 + H_2O$$

乙酸乙酯

酯化反应是可逆反应，要提高酯的产率，一种方法是增加反应物的用量，通常使用过量的醇；另一种方法是从反应体系中蒸出沸点较低的生成物，以使平衡向右移动。

④ 酰胺的生成　羧酸与氨或胺反应，先生成铵盐，然后加热脱水形成酰胺。例如

$$CH_3CH_2COOH + NH_3 \longrightarrow CH_3CH_2COONH_4 \xrightarrow[\triangle]{-H_2O} CH_3CH_2CONH_2$$

丙酸铵　　　　丙酰胺

羧酸与芳胺作用可直接得到酰胺。

$$CH_3COOH + C_6H_5NH_2 \xrightarrow{\triangle} CH_3\overset{\overset{O}{\|}}{C}-NH-C_6H_5 + H_2O$$

乙酰苯胺

(3) 羧基的还原反应　羧酸一般条件下不易被还原。实验室中常用强还原剂氢化铝锂（$LiAlH_4$），将羧酸还原成醇。例如

$$CH_3CH_2COOH + LiAlH_4 \xrightarrow[(2)H_2O]{(1)无水醚} CH_3CH_2CH_2OH$$

$$C_6H_5COOH + LiAlH_4 \xrightarrow[(2)H_2O]{(1)无水醚} C_6H_5CH_2OH$$

此法不但产率高，而且不影响 C═C 。例如

$$CH_3CH{=}CHCOOH + LiAlH_4 \xrightarrow[(2)H_2O]{(1)无水醚} CH_3CH{=}CHCH_2OH$$

但由于 $LiAlH_4$ 价格昂贵，故此法仅限于实验室使用。

另外可通过催化氢化将羧酸还原为醇，此法需要在高温（250℃）、高压（10MPa）下进行，比醛、酮还原所需的条件高得多，因此在醛、酮还原条件下羧酸不受影响。例如

$$CH_3\overset{\overset{O}{\|}}{C}CH_2CH_2COOH \xrightarrow[25℃]{H_2,Ni} CH_3\overset{\overset{OH}{|}}{C}HCH_2CH_2COOH$$

(4) 脱羧反应　羧酸脱去二氧化碳的反应称为脱羧反应。羧酸的碱金属盐与碱石灰（NaOH+CaO）共热，则发生脱羧反应，生成比相应羧酸少一个碳原子的烷烃。

$$RCOONa \xrightarrow[\triangle]{NaOH+CaO} R-H + Na_2CO_3$$

由于副反应多、产率低，此反应在合成上无使用价值。只在实验室中用于少量甲烷的制备。例如

$$CH_3COONa \xrightarrow[\triangle]{NaOH+CaO} CH_4 + Na_2CO_3$$

当羧酸分子中的 α-碳上连有较强的吸电子基时，受热易脱羧。例如

$$CH_3COCH_2COOH \xrightarrow{\triangle} CH_3COCH_3 + CO_2$$

$$HOOCCH_2COOH \xrightarrow{\triangle} CO_2 + CH_3COOH$$

(5) α-氢原子的取代反应　和醛酮相似，羧酸分子中的 α-氢原子因受羧基的影响，具有一定的活泼性，在一定条件下可被氯或溴取代，但羧基对 α-H 的致活作用比羰基弱得多。因此要在催化剂（红磷、碘或硫）作用下才能发生卤代反应。

$$RCH_2COOH \xrightarrow[P]{X_2} R\underset{\underset{X}{|}}{C}HCOOH \xrightarrow[P]{X_2} R\underset{\underset{X}{|}}{\overset{\overset{X}{|}}{C}}COOH$$

例如

$$CH_3COOH \xrightarrow[P]{Cl_2} \underset{\underset{Cl}{|}}{C}H_2COOH \xrightarrow[P]{Cl_2} \underset{\underset{Cl}{|}}{\overset{\overset{Cl}{|}}{C}}HCOOH \xrightarrow[P]{Cl_2} Cl-\underset{\underset{Cl}{|}}{\overset{\overset{Cl}{|}}{C}}-COOH$$

若控制好反应条件，可使反应停留在一元取代阶段，得到较高产量的一氯乙酸。α-卤代酸的卤原子活泼，可被其它原子或原子团取代（如—OH，—NH_2 等），是一类重要的合成中间体。

三、重要的羧酸

除了乙酸以外，还有以下一些重要的羧酸，现介绍如下。

1. 甲酸

甲酸俗称蚁酸。工业上是将一氧化碳和氢氧化钠水溶液在加热、加压下制成甲酸钠，再经酸化而制成的。

$$CO + NaOH \xrightarrow[210℃]{0.6\sim0.8MPa} HCOONa$$

$$2HCOONa + H_2SO_4 \longrightarrow 2HCOOH + Na_2SO_4$$

甲酸是有刺激性的无色液体，沸点 100.7℃，有极强的腐蚀性，因此使用时要避免与皮肤接触。甲酸能与水、乙醇、乙醚混溶。

在自然界中，甲酸存在于某些昆虫（如蜜蜂、蚂蚁）和某些植物（如荨麻）中。人们被蜜蜂、蚂蚁蛰、刺会感到肿痛，就是由于这些昆虫分泌的甲酸所致。

甲酸的化学性质，由于其分子结构比较特殊，羧基和氢原子直接相连，它不但有羧基结构，同时也含有醛基的结构，是一个具有双官能团的化合物。

醛基 H—C(=O)—OH 羧基

因此，甲酸既有羧酸的一般通性，也有醛类的某些性质。例如甲酸有还原性，不仅容易被高锰酸钾氧化，还能被弱氧化剂如托伦试剂氧化而发生银镜反应，这也是甲酸的鉴定反应。

$$HCOOH \xrightarrow{Ag(NH_3)_2OH} CO_2\uparrow + H_2O + Ag\downarrow$$

甲酸也较易发生脱水、脱羧反应。例如，甲酸与浓硫酸共热（60～80℃），分解生成一氧化碳和水。这是实验室制取一氧化碳的方法。

$$HCOOH \xrightarrow[浓\ H_2SO_4]{60\sim80℃} CO\uparrow + H_2O$$

若甲酸加热到 160℃以上，可脱羧生成二氧化碳和氢。

$$HCOOH \xrightarrow{160℃} CO_2\uparrow + H_2\uparrow$$

甲酸在工业上用作还原剂，橡胶的凝固剂、缩合剂和甲酰化剂，也用于纺织品和纸张的着色和抛光，皮革的处理以及用作消毒剂和防腐剂等。

2. 乙二酸

乙二酸俗称草酸，是最简单的二元羧酸。它常以盐的形式存在于许多草本植物及藻类的细胞中。工业上是用甲酸钠迅速加热至 360℃以上，脱氢生成草酸钠，再经酸化得到草酸的。

$$\begin{matrix} HCOONa \\ HCOONa \end{matrix} \xrightarrow[-H_2]{360℃} \begin{matrix} COONa \\ | \\ COONa \end{matrix} \xrightarrow{H_2SO_4} \begin{matrix} COOH \\ | \\ COOH \end{matrix}$$

草酸是无色固体，常见的草酸晶体含有两个结晶水，熔点 101.5℃。在干燥空气中能慢慢失去水分，或在 100～105℃加热，则可失去结晶水，得到无水草酸。无水草酸的熔点为

189.5℃。草酸能溶于水、乙醇，不溶于乙醚。

草酸受热容易分解。把草酸急剧加热至 150℃以上时，就分解脱羧生成甲酸和二氧化碳。

$$\begin{matrix}COOH\\|\\COOH\end{matrix}\xrightarrow{150℃}CO_2\uparrow+HCOOH$$

若加浓硫酸加热至 100℃，即分解为二氧化碳、一氧化碳和水。

$$\begin{matrix}COOH\\|\\COOH\end{matrix}\xrightarrow[100℃]{H_2SO_4}CO_2\uparrow+CO\uparrow+H_2O$$

草酸易被高锰酸钾氧化生成二氧化碳和水，而且反应是定量进行的，所以在分析化学中常用草酸作为标定高锰酸钾溶液浓度的基准物质。

$$5\begin{matrix}COOH\\|\\COOH\end{matrix}+2KMnO_4+3H_2SO_4 = K_2SO_4+2MnSO_4+10CO_2\uparrow+8H_2O$$

草酸还能把高氧化值的铁盐还原成易溶于水的、氧化值为+2 的亚铁盐，它也能和许多金属离子配合，生成可溶性的配离子，所以广泛用于提取稀有金属。在日常生活中，用草酸清洗铁锈和蓝墨水污迹，也基于上述原理。此外还用作媒染剂和草编织物的漂白剂。

3. 苯甲酸

苯甲酸以酯的形式存在于安息香胶及其它一些香树脂中，所以苯甲酸俗称安息香酸。

苯甲酸的工业制法主要是甲苯氧化法和甲苯氯代水解法。

$$C_6H_5CH_3+\frac{3}{2}O_2(空气)\xrightarrow[0.45\sim0.5MPa,160\sim180℃]{萘酸钴}C_6H_5COOH+H_2O$$

$$C_6H_5CH_3+3Cl_3\xrightarrow[100\sim150℃]{光}C_6H_5CCl_3\xrightarrow[100\sim115℃]{3H_2O,ZnCl_2}C_6H_5COOH$$

苯甲酸为白色晶体，熔点 121.7℃，微溶于热水、乙醇和乙醚中。能升华，也能随水蒸气挥发。

苯甲酸具有羧酸的通性。苯甲酸是有机合成的原料，可用来制造染料、香料、药物等。苯甲酸及其钠盐有杀菌防腐作用，所以常用作食品的防腐剂（但有些国家认为它有毒性，禁止使用）。

4. 水杨酸

邻羟基苯甲酸俗称水杨酸，这是因为它最初是由水杨柳或柳树皮水解而得到的。工业上生产水杨酸的方法是使苯酚钠在加压下与二氧化碳反应而成。

$$C_6H_5ONa+CO_2\xrightarrow[0.6\sim0.7MPa]{120\sim140℃}o\text{-}NaOC_6H_4COONa\xrightarrow{H^+}o\text{-}HOC_6H_4COOH$$

此反应用途广泛，是合成酚酸的一般方法。

水杨酸是无色晶体，熔点 159℃，稍溶于水，易溶于乙醇和乙醚，能随水蒸气挥发，也能升华。水杨酸分子中具有羧基和酚羟基，所以它有羧酸和酚的一般性质。例如它能与 $FeCl_3$ 发生显色反应，它受热也可以脱羧。

$$\text{C}_6\text{H}_4(\text{OH})\text{COOH} \xrightarrow[200\sim220℃]{\triangle} \text{C}_6\text{H}_5\text{OH} + CO_2$$

水杨酸具有消毒、防腐、解热、镇痛和抗风湿作用，其很多衍生物作为药物。例如，水杨酸在磷酸（或硫酸）存在下与乙酸酐反应生成乙酰水杨酸。

$$\text{C}_6\text{H}_4(\text{OH})\text{COOH} + (CH_3CO)_2O \xrightarrow{H_3PO_4} \text{C}_6\text{H}_4(\text{COOH})\text{—O—}\overset{\overset{\text{O}}{\|}}{\text{C}}\text{—}CH_3 + CH_3COOH$$

乙酰水杨酸俗称“阿司匹林”，它是一种常用的解热镇痛药和抗血凝药。

5. 己二酸

己二酸为白色单斜结晶体，熔点 152℃，沸点 265℃。微溶于水，易溶于乙醇、丙酮和乙醚等有机溶剂中。

工业上生产己二酸有两种方法。一种方法以苯为原料，还原后再氧化制得。氧化时中间产物为环己酮和环己醇，然后进一步氧化为己二酸。

$$\text{C}_6\text{H}_6 \xrightarrow[200℃,3.2\text{MPa}]{H_2,\text{Pt}} \text{C}_6\text{H}_{12} \xrightarrow[120℃,1.8\sim2.4\text{MPa}]{O_2,\text{醋酸钴}} \text{C}_6\text{H}_{11}\text{OH} + \text{C}_6\text{H}_{10}\text{O}$$

$$\xrightarrow[CH_3COOH,\text{催化剂}]{O_2} \begin{matrix} CH_2CH_2COOH \\ | \\ CH_2CH_2COOH \end{matrix}$$

由于石油化学工业的发展，也可用丁二烯为原料，与氯发生 1,4-加成反应，得到 1,4-二氯-2-丁烯，然后与氰化钠反应，水解、加氢，得己二酸。

$$\begin{matrix} CH{=}CH_2 \\ | \\ CH{=}CH_2 \end{matrix} + Cl_2 \longrightarrow \begin{matrix} CHCH_2Cl \\ \| \\ CHCH_2Cl \end{matrix} \xrightarrow{NaCN} \begin{matrix} CHCH_2CN \\ \| \\ CHCH_2CN \end{matrix}$$

$$\xrightarrow[H^+]{H_2O} \begin{matrix} CHCH_2COOH \\ \| \\ CHCH_2COOH \end{matrix} \xrightarrow[\text{Ni},\triangle]{H_2} \begin{matrix} CH_2CH_2COOH \\ | \\ CH_2CH_2COOH \end{matrix}$$

另外制取己二酸还有苯酚法。采用苯酚经催化加氢生成环己醇，在铜、钒催化剂存在下，经硝酸氧化得己二酸，再经精制得到成品。

己二酸主要用于制造尼龙-66 和聚氨酯泡沫塑料，在有机合成工业中用作二元腈、二元胺的基础原料和增塑剂的原料。还可用于医药、分析化学、酵母提纯、染料、合成香料及照相纸等方面。

第二节 酯

羧酸分子中的羟基被烷氧基取代而生成的化合物称为酯。

一、酯的命名

根据酯水解后生成相应的羧酸和醇，称为“某”酸“某”酯。例如

$$\text{H—}\overset{\overset{\text{O}}{\|}}{\text{C}}\text{—}OCH_2CH_3 \qquad CH_3\text{—}\overset{\overset{\text{O}}{\|}}{\text{C}}\text{—}OCH_2CH_3 \qquad CH_3\text{—}\overset{\overset{\text{O}}{\|}}{\text{C}}\text{—O—}C_6H_5$$

甲酸乙酯 乙酸乙酯 乙酸苯酯

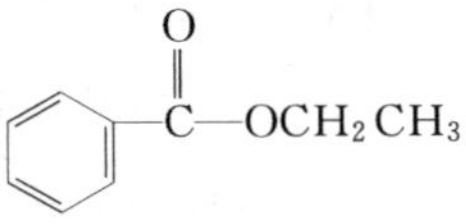

$$C_6H_5-\overset{O}{\overset{\|}{C}}-OCH_2CH_3 \qquad CH_2=\underset{CH_3}{\underset{|}{C}}-\overset{O}{\overset{\|}{C}}-OCH_3 \qquad \begin{array}{l} COOCH_2CH_3 \\ | \\ COOCH_2CH_3 \end{array}$$

苯甲酸乙酯 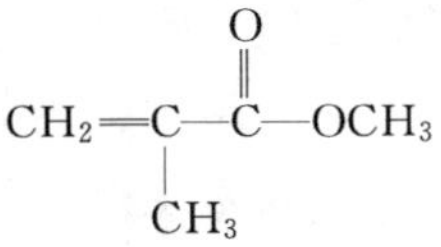　　α-甲基丙烯酸甲酯 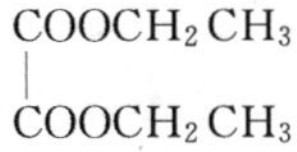　　乙二酸二乙酯

但多元醇的酯，一般把酸放在后面，称“某”醇“某”酸酯。例如

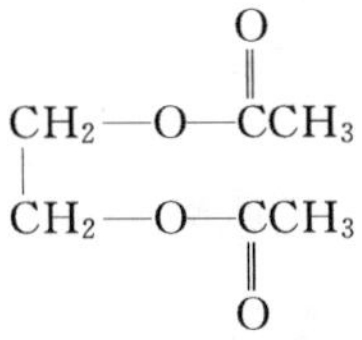

$$\begin{array}{l} CH_2-O-\overset{O}{\overset{\|}{C}}CH_3 \\ | \\ CH_2-O-\underset{O}{\underset{\|}{C}}CH_3 \end{array} \qquad \begin{array}{l} CH_2-ONO_2 \\ | \\ CH-ONO_2 \\ | \\ CH_2-ONO_2 \end{array}$$

乙二醇二乙酸酯 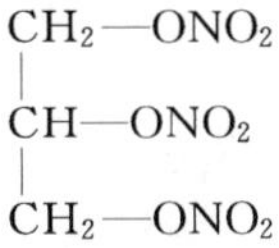　　丙三醇三硝酸酯(俗名硝化甘油)

二、酯的物理性质

低级酯为无色、具有果香味的液体，许多花果的香味就是酯所引起的（例如乙酸异戊酯有香蕉气味，苯甲酸甲酯有茉莉花香味等）。高级酯为蜡状固体。酯分子中没有羟基，因而没有缔合作用，所以酯的沸点比相对分子质量相似的醇和羧酸都低。除低级酯微溶于水外，其余的酯都难溶于水，但易溶于乙醇、乙醚等有机溶剂。

三、酯的化学性质

酯分子中都含有羰基($>C=O$)，和醛、酮相似，由于羰基的存在，所以也能够与亲核试剂（如水、醇、氨等）发生反应（但不易和羰基试剂发生加成反应），从而由酯转变为另一种羧酸衍生物，或通过水解转变为原来的羧酸。

1. 酯的水解反应

酯可以和水反应，生成相应的羧酸。

$$R-\overset{O}{\overset{\|}{C}}-OR + H_2O \xrightarrow[\triangle]{H^+或OH^-} RCOOH + ROH$$

酯的水解需加热，并使用酸或碱催化剂。酯的水解是酯化的逆反应。酸或碱都可以加速水解的进行，但在碱存在下水解时，由于所产生的羧酸与碱生成盐，使平衡体系破坏，当碱量足够时，水解可进行到底。因此，碱性水解比酸性水解更为有利。

2. 酯的醇解反应

酯与醇反应，生成相应的酯。

$$R-\overset{O}{\overset{\|}{C}}-OR' + ROH \xrightarrow[\triangle]{H^+或OH^-} RCOOH + R'OH$$

酯需要在酸或碱催化下发生上述反应。

酯的醇解反应可生成另一种酯，这个反应称为酯交换反应，常用于工业生产中。例如，工业上合成涤纶树脂的单体——对苯二甲酸二乙二醇酯的方法之一，就是采用了酯交换反应。

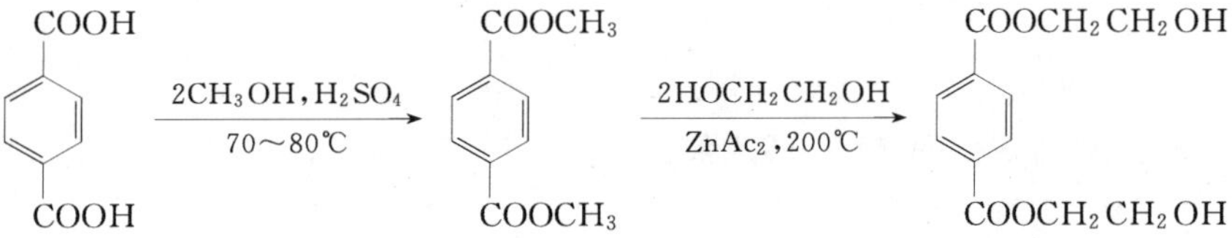

$$HOOC-C_6H_4-COOH \xrightarrow[70\sim80℃]{2CH_3OH, H_2SO_4} CH_3OOC-C_6H_4-COOCH_3 \xrightarrow[ZnAc_2, 200℃]{2HOCH_2CH_2OH} HOCH_2CH_2OOC-C_6H_4-COOCH_2CH_2OH$$

若直接采用对苯二甲酸与乙二醇反应，不但要求原料纯度高，且反应慢、成本高，目前已不采用。在上述生产中，粗对苯二甲酸难以提纯，而对苯二甲酸二甲酯可以通过结晶或蒸馏的方法提纯，故上述方法就成为长期以来生产对苯二甲酸二乙二醇酯的主要方法。

3. 酯的氨解

酯可以顺利地与氨作用生成相应的酰胺。

$$RCOOR' \xrightarrow{NH_3} RCONH_2 + R'OH$$

4. 酯的还原反应

酯比羧酸容易还原，而且酯的还原很容易。酯还原时，多种还原剂均可使用，可生成两种伯醇。

$$RCOOR' \xrightarrow[(2)H_2O,H^+]{(1)LiAlH_4} RCH_2OH + R'OH$$

酯还能被醇和金属钠还原而不影响分子中的 C═C，这在工业生产中具有实际意义。例如

$$\underset{\text{月桂酸甲酯}}{CH_3(CH_2)_{10}COOCH_3} \xrightarrow{Na+C_2H_5OH} \underset{\text{月桂醇}}{CH_3(CH_2)_{10}CH_2OH} + CH_3OH$$

$$\underset{\text{油酸丁酯}}{CH_3(CH_2)_7CH{=}CH(CH_2)_7COOC_4H_9} \xrightarrow[C_2H_5OH]{Na} \underset{\text{油醇}}{CH_3(CH_2)_7CH{=}CH(CH_2)_7CH_2OH} + C_4H_9OH$$

此法可得到长碳链的醇。月桂醇（十二醇）是制造增塑剂及洗涤剂的原料。

四、重要的酯

1. α-甲基丙烯酸甲酯

α-甲基丙烯酸甲酯，简称甲基丙烯酸甲酯。它是目前世界上年产量已超过百万吨的高分子单体。在常温下，α-甲基丙烯酸甲酯为无色液体，熔点−48.2℃，沸点100～101℃，微溶于水，溶于乙醇和乙醚，易挥发、易聚合。

工业上生产甲基丙烯酸甲酯主要以丙酮、氢氰酸为原料，与甲醇和硫酸作用而制得。

$$CH_3COCH_3 \xrightarrow[OH^-]{HCN} CH_3-\underset{OH}{\overset{CH_3}{C}}-CN \xrightarrow[H_2SO_4]{CH_3OH} \underset{\text{α-甲基丙烯酸甲酯}}{CH_2{=}\underset{CH_3}{C}-COOCH_3}$$

α-甲基丙烯酸甲酯还可以通过异丁烯氨氧化法来制备。

$$CH_2{=}\underset{CH_3}{C}-CH_3 + NH_3 + O_2 \xrightarrow[450℃]{\text{磷钼酸铋}} CH_2{=}\underset{CH_3}{C}-CN \xrightarrow[H_2SO_4]{CH_3OH} CH_2{=}\underset{CH_3}{C}-COOCH_3$$

20 世纪 90 年代后，采用了下列方法合成。

$$CH_3C{\equiv}CH + CO + CH_3OH \xrightarrow[\triangle]{Pd} CH_2{=}\underset{CH_3}{C}-COOCH_3$$

此法原料无毒，产率也高，对设备腐蚀性小，但需要耐压设备。

α-甲基丙烯酸甲酯在引发剂（如偶氮二异丁腈）存在下，聚合生成聚 α-甲基丙烯酸甲酯。

$$nCH_2\!=\!\underset{\displaystyle CH_3}{\underset{|}{C}}\!-\!COOCH_3 \xrightarrow{90\sim100℃} \left[\!-CH_2-\overset{\displaystyle CH_3}{\overset{|}{\underset{\displaystyle COOCH_3}{\underset{|}{C}}}}-\!\right]_n$$

聚 α-甲基丙烯酸甲酯

聚 α-甲基丙烯酸甲酯是无色透明的聚合物，俗称“有机玻璃”，质轻、不易碎裂，溶于丙酮、乙酸乙酯、芳烃和卤代烃。由于它的高度透明性，多用于制造光学仪器和照明用品，如航空玻璃、仪表盘、防护罩等，着色后可制纽扣、牙刷柄、广告牌等。

2. 乙酸乙烯酯

乙酸乙烯酯又名乙烯基醋酸酯，为无色可燃性液体，有强烈气味，其蒸气对眼有刺激性。沸点 72.5℃，不溶于水，溶于大多数有机溶剂。用于制造乙烯基树脂和合成纤维，也用于制造橡胶、油漆、黏结剂等。

工业上生产乙酸乙烯酯的常用方法有两种：以乙炔和醋酸为原料的气相氧化法和以乙烯、醋酸为原料的直接氧化法。

$$HC\equiv CH + CH_3COOH \xrightarrow[180℃]{(CH_3COO)_2Zn\text{-活性炭}} CH_3COOCH\!=\!CH_2$$

乙酸乙烯酯

$$CH_2\!=\!CH_2 + CH_3COOH + O_2 \xrightarrow[150℃,2MPa]{PdCl_2\text{-}CuCl} CH_3COOCH\!=\!CH_2$$

乙酸乙烯酯在引发剂存在下，在甲醇中聚合生成聚乙酸乙烯酯。

$$nCH_2\!=\!\underset{\displaystyle OCOCH_3}{\underset{|}{CH}} \xrightarrow[65℃,CH_3OH]{\text{偶氮二异丁腈}} \left[\!-CH_2-\underset{\displaystyle OCOCH_3}{\underset{|}{CH}}-\!\right]_n$$

聚乙酸乙烯酯

聚乙酸乙烯酯无毒、无味、具有可塑性，黏结力强，耐稀酸、稀碱，主要用于制造水性涂料漆、黏结剂和织物整理剂等。

聚乙酸乙烯酯和甲醇在碱催化下发生酯交换反应，生成聚乙烯醇。

$$\left[\!-CH_2-\underset{\displaystyle OCOCH_3}{\underset{|}{CH}}-\!\right]_n + nCH_3OH \longrightarrow nCH_3COOCH_3 + \left[\!-CH_2-\underset{\displaystyle OH}{\underset{|}{CH}}-\!\right]_n$$

聚乙烯醇主要用于制造耐汽油管道和维尼纶合成纤维，也可用作皮革、织物的黏结剂、乳化剂，织物的上浆剂和保护胶体等。

本章小结

1. 羧酸的结构、分类、命名、制法、物理性质及化学性质；
2. 重要羧酸（乙酸、甲酸、乙二酸、苯甲酸、水杨酸、己二酸）的性质，制法及用途；
3. 酯的命名、物理性质及化学性质；
4. 重要的酯的性质、制法及用途。

习 题

1. 用化学方法鉴别下列各组物质，写出有关现象及化学方程式。

(1) 乙酸和甲酸

(2) 乙醇、乙醛、乙酸

2. 用化学方法分离己醇、己酸、对甲苯酚的混合物。

3. 热水瓶用久了会生成一层水垢，可用食醋洗涤除去，试解释其中道理。

4. 用化学方法提纯下列各组化合物。

(1) 乙醇中含有少量乙醛和乙酸杂质。

(2) 乙酸乙酯中含有少量乙酸和乙醇杂质。

5. 写出下列化合物的构造式。

(1) 蚁酸　　(2) 草酸　　(3) 己二酸　　(4) 邻苯二甲酸二丁酯

6. 写出分子式为 $C_5H_{10}O_2$ 的羧酸同分异构体，并按系统命名法命名。

7. 将 1-丁醇、丁酸、乙酸乙酯的沸点按从高到低的次序排列。

8. 比较甲酸、乙酸、草酸、苯甲酸、苯酚的酸性强弱。

9. 请推导出 $C_4H_8O_2$ 所有的构造异构体，并用系统命名法命名。

10. 合成题（无机试剂任选）。

(1) 以乙烯为原料，选用两条合成路线合成丙酸。

(2) 以乙醇为原料合成丙酸乙酯。

11. 化合物 A、B、C 分子式都是 $C_3H_6O_2$，A 能与 Na_2CO_3 作用放出 CO_2，B 和 C 能在 NaOH 溶液中水解，B 的水解产物之一能起碘仿反应。推测 A、B、C 的构造式。

12. 化合物 A 和 B 的分子式都是 $C_4H_6O_2$，它们都不溶于碳酸钠和氢氧化钠的水溶液，都可使溴水褪色，且都有香味。它们和 NaOH 水溶液共热则发生反应；A 的反应产物为乙酸钠和乙醛，而 B 的反应产物为甲醇和一个羧酸的钠盐，将后者用酸中和后，所得的有机物仍可使溴水褪色。试推测 A 和 B 的构造式。

天然气化工

世界天然气储量较石油更为丰富，在能源结构上，天然气在 21 世纪将逐渐替代石油成为能源的主力。但在化工利用方面，由于石油化工产品的经济成本低于天然气化工产品，因此长期以来，天然气化工只在合成氨工业和甲醇工业中占主导地位。这也很容易从化学原理来解释。石油是多碳烷烃，在加工时是将高碳烷烃裂解成低碳烷烃和烯烃；而天然气是以甲烷为主的，其化学加工是将一个碳的甲烷转化成两个或两个碳以上的烷烃和烯烃。用一个比喻来讲，石油加工是拆房子；而天然气化工是建房子。所以从能量角度来讲对生产同一种产品，石油化工的成本要比天然气化工低些。一般 C—H 平均键能为 414.5kJ/mol(99kcal/mol)，而甲烷中 CH_3—H 的离解能高达 435.4kJ/mol(104kcal/mol)。因此如何对甲烷进行有效的化学转化，并且要能与石油化工产品相竞争，一直是化学家们的难题。关键问题在于高选择性和高催化活性的新型催化剂的研究。20 世纪 70 年代两次石油危机导致天然气化工的发展。尤其在寻找替代能源，即以天然气或煤转化为液体燃料和化工产品以替代石油资源方面，已经开发了一些有工业前景的新化工产品。

天然气转化主要有两个途径：一是直接转化，如氧化偶联、选择性氧化等可制成烯烃、甲醇和二甲醛等，进而合成液体燃料；另一途径是由天然气制造合成气（一氧化碳和氢气），在不同配比情况下可合成氨和各种含氧有机化合物（醇、醛和醚类化合物）。

甲烷转化的其它方法，如甲烷生物氧化、甲烷电催化氧化、甲烷芳构化直接合成芳烃等也正在开发中。天然气化学转化的方法不少，但是达到工业化水平并在经济上有竞争力的化学反应过程并不多。因此21世纪对天然气化工发展带来了很好的机遇，同时亦带来了对科学技术难题的挑战。

附录

附表 1　弱酸、弱碱在水中的电离常数（25℃）

弱　酸	分子式或结构式	K_a	pK_a
砷酸	H_3AsO_4	$6.3\times10^{-3}(K_{a_1})$	2.20
		$1.0\times10^{-7}(K_{a_2})$	7.00
		$3.2\times10^{-12}(K_{a_3})$	11.50
亚砷酸	$HAsO_2$	6.0×10^{-10}	9.22
硼酸	H_3BO_3	$5.8\times10^{-10}(K_{a_1})$	9.24
碳酸	$H_2CO_3(CO_2+H_2O)$	$4.2\times10^{-7}(K_{a_1})$	6.38
		$5.6\times10^{-11}(K_{a_2})$	10.25
氢氰酸	HCN	6.2×10^{-10}	9.21
铬酸	H_2CrO_4、$HCrO_4^-$	$1.8\times10^{-1}(K_{a_1})$	0.74
		$3.2\times10^{-7}(K_{a_2})$	6.50
氢氟酸	HF	6.6×10^{-4}	3.18
亚硝酸	HNO_2	5.1×10^{-4}	3.29
磷酸	H_3PO_4	$7.6\times10^{-3}(K_{a_1})$	2.12
		$6.3\times10^{-8}(K_{a_2})$	7.20
		$4.4\times10^{-13}(K_{a_3})$	12.36

附表 2　难溶化合物的溶度积常数（18～25℃）

微溶化合物	K_{sp}	pK_{sp}	微溶化合物	K_{sp}	pK_{sp}
Ag_3AsO_4	1×10^{-22}	22.0	BiOCl	1.8×10^{-31}	30.75
AgBr	5.0×10^{-13}	12.30	$BiPO_4$	1.3×10^{-23}	22.89
Ag_2CO_3	8.1×10^{-12}	11.09	Bi_2S_3	1×10^{-97}	97.0
AgCl	1.8×10^{-10}	9.75	$CaCO_3$	2.9×10^{-9}	8.54
Ag_2CrO_4	2.0×10^{-12}	11.71	CaF_2	2.7×10^{-11}	10.57
AgCN	1.2×10^{-16}	15.92	$CaC_2O_4\cdot H_2O$	2.0×10^{-9}	8.70
AgOH	2.0×10^{-8}	7.71	$Ca_3(PO_4)_2$	2.0×10^{-29}	28.70
AgI	9.3×10^{-17}	16.03	$CaSO_4$	9.1×10^{-6}	5.04
$Ag_2C_2O_4$	3.5×10^{-11}	10.46	$CaWO_4$	8.7×10^{-9}	8.06
Ag_3PO_4	1.4×10^{-16}	15.84	$CdCO_3$	5.2×10^{-12}	11.28
Ag_2SO_4	1.4×10^{-5}	4.81	$Cd_2[Fe(CN)_6]$	3.2×10^{-17}	16.49
Ag_2S	2×10^{-49}	48.7	$Cd(OH)_2$ 新析出	2.5×10^{-14}	13.60
AgSCN	1.0×10^{-12}	12.00	$CdC_2O_4\cdot 3H_2O$	9.1×10^{-8}	7.04
$Al(OH)_3$ 无定形	1.3×10^{-33}	32.9	CdS	8×10^{-27}	26.1
As_2S_3	2.1×10^{-22}	21.68	$CoCO_3$	1.4×10^{-13}	12.84
$BaCO_3$	5.1×10^{-9}	8.29	$Co_2[Fe(CN)_6]$	1.8×10^{-15}	14.74
$BaCrO_4$	1.2×10^{-10}	9.93	$Co(OH)_2$ 新析出	2×10^{-15}	14.7
BaF_2	1×10^{-6}	6.0	$Co(OH)_3$	2×10^{-44}	43.7
$BaC_2O_4\cdot H_2O$	2.3×10^{-8}	7.64	$Co[Hg(SCN)_4]$	1.5×10^{-6}	5.82
$BaSO_4$	1.1×10^{-10}	9.96	α-CoS	4×10^{-21}	20.4
$Bi(OH)_3$	4×10^{-31}	30.4	β-CoS	2×10^{-25}	24.7
BiOOH	4×10^{-10}	9.4	$Co_3(PO_4)_2$	2×10^{-35}	34.7
BiI_3	8.1×10^{-19}	18.09	$Cr(OH)_3$	6×10^{-31}	30.2

续表

微溶化合物	K_{sp}	pK_{sp}	微溶化合物	K_{sp}	pK_{sp}
CuBr	5.2×10^{-9}	8.28	$Ni_3(PO_4)_2$	5×10^{-31}	30.3
CuCl	1.2×10^{-6}	5.92	α-NiS	3×10^{-19}	18.5
CuCN	3.2×10^{-20}	19.49	β-NiS	1×10^{-24}	24.0
CuI	1.1×10^{-12}	11.96	γ-NiS	2×10^{-26}	25.7
CuOH	1×10^{-14}	14.0	$PbCO_3$	7.4×10^{-14}	13.13
Cu_2S	2×10^{-48}	47.7	$PbCl_2$	1.6×10^{-5}	4.79
CuSCN	4.8×10^{-15}	14.32	PbClF	2.4×10^{-9}	8.62
$CuCO_3$	1.4×10^{-10}	9.86	$PbCrO_4$	2.8×10^{-13}	12.55
$Cu(OH)_2$	2.2×10^{-20}	19.66	PbF_2	2.7×10^{-8}	7.57
CuS	6×10^{-36}	35.2	$Pb(OH)_2$	1.2×10^{-15}	14.93
$FeCO_3$	3.2×10^{-11}	10.50	PbI_2	7.1×10^{-9}	8.15
$Fe(OH)_2$	8×10^{-16}	15.1	$PbMoO_4$	1×10^{-13}	13.0
FeS	6×10^{-18}	17.2	$Pb_3(PO_4)_2$	8.0×10^{-43}	42.10
$Fe(OH)_3$	4×10^{-38}	37.4	$PbSO_4$	1.6×10^{-8}	7.79
$FePO_4$	1.3×10^{-22}	21.89	PbS	8×10^{-28}	27.9
Hg_2Br_2	5.8×10^{-23}	22.24	$Pb(OH)_4$	3×10^{-66}	65.5
Hg_2CO_3	8.9×10^{-17}	16.05	$Sb(OH)_3$	4×10^{-42}	41.4
Hg_2Cl_2	1.3×10^{-18}	17.88	Sb_2S_3	2×10^{-93}	92.8
$Hg_2(OH)_2$	2×10^{-24}	23.7	$Sn(OH)_2$	1.4×10^{-28}	27.85
Hg_2I_2	4.5×10^{-29}	28.35	SnS	1×10^{-25}	25.0
Hg_2SO_4	7.4×10^{-7}	6.13	$Sn(OH)_4$	1×10^{-56}	56.0
Hg_2S	1×10^{-47}	47.0	SnS_2	2×10^{-27}	26.7
$Hg(OH)_2$	3.0×10^{-26}	25.52	$SrCO_3$	1.1×10^{-10}	9.96
HgS 红色	4×10^{-53}	52.4	$SrCrO_4$	2.2×10^{-5}	4.65
黑色	2×10^{-52}	51.7	SrF_2	2.4×10^{-9}	8.61
$MgNH_4PO_4$	2×10^{-13}	12.7	$SrC_2O_4\cdot H_2O$	1.6×10^{-7}	6.80
$MgCO_3$	3.5×10^{-8}	7.46	$Sr_3(PO_4)_2$	4.1×10^{-28}	27.39
MgF_2	6.4×10^{-9}	8.19	$SrSO_4$	3.2×10^{-7}	6.49
$Mg(OH)_2$	1.8×10^{-11}	10.74	$Ti(OH)_3$	1×10^{-40}	40.0
$MnCO_3$	1.8×10^{-11}	10.74	$TiO(OH)_2$	1×10^{-29}	29.0
$Mn(OH)_2$	1.9×10^{-13}	12.72	$ZnCO_3$	1.4×10^{-11}	10.84
MnS 无定形	2×10^{-10}	9.7	$Zn_2[Fe(CN)_6]$	4.1×10^{-16}	15.39
MnS 晶形	2×10^{-13}	12.7	$Zn(OH)_2$	1.2×10^{-17}	16.92
$NiCO_3$	6.6×10^{-9}	8.18	$Zn_3(PO_4)_2$	9.1×10^{-33}	32.04
$Ni(OH)_2$ 新析出	2×10^{-15}	14.7	ZnS	2×10^{-22}	21.7

附表 3　标准电极电位（18～25℃）

电极反应	$\varphi^{\ominus}/V$	电极反应	$\varphi^{\ominus}/V$
F_2(气)$+2H^++2e = 2HF$	3.06	$Ce^{4+}+e = Ce^{3+}$	1.61
$O_3+2H^++2e = O_2+H_2O$	2.07	$H_5IO_6+H^++2e = IO_3^-+3H_2O$	1.60
$S_2O_8^{2-}+2e = 2SO_4^{2-}$	2.01	$HBrO+H^++e = \frac{1}{2}Br_2+H_2O$	1.59
$H_2O_2+2H^++2e = 2H_2O$	1.77		
$MnO_4^-+4H^++3e = MnO_2$(固)$+2H_2O$	1.695	$BrO_3^-+6H^++5e = \frac{1}{2}Br_2+3H_2O$	1.52
PbO_2(固)$+SO_4^{2-}+4H^++2e = PbSO_4$(固)$+2H_2O$	1.685	$MnO_4^-+8H^++5e = Mn^{2+}+4H_2O$	1.51
$HClO_2+2H^++2e = HClO+H_2O$	1.64	Au(Ⅲ)$+3e = Au$	1.50
$HClO+H^++e = \frac{1}{2}Cl_2+H_2O$	1.63	$HClO+H^++2e = Cl^-+H_2O$	1.49

续表

电极反应	$\varphi^{\ominus}/V$	电极反应	$\varphi^{\ominus}/V$
$ClO_3^- + 6H^+ + 5e = \frac{1}{2}Cl_2 + 3H_2O$	1.47	$VO^{2+} + 2H^+ + e = V^{3+} + H_2O$	0.337
PbO_2(固)$+4H^+ + 2e = Pb^{2+} + 2H_2O$	1.455	$BiO^+ + 2H^+ + 3e = Bi + H_2O$	0.32
$HIO + H^+ + e = \frac{1}{2}I_2 + H_2O$	1.45	Hg_2Cl_2(固)$+2e = 2Hg + 2Cl^-$	0.2676
$ClO_3^- + 6H^+ + 6e = Cl^- + 3H_2O$	1.45	$HAsO_2 + 3H^+ + 3e = As + 2H_2O$	0.248
$BrO_3^- + 6H^+ + 6e = Br^- + 3H_2O$	1.44	$AgCl$(固)$+e = Ag + Cl^-$	0.2223
Au(Ⅲ)+2e = Au(Ⅰ)	1.41	$SbO^+ + 2H^+ + 3e = Sb + H_2O$	0.212
Cl_2(气)$+2e = 2Cl^-$	1.3595	$SO_4^{2-} + 4H^+ + 2e = SO_2$(水)$+H_2O$	0.17
$ClO_4^- + 8H^+ + 7e = \frac{1}{2}Cl_2 + 4H_2O$	1.34	$Cu^{2+} + e = Cu^+$	0.159
$Cr_2O_7^{2-} + 14H^+ + 6e = 2Cr^{3+} + 7H_2O$	1.33	$Sn^{4+} + 2e = Sn^{2+}$	0.154
MnO_2(固)$+4H^+ + 2e = Mn^{2+} + 2H_2O$	1.23	$S + 2H^+ + 2e = H_2S$(气)	0.141
O_2(气)$+4H^+ + 4e = 2H_2O$	1.229	$Hg_2Br_2 + 2e = 2Hg + 2Br^-$	0.1395
$IO_3^- + 6H^+ + 5e = \frac{1}{2}I_2 + 3H_2O$	1.20	$TiO^{2+} + 2H^+ + e = Ti^{3+} + H_2O$	0.1
$ClO_4^- + 2H^+ + 2e = ClO_3^- + H_2O$	1.19	$S_4O_6^{2-} + 2e = 2S_2O_3^{2-}$	0.08
Br_2(水)$+2e = 2Br^-$	1.087	$AgBr$(固)$+e = Ag + Br^-$	0.071
$NO_2 + H^+ + e = HNO_2$	1.07	$2H^+ + 2e = H_2$	0.000
$Br_3^- + 2e = 3Br^-$	1.05	$O_2 + H_2O + 2e = HO_2^- + OH^-$	−0.067
$HNO_2 + H^+ + e = NO$(气)$+H_2O$	1.00	$TiOCl^+ + 2H^+ + 3Cl^- + e = TiCl_4^- + H_2O$	−0.09
$VO_2^+ + 2H^+ + e = VO^{2+} + H_2O$	1.00	$Pb^{2+} + 2e = Pb$	−0.126
$HIO + H^+ + 2e = I^- + H_2O$	0.99	$Sn^{2+} + 2e = Sn$	−0.136
$NO_3^- + 3H^+ + 2e = HNO_2 + H_2O$	0.94	AgI(固)$+e = Ag + I^-$	−0.152
$ClO^- + H_2O + 2e = Cl^- + 2OH^-$	0.89	$Ni^{2+} + 2e = Ni$	−0.246
$H_2O_2 + 2e = 2OH^-$	0.88	$H_3PO_4 + 2H^+ + 2e = H_3PO_3 + H_2O$	−0.276
$Cu^{3+} + I^- + e = CuI$(固)	0.86	$Co^{2+} + 2e = Co$	−0.277
$Hg^{2+} + 2e = Hg$	0.845	$Tl^+ + e = Tl$	−0.3360
$NO_3^- + 2H^+ + e = NO_2 + H_2O$	0.80	$In^{3+} + 3e = In$	−0.345
$Ag^+ + e = Ag$	0.7995	$PbSO_4$(固)$+2e = Pb + SO_4^{2-}$	−0.3553
$Hg_2^{2+} + 2e = 2Hg$	0.793	$SeO_3^{2-} + 3H_2O + 4e = Se + 6OH^-$	−0.366
$Fe^{3+} + e = Fe^{2+}$	0.771	$As + 3H^+ + 3e = AsH_3$	−0.38
$BrO^- + H_2O + 2e = Br^- + 2OH^-$	0.76	$Se + 2H^+ + 2e = H_2Se$	−0.40
O_2(气)$+2H^+ + 2e = H_2O_2$	0.682	$Cd^{2+} + 2e = Cd$	−0.403
$AsO_2^- + 2H_2O + 3e = As + 4OH^-$	0.68	$Cr^{3+} + e = Cr^{2+}$	−0.41
$2HgCl_2 + 2e = Hg_2Cl_2$(固)$+2Cl^-$	0.63	$Fe^{2+} + 2e = Fe$	−0.440
Hg_2SO_4(固)$+2e = 2Hg + SO_4^{2-}$	0.6151	$S + 2e = S^{2-}$	−0.48
$MnO_4^- + 2H_2O + 3e = MnO_2$(固)$+4OH^-$	0.588	$2CO_2 + 2H^+ + 2e = H_2C_2O_4$	−0.49
$MnO_4^- + e = MnO_4^{2-}$	0.564	$H_3PO_3 + 2H^+ + 2e = H_3PO_2 + H_2O$	−0.50
$H_3AsO_4 + 2H^+ + 2e = HAsO_2 + 2H_2O$	0.559	$Sb + 3H^+ + 3e = SbH_3$	−0.51
$I_3^- + 2e = 3I^-$	0.545	$HPbO_2^- + H_2O + 2e = Pb + 3OH^-$	−0.54
I_2(固)$+2e = 2I^-$	0.5345	$Ga^{3+} + 3e = Ga$	−0.56
Mo(Ⅵ)+e = Mo(Ⅴ)	0.53	$TeO_3^{2-} + 3H_2O + 4e = Te + 6OH^-$	−0.57
$Cu^+ + e = Cu$	0.52	$2SO_3^{2-} + 3H_2O + 4e = S_2O_3^{2-} + 6OH^-$	−0.58
$4SO_2$(水)$+4H^+ + 6e = S_4O_6^{2-} + 2H_2O$	0.51	$SO_3^{2-} + 3H_2O + 4e = S + 6OH^-$	−0.66
$HgCl_4^{2-} + 2e = Hg + 4Cl^-$	0.48	$AsO_4^{3-} + 2H_2O + 2e = AsO_2^- + 4OH^-$	−0.67
$2SO_2$(水)$+2H^+ + 4e = S_2O_3^{2-} + H_2O$	0.40	Ag_2S(固)$+2e = 2Ag + S^{2-}$	−0.69
$Fe(CN)_6^{3-} + e = Fe(CN)_6^{4-}$	0.36	$Zn^{2+} + 2e = Zn$	−0.763
$Cu^{2+} + 2e = Cu$	0.337	$2H_2O + 2e = H_2 + 2OH^-$	−0.828
		$Cr^{2+} + 2e = Cr$	−0.91
		$HSnO_2^- + H_2O + 2e = Sn + 3OH^-$	−0.91
		$Se + 2e = Se^{2-}$	−0.92
		$Sn(OH)_6^{2-} + 2e = HSnO_2^- + H_2O + 3OH^-$	−0.93

续表

电极反应	$\varphi^{\ominus}$/V	电极反应	$\varphi^{\ominus}$/V
$CNO^- + H_2O + 2e = CN^- + 2OH^-$	−0.97	$Na^+ + e = Na$	−2.714
$Mn^{2+} + 2e = Mn$	−1.182	$Ca^{2+} + 2e = Ca$	−2.87
$ZnO_2^{2-} + 2H_2O + 2e = Zn + 4OH^-$	−1.216	$Sr^{2+} + 2e = Sr$	−2.89
$Al^{3+} + 3e = Al$	−1.66	$Ba^{2+} + 2e = Ba$	−2.90
$H_2AlO_3^- + H_2O + 3e = Al + 4OH^-$	−2.35	$K^+ + e = K$	−2.925
$Mg^{2+} + 2e = Mg$	−2.37	$Li^+ + e = Li$	−3.042

附表 4　配合物的稳定常数

配合物	温度/K	$K_{稳}$	配合物	温度/K	$K_{稳}$
$[Co(NH_3)_5]^{2+}$	303	2.45×10^4	$[Ag(En)_2]^+$	293	2.51×10^7
$[Co(NH_3)_5]^{3+}$	303	2.29×10^{36}	$[Cd(En)_2]^{2+}$	303	1.05×10^{10}
$[Ni(NH_3)_6]^{2+}$	303	1.02×10^6	$[Co(En)_2]^{2+}$	303	6.61×10^{18}
$[Cu(NH)_3)_2]^+$	291	7.24×10^{10}	$[Cu(En)_2]^{2+}$	303	3.98×10^{19}
$[Cu(NH)_3)_4]^{2+}$	303	1.07×10^{12}	$[Cu(En)_2]^{2+}$	298	6.31×10^{10}
$[Ag(NH_3)_2]^+$	298	1.70×10^7	$[Fe(En)_2]^{2+}$	303	3.31×10^8
$[Zn(NH_2)_4]^{2+}$	303	5.01×10^6	$[Hg(En)_2]^{2+}$	298	1.51×10^{22}
$[Cd(NH_3)_4]^{2+}$	303	1.38×10^6	$[Mn(En)_3]^{2+}$	303	4.57×10^6
$[Hg(NH_2)_4]^{3+}$	295	2.00×10^{10}	$[Ni(En)_2]^{2+}$	303	4.07×10^{18}
$[Fe(CN)_6]^{4-}$	298	1.00×10^{24}	$[Zn(En)_3]^{2+}$	303	2.34×10^{10}
$[Fe(CN)_4]^{3-}$	298	1.00×10^{21}	$[NaY]^{3-}$	293	4.57×10^1
$[Co(CN)_6]^{4-}$		1.23×10^{10}	$[LiY]^{3-}$	293	6.17×10^7
$[Ni(CN)_4]^{3-}$	298	1.00×10^{22}	$[AgY]^{3-}$	293	2.09×10^7
$[Cu(CN)_2]^-$	298	1.00×10^{24}	$[MgY]^{2-}$	293	4.90×10^8
$[Ag(CN)_2]^-$	298	6.31×10^{21}	$[CaY]^{2-}$	293	1.26×10^{11}
$[Au(CN)_2]$	298	2.00×10^{38}	$[SrY]^{2-}$	293	4.27×10^3
$[Zn(CN)_4]^{2-}$	294	7.94×10^{16}	$[ZrCl]^{3+}$	298	2.00
$[Cd(CN)_4]^{2-}$	298	6.03×10^{18}	$[FeCl]^+$	293	2.29
$[Hg(CN)_4]^{2-}$	298	9.33×10^{38}	$[FeCl]^{2+}$	298	3.02×10^1
$[Ti(CN)_4]$	298	1.00×10^{28}	$[PdCl_4]^{3-}$	298	5.01×10^{15}
$[Fe(SCN)]^{2+}$	298	1.07×10^3	$[CuCl_2]$	298	5.37×10^4
$[Co(SCN)_4]^{2-}$	293	1.82×10^2	$[CuCl]^+$	298	2.51
$[Ni(SCN)_4]^-$	293	6.46×10^2	$[ZnCl_4]^{2-}$	室温	0.1
$[Cu(SCN)_3]^-$	291	1.29×10^{12}	$[CdCl_4]^{2-}$	298	4.74×10^1
$[Cu(SCN)_4]^2$	291	3.31×10^4	$[HgCl_4]^{2-}$	298	1.17×10^{18}
$[Ag(SCN)_2]^-$	298	2.40×10^3	$[SnCl_4]^{2-}$	298	3.02×10^1
$[Zn(SCN)_4]^2$	303	2.0×10^1	$[PbCl_4]^{2-}$	298	2.40×10^1
$[Cd(SCN)_4]^{2-}$	298	9.55×10^1	$[BiCl_6]^{3-}$	293	3.63×10^7
$[Hg(SCN)_4]^{2-}$	—	1.32×10^{21}	$[FeBi]^{2+}$	298	3.98
$[Pb(SCN)_4]^{2-}$	298	7.08	$[CuBr_2]^-$	298	8.32×10^6
$[Pb(SCN)_5]^{2-}$	298	1.70×10^4	$[CuBr]^+$	298	0.93
$[SeF_4]^-$	298	6.46×10^{20}	$[ZnBr]^+$	298	0.25
$[TiOF]^-$	—	2.75×10^6	$[AgBr_2]^-$	298	2.19×10^7
$[CrF_3]$	298	1.51×10^{10}	$[HgBr_4]^{2-}$	298	10^{21}
$[FeF_3]$	298	7.24×10^{11}	$[AgI_2]^-$	291	5.50×10^{11}
$[FeF_6]^{2-}$	298	2.04×10^{14}	$[CuI_2]^-$	298	7.08×10^8
$[CrCl]^{2+}$	298	3.98	$[CdI_4]^{2-}$	298	1.26×10^5
$[AlY]^-$	293	1.35×10^{15}	$[HgI_4]^{2-}$	298	6.76×10^{28}
$[GaY]^-$	293	1.86×10^{26}	$[Ag(S_2O_3)_2]^{2-}$	298	2.88×10^{13}

续表

配合物	温度/K	$K_{稳}$	配合物	温度/K	$K_{稳}$
$[Cu(S_2O_2)_2]^{3-}$	298	1.86×10^{11}	$[FeY]^{2-}$	293	2.14×10^{14}
$[Cd(S_2O_3)_3]^{4-}$	298	5.89×10^{4}	$[CoY]^{2-}$	293	2.04×10^{14}
$[Cd(S_2O_3)_2]^{2-}$	298	5.50×10^{4}	$[CoY]^{-}$	—	36
$[Hg(S_2O_3)_2]^{2-}$	298	2.75×10^{29}	$[NiY]^{2-}$	293	4.17×10^{16}
$[Ag(CSN_2H_4)_2]^{+}$	室温	2.51×10	$[PbY]^{2-}$	298	3.16×10^{18}
$[Cu(CSN_2H_4)_2]^{+}$	298	2.45×10^{15}	$[CuY]^{2-}$	293	6.31×10^{18}
$[Cd(CSN_2H_4)_2]^{2+}$	298	3.55×10^{2}	$[ZnY]^{2-}$	293	3.16×10^{14}
$[Hg(CSN_2H_4)_2]^{2+}$	298	2.00×10^{36}	$[CdY]^{2-}$	293	2.88×10^{16}
$[Cu(OH)_4]^{2-}$	—	1.32×10^{16}	$[HgY]^{2-}$	293	6.31×10^{21}
$[Zn(OH)_4]^{2-}$	298	2.75×10^{6}	$[PbY]^{2-}$	293	1.10×10^{18}
$[Al(OH)_4]^{-}$	298	6.03×10^{2}	$[SnY]^{2-}$	293	1.29×10^{22}
$[VO_2Y]^{3-}$	—	18	$[VO_2Y]^{2-}$	293	5.89×10^{18}
$[ScY]^{-}$	293	1.26×10^{22}	$[TiOY]^{2-}$	—	2.00×10^{17}
$[BiY]^{-}$	293	8.71×10^{27}	$[ZrOY]^{2-}$	293	3.16×10^{29}
$[BaY]^{2-}$	293	5.75×10^{7}	$[LaY]^{-}$	293	3.16×10^{15}
$[MnY]^{2-}$	293	1.10×10^{14}	$[TlY]^{-}$	293	3.16×10^{22}

注：表中数据是根据大连工学院无机化学教研室编写的《无机化学》附录 4 中的数据换算而来的。

附表 5　碱、酸和盐的溶解性表（293K）

阴离子 阳离子	OH^-	NO_3^-	Cl^-	SO_4^{2-}	S^{2-}	SO_3^{2-}	CO_3^{2-}	SiO_3^{2-}	PO_4^{3-}
H^+		溶、挥	溶、挥	溶	溶、挥	溶、挥	溶、挥	微	溶
NH_4^+	溶、挥	溶	溶	溶	溶	溶	溶	溶	溶
K^+	溶	溶	溶	溶	溶	溶	溶	溶	溶
Na^+	溶	溶	溶	溶	溶	溶	溶	溶	溶
Ba^{2+}	溶	溶	溶	不	—	不	不	不	不
Ca^{2+}	微	溶	溶	微	—	不	不	不	不
Mg^{2+}	不	溶	溶	溶	—	微	微	不	不
Al^{3+}	不	溶	溶	溶	—	—	—	不	不
Mn^{2+}	不	溶	溶	溶	不	不	不	不	不
Zn^{2+}	不	溶	溶	溶	不	不	不	不	不
Cr^{3+}	不	溶	溶	溶	—	—	—	不	不
Fe^{2+}	不	溶	溶	溶	不	不	不	不	不
Fe^{3+}	不	溶	溶	溶	—	—	不	不	不
Sn^{2+}	不	溶	溶	溶	不	—	—	—	不
Pb^{2+}	不	溶	微	不	不	不	不	不	不
Bi^{3+}	不	溶	—	溶	不	不	不	—	不
Cu^{2+}	不	溶	溶	溶	不	不	不	不	不
Hg^{+}	—	溶	不	微	不	不	不	—	不
Hg^{2+}	—	溶	溶	溶	不	不	不	—	不
Ag^{+}	—	溶	不	微	不	不	不	不	不

注：“溶”表示那种物质可溶于水，“不”表示不溶于水，“微”表示微溶于水，“挥”表示挥发性，“—”表示那种物质不存在或遇到水就分解。

附表 6　强酸、强碱、氨溶液的质量分数（w）与密度（ρ）及物质的量浓度（c）关系表

w/%	H_2SO_4		HNO_3		HCl		KOH		NaOH		氨溶液	
	ρ	c	ρ	c	ρ	c	ρ	c	ρ	c	ρ	c
2	1.013		1.011		1.009		1.016		1.023		0.992	
4	1.027		1.022		1.019		1.033		1.046		0.983	
6	1.040		1.033		1.029		1.048		1.069		0.973	
8	1.055		1.044		1.039		1.065		1.092		0.967	
10	1.069	1.1	1.056	1.7	1.049	2.9	1.082	1.9	1.115	2.8	0.960	5.6
12	1.083		1.068		1.059		1.100		1.137		0.953	
14	1.098		1.080		1.069		1.118		1.159		0.946	
16	1.112		1.093		1.079		1.137		1.181		0.939	
18	1.127		1.106		1.089		1.156		1.213		0.932	
20	1.143	2.3	1.119	3.6	1.100	6	1.176	4.2	1.225	6.1	0.926	10.9
22	1.158		1.132		1.110		1.196		1.247		0.919	
24	1.178		1.145		1.121		1.217		1.268		0.913	12.9
26	1.190		1.158		1.132		1.240		1.289		0.908	13.9
28	1.205		1.171		1.142		1.263		1.310		0.903	
30	1.224	3.7	1.184	5.6	1.152	9.5	1.268	6.8	1.332	10	0.898	15.8
32	1.238		1.198		1.163		1.310		1.352		0.893	
34	1.255		1.211		1.173		1.334		1.374		0.889	
36	1.273		1.225		1.183	11.7	1.358		1.395		0.884	18.7
38	1.290		1.238		1.194	12.4	1.384		1.416			
40	1.307	5.3	1.251	7.9			1.411	10.1	1.437	14.4		
42	1.324		1.264				1.437		1.458			
44	1.342		1.277				1.460		1.478			
46	1.361		1.290				1.485		1.499			
48	1.380		1.303				1.511		1.519			
50	1.399	7.1	1.316	10.4			1.538	13.7	1.540	19.3		
52	1.419		1.328				1.564		1.560			
54	1.439		1.340				1.590		1.580			
56	1.460		1.351				1.616	16.1	1.601			
58	1.482		1.362						1.622			
60	1.503	9.2	1.373	13.3					1.643	24.6		
62	1.525		1.384									
64	1.547		1.394									
66	1.571		1.403	14.6								
68	1.594		1.412	15.2								
70	1.617	11.6	1.421	15.8								
72	1.640		1.429									
74	1.664		1.437									
76	1.687		1.445									
78	1.710		1.453									
80	1.732		1.460	18.5								
82	1.755		1.467									
84	1.776		1.474									
86	1.793		1.480									
88	1.808		1.486									
90	1.819	16.7	1.491	23.1								
92	1.830		1.496									
94	1.837		1.500									
96	1.840		1.504									
98	1.841	18.4	1.510									
100	1.838		1.522	24								

注：密度（ρ）单位为 g/cm^3；物质的量浓度（c）单位为 mol/L。

参　考　文　献

［1］ 胥朝禔．分析工．北京：化学工业出版社，1997．
［2］ 池雨芮．基础化学．第2版．北京：化学工业出版社，2007．
［3］ 王秀芳．无机化学．北京：化学工业出版社．1995．
［4］ 林俊杰．王静．无机化学．北京：化学工业出版社，2002．
［5］ 张法庆．有机化学．北京：化学工业出版社，2002．
［6］ 黎春南．有机化学．北京：化学工业出版社，2002．
［7］ 胥朝禔，杨兵主编．分析化学．第3版．北京：化学工业出版社，2008．

元素周期表

IUPAC 2013

氧化态(单质的氧化态为0，未列入；常见的为红色)	+2 +3 +4 +5 +6	95 Am 镅˄ $5f^{7}7s^{2}$ 243.06138(2)✦	原子序数 元素符号(红色的为放射性元素) 元素名称(注˄的为人造元素) 价层电子构型
以 $^{12}C=12$ 为基准的原子量(注✦的是半衰期最长同位素的原子量)			

s区元素　p区元素　d区元素　ds区元素　f区元素　稀有气体

周期＼族	1 ⅠA	2 ⅡA	3 ⅢB	4 ⅣB	5 ⅤB	6 ⅥB	7 ⅦB	8 ⅧB(Ⅷ)	9 ⅧB(Ⅷ)	10 ⅧB(Ⅷ)	11 ⅠB	12 ⅡB	13 ⅢA	14 ⅣA	15 ⅤA	16 ⅥA	17 ⅦA	18 ⅧA(0)	电子层
1	−1 +1 1 H 氢 $1s^{1}$ 1.008																	2 He 氦 $1s^{2}$ 4.002602(2)	K
2	+1 3 Li 锂 $2s^{1}$ 6.94	+2 4 Be 铍 $2s^{2}$ 9.0121831(5)											+3 5 B 硼 $2s^{2}2p^{1}$ 10.81	−4 +2 +4 6 C 碳 $2s^{2}2p^{2}$ 12.011	−3 −2 −1 +1 +2 +3 +4 +5 7 N 氮 $2s^{2}2p^{3}$ 14.007	−2 −1 8 O 氧 $2s^{2}2p^{4}$ 15.999	−1 9 F 氟 $2s^{2}2p^{5}$ 18.998403163(6)	10 Ne 氖 $2s^{2}2p^{6}$ 20.1797(6)	L K
3	−1 +1 11 Na 钠 $3s^{1}$ 22.98976928(2)	+2 12 Mg 镁 $3s^{2}$ 24.305											+3 13 Al 铝 $3s^{2}3p^{1}$ 26.9815385(7)	−4 +2 +4 14 Si 硅 $3s^{2}3p^{2}$ 28.085	−3 −2 +1 +3 +5 15 P 磷 $3s^{2}3p^{3}$ 30.973761998(5)	−2 +2 +4 +6 16 S 硫 $3s^{2}3p^{4}$ 32.06	−1 +1 +3 +5 +7 17 Cl 氯 $3s^{2}3p^{5}$ 35.45	18 Ar 氩 $3s^{2}3p^{6}$ 39.948(1)	M L K
4	−1 +1 19 K 钾 $4s^{1}$ 39.0983(1)	+2 20 Ca 钙 $4s^{2}$ 40.078(4)	+3 21 Sc 钪 $3d^{1}4s^{2}$ 44.955908(5)	−1 0 +2 +3 +4 22 Ti 钛 $3d^{2}4s^{2}$ 47.867(1)	0 ±1 +2 +3 +4 +5 23 V 钒 $3d^{3}4s^{2}$ 50.9415(1)	−3 0 ±1 ±2 +3 +4 +5 +6 24 Cr 铬 $3d^{5}4s^{1}$ 51.9961(6)	−2 0 ±1 +2 ±3 +4 +5 +6 +7 25 Mn 锰 $3d^{5}4s^{2}$ 54.938044(3)	−2 0 ±1 +2 +3 +4 +5 +6 26 Fe 铁 $3d^{6}4s^{2}$ 55.845(2)	0 ±1 +2 +3 +4 +5 27 Co 钴 $3d^{7}4s^{2}$ 58.933194(4)	0 ±1 +2 +3 +4 28 Ni 镍 $3d^{8}4s^{2}$ 58.6934(4)	+1 +2 +3 +4 29 Cu 铜 $3d^{10}4s^{1}$ 63.546(3)	+1 +2 30 Zn 锌 $3d^{10}4s^{2}$ 65.38(2)	+1 +3 31 Ga 镓 $4s^{2}4p^{1}$ 69.723(1)	+2 +4 32 Ge 锗 $4s^{2}4p^{2}$ 72.630(8)	−3 +3 +5 33 As 砷 $4s^{2}4p^{3}$ 74.921595(6)	−2 +2 +4 +6 34 Se 硒 $4s^{2}4p^{4}$ 78.971(8)	−1 +1 +3 +5 +7 35 Br 溴 $4s^{2}4p^{5}$ 79.904	+2 +4 36 Kr 氪 $4s^{2}4p^{6}$ 83.798(2)	N M L K
5	−1 +1 37 Rb 铷 $5s^{1}$ 85.4678(3)	+2 38 Sr 锶 $5s^{2}$ 87.62(1)	+3 39 Y 钇 $4d^{1}5s^{2}$ 88.90584(2)	+1 +2 +3 +4 40 Zr 锆 $4d^{2}5s^{2}$ 91.224(2)	0 ±1 +2 +3 +4 +5 41 Nb 铌 $4d^{4}5s^{1}$ 92.90637(2)	0 ±1 ±2 +3 +4 +5 +6 42 Mo 钼 $4d^{5}5s^{1}$ 95.95(1)	0 ±1 +2 +3 +4 +5 +6 +7 43 Tc 锝˄ $4d^{5}5s^{2}$ 97.90721(3)✦	0 +1 ±2 +3 +4 +5 +6 +7 +8 44 Ru 钌 $4d^{7}5s^{1}$ 101.07(2)	0 ±1 +2 +3 +4 +5 +6 45 Rh 铑 $4d^{8}5s^{1}$ 102.90550(2)	0 +1 +2 +3 +4 46 Pd 钯 $4d^{10}$ 106.42(1)	+1 +2 +3 47 Ag 银 $4d^{10}5s^{1}$ 107.8682(2)	+1 +2 48 Cd 镉 $4d^{10}5s^{2}$ 112.414(4)	+1 +3 49 In 铟 $5s^{2}5p^{1}$ 114.818(1)	+2 +4 50 Sn 锡 $5s^{2}5p^{2}$ 118.710(7)	−3 +3 +5 51 Sb 锑 $5s^{2}5p^{3}$ 121.760(1)	−2 +2 +4 +6 52 Te 碲 $5s^{2}5p^{4}$ 127.60(3)	−1 +1 +3 +5 +7 53 I 碘 $5s^{2}5p^{5}$ 126.90447(3)	+2 +4 +6 +8 54 Xe 氙 $5s^{2}5p^{6}$ 131.293(6)	O N M L K
6	−1 +1 55 Cs 铯 $6s^{1}$ 132.90545196(6)	+2 56 Ba 钡 $6s^{2}$ 137.327(7)	57~71 La~Lu 镧系	+1 +2 +3 +4 72 Hf 铪 $5d^{2}6s^{2}$ 178.49(2)	0 ±1 +2 +3 +4 +5 73 Ta 钽 $5d^{3}6s^{2}$ 180.94788(2)	0 ±1 ±2 +3 +4 +5 +6 74 W 钨 $5d^{4}6s^{2}$ 183.84(1)	0 ±1 +2 +3 +4 +5 +6 +7 75 Re 铼 $5d^{5}6s^{2}$ 186.207(1)	0 +1 +2 +3 +4 +5 +6 +7 +8 76 Os 锇 $5d^{6}6s^{2}$ 190.23(3)	0 ±1 +2 +3 +4 +5 +6 77 Ir 铱 $5d^{7}6s^{2}$ 192.217(3)	0 +2 +3 +4 +5 +6 78 Pt 铂 $5d^{9}6s^{1}$ 195.084(9)	+1 +2 +3 +5 79 Au 金 $5d^{10}6s^{1}$ 196.966569(5)	+1 +2 +3 80 Hg 汞 $5d^{10}6s^{2}$ 200.592(3)	+1 +3 81 Tl 铊 $6s^{2}6p^{1}$ 204.38	+2 +4 82 Pb 铅 $6s^{2}6p^{2}$ 207.2(1)	−3 +3 +5 83 Bi 铋 $6s^{2}6p^{3}$ 208.98040(1)	−2 +2 +3 +4 +6 84 Po 钋 $6s^{2}6p^{4}$ 208.98243(2)✦	±1 +5 +7 85 At 砹 $6s^{2}6p^{5}$ 209.98715(5)✦	+2 86 Rn 氡 $6s^{2}6p^{6}$ 222.01758(2)✦	P O N M L K
7	+1 87 Fr 钫˄ $7s^{1}$ 223.01974(2)✦	+2 88 Ra 镭 $7s^{2}$ 226.02541(2)✦	89~103 Ac~Lr 锕系	104 Rf 𬬻˄ $6d^{2}7s^{2}$ 267.122(4)✦	105 Db 𬭊˄ $6d^{3}7s^{2}$ 270.131(4)✦	106 Sg 𬭳˄ $6d^{4}7s^{2}$ 269.129(3)✦	107 Bh 𬭛˄ $6d^{5}7s^{2}$ 270.133(2)✦	108 Hs 𬭶˄ $6d^{6}7s^{2}$ 270.134(2)✦	109 Mt 鿏˄ $6d^{7}7s^{2}$ 278.156(5)✦	110 Ds 𫟼˄ 281.165(4)✦	111 Rg 𬬭˄ 281.166(6)✦	112 Cn 鿔˄ 285.177(4)✦	113 Nh 鿭˄ 286.182(5)✦	114 Fl 𫓧˄ 289.190(4)✦	115 Mc 镆˄ 289.194(6)✦	116 Lv 𫟷˄ 293.204(4)✦	117 Ts 鿬˄ 293.208(6)✦	118 Og 鿫˄ 294.214(5)✦	Q P O N M L K

★ 镧系	+3 57 La★ 镧 $5d^{1}6s^{2}$ 138.90547(7)	+2 +3 +4 58 Ce 铈 $4f^{1}5d^{1}6s^{2}$ 140.116(1)	+3 +4 59 Pr 镨 $4f^{3}6s^{2}$ 140.90766(2)	+2 +3 +4 60 Nd 钕 $4f^{4}6s^{2}$ 144.242(3)	+3 61 Pm 钷˄ $4f^{5}6s^{2}$ 144.91276(2)✦	+2 +3 62 Sm 钐 $4f^{6}6s^{2}$ 150.36(2)	+2 +3 63 Eu 铕 $4f^{7}6s^{2}$ 151.964(1)	+3 64 Gd 钆 $4f^{7}5d^{1}6s^{2}$ 157.25(3)	+3 +4 65 Tb 铽 $4f^{9}6s^{2}$ 158.92535(2)	+3 +4 66 Dy 镝 $4f^{10}6s^{2}$ 162.500(1)	+3 67 Ho 钬 $4f^{11}6s^{2}$ 164.93033(2)	+3 68 Er 铒 $4f^{12}6s^{2}$ 167.259(3)	+2 +3 69 Tm 铥 $4f^{13}6s^{2}$ 168.93422(2)	+2 +3 70 Yb 镱 $4f^{14}6s^{2}$ 173.045(10)	+3 71 Lu 镥 $4f^{14}5d^{1}6s^{2}$ 174.9668(1)
★ 锕系	+3 89 Ac★ 锕 $6d^{1}7s^{2}$ 227.02775(2)✦	+3 +4 90 Th 钍 $6d^{2}7s^{2}$ 232.0377(4)	+3 +4 +5 91 Pa 镤 $5f^{2}6d^{1}7s^{2}$ 231.03588(2)	+2 +3 +4 +5 +6 92 U 铀 $5f^{3}6d^{1}7s^{2}$ 238.02891(3)	+3 +4 +5 +6 +7 93 Np 镎 $5f^{4}6d^{1}7s^{2}$ 237.04817(2)✦	+3 +4 +5 +6 +7 94 Pu 钚 $5f^{6}7s^{2}$ 244.06421(4)✦	+2 +3 +4 +5 +6 95 Am 镅˄ $5f^{7}7s^{2}$ 243.06138(2)✦	+3 +4 96 Cm 锔˄ $5f^{7}6d^{1}7s^{2}$ 247.07035(3)✦	+3 +4 97 Bk 锫˄ $5f^{9}7s^{2}$ 247.07031(4)✦	+2 +3 +4 98 Cf 锎˄ $5f^{10}7s^{2}$ 251.07959(3)✦	+2 +3 99 Es 锿˄ $5f^{11}7s^{2}$ 252.0830(3)✦	+2 +3 100 Fm 镄˄ $5f^{12}7s^{2}$ 257.09511(5)✦	+2 +3 101 Md 钔˄ $5f^{13}7s^{2}$ 258.09843(3)✦	+2 +3 102 No 锘˄ $5f^{14}7s^{2}$ 259.1010(7)✦	+3 103 Lr 铹˄ $5f^{14}6d^{1}7s^{2}$ 262.110(2)✦